Arbeits- und sozialrechtliche Fragen
von Zweitarbeitsverhältnissen

Europäische Hochschulschriften

Publications Universitaires Européennes
European University Studies

Reihe II
Rechtswissenschaft

Série II Series II
Droit
Law

Bd./Vol. 3676

PETER LANG
Frankfurt am Main · Berlin · Bern · Bruxelles · New York · Oxford · Wien

Thomas Franke

Arbeits- und sozialrechtliche Fragen von Zweitarbeitsverhältnissen

PETER LANG
Europäischer Verlag der Wissenschaften

Bibliografische Information Der Deutschen Bibliothek
Die Deutsche Bibliothek verzeichnet diese Publikation in der Deutschen Nationalbibliografie; detaillierte bibliografische Daten sind im Internet über <http://dnb.ddb.de> abrufbar.

Zugl.: Freiburg (Breisgau), Univ., Diss., 2003

D 25
ISSN 0531-7312
ISBN 3-631-51031-4

www.peterlang.de

Meinen Eltern

Vorwort

Die vorliegende Arbeit wurde im Wintersemester 2002/2003 von der Juristischen Fakultät der Albert-Ludwigs-Universität Freiburg als Dissertation angenommen. Das Manuskript wurde im Februar 2003 fertig gestellt. Rechtsprechung, Literatur und Gesetzgebung wurden bis zu diesem Zeitpunkt berücksichtigt. Die durch das Zweite Gesetz für moderne Dienstleistungen am Arbeitsmarkt vom 23.12.2002 (BGBl. I, S. 4621 ff.) erfolgten Änderungen wurden in den Text eingearbeitet, soweit sie zum 1.1.2003 in Kraft traten. Die zum 1.4.2003 in Kraft tretenden Änderungen zum Recht der geringfügigen Beschäftigung wurden als Anhang in den sozialrechtlichen Teil der Arbeit aufgenommen und dort mit ihren wesentlichen Bezügen zur vorliegenden Arbeit skizziert.

Mein erster Dank gilt meinem Betreuer Herrn Prof. Dr. Dr. h.c. Manfred Löwisch. Er hat mich in der Wahl des Themas bestärkt und das Entstehen der Arbeit durch wichtige Anregungen gefördert. Darüber hinaus danke ich ihm für die rasche Erstellung des Erstgutachtens.

Frau PD Dr. Claudia Bittner, LL.M., bin ich für die zügige Erstellung des Zweitgutachtens ebenfalls sehr verbunden.

Ich möchte denen herzlich danken, die mich bei der Entstehung dieser Arbeit unterstützt haben. Meinen Eltern Güsta und Günter Franke danke ich im Besonderen. Sie haben mir das Studium ermöglicht und mich gelehrt für meine Ziele einzustehen. Ich danke meiner Oma Aaltje Sudhölter für ihr stets offenes Ohr. Für das Lesen der Korrekturen und ihre große Hilfe beim Ausdrucken danke ich besonders Monika Neinert und Daniel Jäger sowie Petra Lübbe. Ein ganz großer Dank geht schließlich an Gudrun Sporin, ohne die diese Arbeit vielleicht nicht entstanden wäre. Ich danke ihr für ihre große Kraft und ihren Glauben an das Gelingen dieser Arbeit auch in den schwierigsten Phasen.

Weil am Rhein, im Februar 2003 *Thomas Franke*

Inhalt

§ 1 Einleitung

I. Problemstellung und Ausgangslage

„Die Berufsfreiheit umfasst grundsätzlich auch das Recht, mehrere Berufe zu wählen und gleichzeitig nebeneinander auszuüben.“[1]

Diese Aussage des Bundesverfassungsgerichts unterstreicht, dass die Verfassungsordnung nicht lediglich die Ausübung eines einzigen Berufs schützt, sondern darüber hinaus auch weitere berufliche Tätigkeiten, die parallel zu einem anderen Beruf ausgeübt werden.

Arbeitsrechtlich wird diesem Gedanken dadurch Rechnung getragen, dass der Arbeitnehmer durch das Arbeitsverhältnis nicht dazu verpflichtet wird, dem Arbeitgeber seine gesamte Arbeitskraft zu jeder Zeit zur Verfügung zu stellen.[2] Der Arbeitnehmer ist grundsätzlich frei darin, wie er die Zeit außerhalb seines Arbeitsverhältnisses gestalten möchte.[3] Er kann sie somit als Freizeit zur privaten Erholung nutzen. Ebenso kann er in dieser Zeit grundsätzlich weitere berufliche Tätigkeiten ausüben und sich hierdurch eine weitere Einkommensquelle erschließen. „Du sollst keinen anderen Herrn haben neben mir“ ist also kein arbeitsrechtliches Prinzip.[4]

Die Gründe für die Schaffung zusätzlicher Erwerbsquellen sind vielgestaltig. Sie können beispielsweise auf dem Wunsch nach einer Verbesserung des Lebensstandards beruhen. Möglich ist auch eine angestrebte Verteilung des Risikos eines Arbeitsplatzverlustes durch Ausübung mehrerer Tätigkeiten. Gerade in wirtschaftlich schwierigen Zeiten wird es vorkommen, dass der Arbeitsmarkt dem Arbeitnehmer keine Vollzeitstelle bietet und nur die gleichzeitige Ausübung mehrerer Teilzeitarbeitsverhältnisse die Lebensgrundlage sichern kann. Arbeitszeitverkürzungen gehen in der Industrie heute häufig mit Entgelteinbußen einher und können so einen zusätzlichen Anreiz zur Aufnahme weiterer Erwerbstätigkeiten geben.
In der Komplexität der Motivationslagen spiegelt sich die Unterschiedlichkeit der möglichen Erwerbsformen wider. So können etwa eine oder mehrere selbständige Tätigkeiten neben dem Arbeitsverhältnis ausgeübt werden. Ebenso kommen Leistungen aufgrund von Werk- oder Dienstverträgen als zusätzliches

---

[1] BVerfG v. 15.2.1967 - 1 BvR 569/62 und 589/62, AP Nr. 37 zu Art. 12 GG, unter C. 1. der Gründe.

[2] MünchArbR-*Blomeyer*, § 55 Rn. 26.

[3] Vgl. etwa BAG v. 19.1.1996 - 6 AZR 314/95, AP Nr. 25 zu § 242 Auskunftspflicht, unter I. 2. b) aa) der Gründe.

[4] So die treffliche Formulierung von *Hanau/Adomeit*, Rn. 707.

„Standbein“ des Arbeitnehmers in Betracht. Gegenstand der vorliegenden Untersuchung ist die Ausübung mehrerer nebeneinander bestehender Arbeitsverhältnisse des Arbeitnehmers.

Die Ausübung zusätzlicher Arbeitsverhältnisse kann den Interessen des Arbeitgebers entgegenstehen, beispielsweise wenn der Arbeitnehmer bei einem Konkurrenzunternehmen tätig wird oder die zusätzliche Tätigkeit dazu führt, dass er seine Leistungspflicht nicht mehr erfüllen kann. Hieran wird deutlich, dass die Zulässigkeit weiterer Arbeitsverhältnisse gesetzlichen oder vertraglichen Beschränkungen unterworfen sein kann, die im Einzelfall zu erheblichen Abgrenzungsproblemen führen:
Muss der Arbeitnehmer den Arbeitgeber beispielsweise ungefragt über weitere Arbeitsverhältnisse informieren?
Kann der Arbeitgeber die Aufnahme weiterer Arbeitsverhältnisse seinerseits untersagen?
Dürfen weitere Arbeitsverhältnisse des Arbeitnehmers im Rahmen einer betriebsbedingten Kündigung berücksichtigt werden?
Die Handhabung dieser und anderer Konfliktlagen bereitet in der Praxis häufig Schwierigkeiten. Dies ist nicht zuletzt darauf zurückzuführen, dass der Gesetzgeber die Ausübung von mehr als einem Arbeitsverhältnis oftmals nur unzureichend berücksichtigt hat.

Ziel der nachfolgenden Untersuchung ist es, für das Arbeits- und Sozialrecht einen Beitrag zur Lösung auftretender Konflikte zu leisten, die durch Ausübung mehrerer Arbeitsverhältnisse bedingt sind.
Hierzu werden innerhalb des arbeitsrechtlichen Teils der Untersuchung ausgewählte Fragen des Individualarbeitsrechts behandelt. Sie orientieren sich am chronologischen Ablauf von der Begründung bis zur Kündigung eines von mehreren Arbeitsverhältnissen des Arbeitnehmers.
Der sozialrechtliche Teil der Untersuchung beinhaltet zentrale Fragestellungen des Rechts der geringfügigen Beschäftigungsverhältnisse sowie des Anspruchs auf Teilarbeitslosengeld.
Zur Kennzeichnung nebeneinander bestehender Arbeitsverhältnisse wird im Folgenden der Begriff „Zweitarbeitsverhältnis“ verwendet, der zuvor von anderen Begriffen abzugrenzen ist.

II. Der Begriff des Zweitarbeitsverhältnisses

1. Fehlende Konkretisierung innerhalb des Normensystems

Die Rechtsordnung verwendet den Begriff des Zweitarbeitsverhältnisses bislang nicht. Eine Reihe von Gesetzen weist jedoch inkongruente Umschreibungen für Zweitarbeitsverhältnisse auf.[5] Innerhalb des Beamtenrechts wird eine weitere Tätigkeit der Beamten allgemein als Nebentätigkeit bezeichnet.[6]

2. Definitionsansätze innerhalb der Literatur

Die Literatur greift zur Kennzeichnung mehrfacher Erwerbstätigkeit zumeist auf die Begriffe „Nebenbeschäftigung" oder „Nebentätigkeit" zurück. Eine allgemein gültige Definition dieser Begriffe existiert auch innerhalb des Schrifttums nicht. Die bisherigen Definitionsversuche sollen nachfolgend kurz dargestellt werden:

Nach *Gift*[7] wird Nebenbeschäftigung definiert als „entgeltliche Tätigkeit, die neben einer arbeitsvertraglichen Beschäftigung ausgeführt wird, welche die Arbeitskraft zumindest überwiegend in Anspruch nimmt".
Rewolle[8] versteht unter Nebenbeschäftigung im Ansatz eine ebensolche Tätigkeit. In Abgrenzung zu *Gift* kann die Nebenbeschäftigung jedoch sowohl innerhalb eines zweiten Arbeitsverhältnisses im arbeitsrechtlichen Sinne als auch im Rahmen eines Dienstvertrags, durch unselbständige Tätigkeit oder aber auch durch selbständige Tätigkeit ausgeübt werden.[9]
Demgegenüber verwendet *Glöckner*[10] den Begriff der Nebenbeschäftigung in einem noch umfassenderen Sinne, indem er neben den beruflichen, auf Erwerb gerichteten Tätigkeiten auch Freizeitaktivitäten darunter fasst.
Nebentätigkeit liegt nach *Oligmüller*[11] vor, wenn „eine, unabhängig vom Umfang, selbständige oder nichtselbständige Tätigkeit, welche auf Gewinnerzie-

---

5 So etwa § 2 Abs. 1 Hs. 2 ArbZG („Arbeitszeiten bei mehreren Arbeitgebern"); § 15 Abs. 4 S. 2 BErzGG („Teilzeitarbeit bei einem anderen Arbeitgeber"); § 8 Abs. 2 S. 1 SGB IV („mehrere geringfügige Beschäftigungen").

6 Vgl. etwa § 42 Abs. 1 S. 1 BRRG: „Der Beamte bedarf zur Übernahme jeder Nebentätigkeit, soweit er nicht zu ihrer Wahrnehmung verpflichtet ist, der vorherigen Genehmigung".

7 *Gift*, BB 1959, 43 ff.

8 *Rewolle*, BB 1959, 670 ff.

9 *Rewolle*, BB 1959, 670.

10 *Glöckner*, S. 28 f.

11 *Oligmüller*, S. 19.

lung, nicht nur auf Ersatz von Auslagen, ausgerichtet ist, und welche zudem nebenher, d.h. neben einem Hauptarbeitsverhältnis, ausgeübt wird".
Im Anschluss an *Callam*[12] verwendet *Bock*[13] zur Kennzeichnung mehrfacher Erwerbstätigkeit von Arbeitnehmern den Begriff „Doppelarbeitsverhältnis". Doppelarbeitsverhältnisse seien dadurch gekennzeichnet, dass „die Zahl der Arbeitsverhältnisse auf zwei begrenzt ist".

3. Stellungnahme und eigener Definitionsansatz

a) Stellungnahme

Die Begriffe „Nebenbeschäftigung" und „Nebentätigkeit" bilden keine hinreichende Grundlage zur Charakterisierung des Rechts der Zweitarbeitsverhältnisse.
Dies ist zum einen darauf zurückzuführen, dass durch die Verwendung des Präfixes „Neben-" zugleich impliziert wird, es handele sich um Tätigkeiten, die neben einer bedeutenderen Haupttätigkeit ausgeübt werden.[14] Zum anderen kann unter Nebenbeschäftigung unter Umständen auch die einzige Tätigkeit eines Arbeitnehmers zu verstehen sein, wenn sie seine Arbeitskraft nicht voll ausschöpft.[15] Beides ist für die vorliegende Arbeit insofern nicht sachgemäß, als der Begriff „Zweitarbeitsverhältnis" eine Neutralität im Hinblick auf die Bedeutung des Arbeitsverhältnisses für den Arbeitnehmer zum Ausdruck bringt und auch bringen soll. Ein Zweitarbeitsverhältnis muss keine geringere Bedeutung für den Arbeitnehmer aufweisen. Es kann vielmehr auch so sein, dass gerade ein zweites Arbeitsverhältnis für die Sicherung des Lebensunterhalts bedeutender ist. Denkbar ist auch, dass der Arbeitnehmer über mehrere gleich bedeutsame Arbeitsverhältnisse verfügt, ohne dass eines davon vorrangig erscheint. Schließlich lassen die verschiedenen Definitionsansätze für Nebenbeschäftigungen und Nebentätigkeiten Raum für die Annahme, dass auch selbständige Tätigkeiten, Tätigkeiten aufgrund eines Dienstvertrags oder Freizeittätigkeiten darunter subsumiert werden können. Die vorliegende Arbeit verfolgt jedoch das Ziel, Tätigkeiten des Arbeitnehmers außerhalb von Arbeitsverhältnissen auszuklammern. Diese Be-

---

[12] *Callam*, S. 34.
[13] *Bock*, S. 18.
[14] Vgl. Brockhaus, Stichwort Nebentätigkeit: „eine Tätigkeit, die neben dem Hauptberuf (Hauptamt) ausgeübt wird".
[15] Vgl. *Schaub* in Deutsches Rechts-Lexikon, Stichwort Nebenbeschäftigung: „Nebenbeschäftigung im arbeitsrechtlichen Sinne ist jede Tätigkeit, die ein Arbeitnehmer im Rahmen eines Arbeitsverhältnisses übernimmt, ohne dass seine Arbeitskraft voll in Anspruch genommen wird. Regelmäßig wird die Nebenbeschäftigung neben einer anderen Tätigkeit ausgeübt. Begriffsnotwendig ist dies nicht; denkbar ist auch, dass der Arbeitnehmer während einer Arbeitslosigkeit einer Nebentätigkeit nachgeht".

grenzung kommt durch die Verwendung des Begriffs des Zweitarbeitsverhältnisses zum Ausdruck.

Der Begriff „Doppelarbeitsverhältnis“ deckt sich nur zu einem Teil mit dem des Zweitarbeitsverhältnisses. Doppelarbeitsverhältnisse liegen vor, wenn ein Arbeitnehmer zwei Arbeitsverhältnisse ausübt. Hingegen ist der Begriff „Zweitarbeitsverhältnis“ weiter gefasst. Hierunter sind nicht lediglich zwei Arbeitsverhältnisse zu verstehen, sondern eine Zahl von mindestens zwei Arbeitsverhältnissen oder mehr. Das Doppelarbeitsverhältnis bildet somit lediglich einen Unterfall des Zweitarbeitsverhältnisses und kann nur einen Ausschnitt für die dieser Untersuchung zu Grunde liegende Sachlage darstellen. Hinzu kommt, dass das Bundesarbeitsgericht den Begriff des Doppelarbeitsverhältnisses abweichend von der Literatur als „zeitlich nicht kollidierende Arbeitsverhältnisse mit mehreren Arbeitgebern“ definiert hat.[16] Parallele Arbeitsverhältnisse können jedoch nicht nur zeitlich kollidieren, sondern in vielerlei Hinsicht. Zu nennen sind etwa die Ausübung weiterer Arbeitsverhältnisse während des Urlaubs oder die Entgeltfortzahlung im Krankheitsfall, wenn die Ursache der Arbeitsunfähigkeit in einem weiteren Arbeitsverhältnis liegt.

Die bisherigen Definitionsansätze vermögen somit den Begriff „Zweitarbeitsverhältnis“ nicht hinreichend exakt zu umschreiben. Sie bleiben für die folgende Untersuchung außer Betracht.

b) Im Folgenden verwendeter Begriff des Zweitarbeitsverhältnisses

Unter einem Zweitarbeitsverhältnis wird im Folgenden ein Arbeitsverhältnis verstanden, das von einem Arbeitnehmer parallel zu mindestens einem weiteren Arbeitsverhältnis ausgeübt wird.
Art und Umfang der jeweiligen Arbeitsverhältnisse sind für die Begriffsbestimmung ohne Bedeutung. Es kann sich daher zum Beispiel um mehrere geringfügige Beschäftigungen handeln oder um mehrere sozialversicherungspflichtige Teilzeitarbeitsverhältnisse. Möglich ist auch ein Vollzeitarbeitarbeitsverhältnis neben einem oder mehreren Teilzeitarbeitsverhältnissen.

Selbständige Tätigkeiten und Dienstverhältnisse von Beamten sind nicht Gegenstand von Zweitarbeitsverhältnissen. Auch Freizeitaktivitäten sowie dienst- oder werkvertragliche Tätigkeiten von Arbeitnehmern werden nicht behandelt.
Im Hinblick auf eine umfängliche Begrenzung der vorliegenden Arbeit werden darüber hinaus die Arbeitsverhältnisse des öffentlichen Dienstes ausgeklammert.

---

[16] BAG v. 19.6.1959 - 1 AZR 565/57, AP Nr. 1 zu § 611 BGB Doppelarbeitsverhältnis, Leitsatz 1.

III. Zweitarbeitsverhältnisse in der Bundesrepublik Deutschland

1. Statistische Erhebungen

Statistische Daten speziell zu Arbeitnehmern mit Zweitarbeitsverhältnissen sind rar. Zum einen ist dies darauf zurückzuführen, dass im Rahmen von Arbeitsverhältnissen zumeist andere Daten im Vordergrund der statistischen Erhebungen stehen. Zu nennen sind hier etwa die Entwicklung der regelmäßigen wöchentlichen Arbeitzeit oder die konkrete Ausgestaltung der Arbeitsverhältnisse als Vollzeit- oder Teilzeitarbeitsverhältnis.
Zum anderen findet innerhalb der ausgewerteten Daten vielfach keine Aufteilung nach Art der weiteren Erwerbstätigkeiten statt. Von der Statistik werden häufig nicht nur weitere Arbeitsverhältnisse, sondern auch andere Erwerbsformen wie die selbständige Tätigkeit oder die entgeltliche Mithilfe im Familienhaushalt erfasst. Folgende Aussagen können getroffen werden:

In der Bundesrepublik Deutschland gingen im April 2001 insgesamt 835.000 Erwerbstätige einer zweiten Erwerbstätigkeit nach.[17] In der zweiten Erwerbstätigkeit betrug die Arbeitszeit bei insgesamt 652.000 Erwerbstätigen weniger als 15 Wochenstunden, 125.000 arbeiteten zwischen 15 und 24 Wochenstunden, 59.000 arbeiteten 25 Wochenstunden und mehr. Von der Gesamtzahl aller Erwerbstätigen mit zwei Erwerbsverhältnissen waren in der ersten Erwerbstätigkeit 234.000 weniger als 32 Stunden in der Woche beschäftigt.

Gegenüber dem Jahr 2000 ergeben sich nur marginale Abweichungen.[18] Danach verfügten im Mai 2000 insgesamt 837.000 Erwerbstätige über ein zweites Erwerbsverhältnis. Von diesen arbeiteten 657.000 weniger als 15 Wochenstunden, 118.000 zwischen 15 und 24 Wochenstunden und 62.000 Erwerbstätige mehr als 25 Wochenstunden in der zweiten Erwerbstätigkeit. Insgesamt arbeiteten in der ersten Erwerbstätigkeit 233.000 Beschäftigte weniger als 32 Stunden wöchentlich.

Die längerfristige Entwicklung zeigt, dass die Zahl der Arbeitnehmer mit mehrfacher Erwerbstätigkeit in der Bundesrepublik Deutschland 1991 noch 754.000

---

[17] Vgl. Mikrozensus 2001, unter 3.7. Der Mikrozensus ist die amtliche Repräsentativstatistik des Statistischen Bundesamtes über die Bevölkerung und den Arbeitsmarkt, an der jährlich 1 % aller Haushalte in Deutschland beteiligt sind. Es handelt sich um laufende Haushaltsstichproben. Die Ergebnisse sind unterteilt nach tatsächlich geleisteten Wochenstunden in der ersten bzw. zweiten Erwerbstätigkeit, sowie nach Wirtschaftsbereichen. Eine Differenzierung nach Art der zweiten Erwerbstätigkeit findet nicht statt, so dass auch andere Erwerbsformen als Zweitarbeitsverhältnisse erfasst werden.

[18] Vgl. Mikrozensus 2000, unter 3.7.

betrug.[19] Einen Höhepunkt erreichte sie 1998 mit 956.000 Mehrfach-Erwerbstätigen. Der seither zu verzeichnende Rückgang auf 835.000 Arbeitnehmer dürfte mit der Neuregelung des Rechts der geringfügigen Beschäftigung zum 1.4.1999 zu erklären sein. Insgesamt ist jedoch seit 1991 ein deutlicher Anstieg mehrfacher Erwerbstätigkeit zu beobachten.

2. Begünstigende Faktoren für die Ausübung von Zweitarbeitsverhältnissen

a) Verringerung der wöchentlichen Arbeitszeit

Die regelmäßige wöchentliche Arbeitszeit der Arbeitnehmer ist in den letzten Jahrzehnten kontinuierlich gesunken.

Die Wochenarbeitszeit der in Vollzeit beschäftigten Arbeitnehmer nahm in der Zeit von 1992 bis 2001 in den alten Bundesländern von durchschnittlich 38,12 Wochenstunden auf 37,57 Wochenstunden ab. In den neuen Bundesländern ist für diesen Zeitraum ein Rückgang von durchschnittlich 40,15 auf 39,17 Wochenstunden zu verzeichnen.[20]
Gleichzeitig sank in dieser Zeit auch die Anzahl der Vollzeitarbeitnehmer; in den alten Bundesländern von 23,067 Mio. auf 21,277 Mio., in den neuen Bundesländern von 5,498 Mio. auf 4,556 Mio. Arbeitnehmer.[21]

Die Verringerung der Arbeitszeit führt zunächst zu einem Mehr an Freizeit für den einzelnen Arbeitnehmer. Geringere Arbeitszeiten eröffnen zugleich Spielräume für die Nutzung der frei gewordenen Zeit innerhalb weiterer Arbeitsverhältnisse. Hinzu kommt, dass die Durchsetzung verringerter Arbeitszeiten inzwischen häufig mit Einkommenseinbußen verbunden ist.[22] Die Aufnahme eines Zweitarbeitsverhältnisses kann die Entgeltverringerung kompensieren.

b) Anstieg der Teilzeitarbeit

Teilzeitarbeit erhält innerhalb der Arbeitswirklichkeit eine zunehmend größere Bedeutung. Die Zahl der Teilzeitbeschäftigten hat in der Zeit von 1992 bis 2001

---

[19] Vgl. die Ergebnisse des Mikrozensus für die Jahre 1991, 1998 und 2001, jeweils unter 3.7.

[20] IAB Kurzbericht des Instituts für Arbeitsmarkt- und Berufsforschung (IAB) der Bundesanstalt für Arbeit Nr. 1/2001, Tabellen 2 a) und 2 b).

[21] IAB Kurzbericht Nr. 1/2001, Tabellen 2 a) und 2 b).

[22] Vgl. etwa die tarifvertragliche Einführung der Vier-Tage-Woche bei der Volkswagen AG zum 1.1.1994. Die Absenkung der regelmäßigen Arbeitszeit auf 28,8 Wochenstunden war mit einer Einkommensminderung von 20 % verbunden. Hierzu näher *Kempen/Kreuder*, AuR 1994, 214, 217 f.

in den alten Bundesländern von 5,211 Mio. auf 7,901 Mio. Beschäftigte zugenommen.[23] Waren in den neuen Bundesländern 1992 erst 460.000 Personen in Teilzeit beschäftigt, so betrug die Anzahl der Teilzeitbeschäftigten im Jahre 2001 bereits 1,193 Mio. Die Teilzeitquote hat sich in dieser Zeit von 18,4 % auf 27,1 % (West) bzw. von 7,7 % auf 20,8 % (Ost) stark erhöht.

Das früher vorherrschende Idealbild des unbefristet in Vollzeit beschäftigten Arbeitnehmers in einem Einzelarbeitsverhältnis scheint einem fortschreitenden Wandel unterworfen zu sein. In Westdeutschland waren 1985 noch 62,7 % aller Erwerbstätigen in Vollzeit beschäftigt. Der Anteil derer, die mehr als eine Beschäftigung ausübten, betrug damals 1,0 %. 1995 war der Anteil Vollzeiterwerbstätigen auf 57,8 % gesunken. Gleichzeitig stieg der Anteil der Mehrfach-Beschäftigten auf 1,7 %.[24] Der Anteil der in Teilzeit beschäftigten Erwerbstätigen betrug in Westdeutschland 1985 10,8 % und stieg bis 1995 auf 17,5 % an. Von ihnen standen 1985 0,3 % in mehr als einem Beschäftigungsverhältnis. Dieser Anteil hatte sich 1995 auf 0,6 % verdoppelt.[25]

Der zum 1.1.2001 eingeführte allgemeine Teilzeitanspruch von Arbeitnehmern (§ 8 TzBfG) dürfte der Ausweitung von Teilzeitarbeitsverhältnissen einen weiteren entscheidenden Impuls geben. Hinzu kommt, dass die Ausübung mehrerer Teilzeitarbeitsverhältnisse für den Arbeitnehmer gerade in wirtschaftlich schwierigen Zeiten eine Risikoverteilung bewirken kann. Entfällt eines der Arbeitsverhältnisse als Einkommensquelle, so kann der Lebensunterhalt zumindest teilweise durch weitere Arbeitsverhältnisse gedeckt werden. Oftmals wird die Ausübung eines einzelnen Teilzeitarbeitsverhältnisses den Arbeitnehmer wirtschaftlich zur Aufnahme weiterer Arbeitsverhältnisse zwingen, um seine Existenzgrundlage auf Dauer ausreichend zu sichern.

3. Entwicklungstendenzen

Flexiblere Gestaltungen der persönlichen Lebensarbeitszeit, die häufig genug den Sachzwängen des Arbeitsmarktes unterliegen, machen es zunehmend erforderlich, andere Beschäftigungsmodelle als das lebenslange Vollzeitarbeitsverhältnis bei ein und demselben Arbeitgeber zu berücksichtigen.[26] Die von *Ni-*

---

[23] IAB Kurzbericht Nr. 1/2001, Tabellen 2 a) und 2 b).

[24] IAB Kurzbericht Nr. 2/1998, Tabelle 1. Nach den Annahmen des IAB liegt ein Vollzeitarbeitsverhältnis ab einer wöchentlichen Arbeitszeit von 36 Stunden vor. Eine wöchentliche Arbeitszeit von unter 36 Stunden ist danach als Teilzeitarbeitsverhältnis gewertet worden.

[25] IAB Kurzbericht Nr. 2/1998, Tabelle 2.

[26] *Ricken,* NZS 1997, 558, 563.

kisch[27] noch 1961 geäußerte Ansicht, der Arbeitnehmer könne seine Arbeitskraft regelmäßig nur einem einzigen Arbeitgeber zur Verfügung stellen, ist auf die heutige Arbeitswirklichkeit nur noch bedingt übertragbar. Vieles deutet auf einen Strukturwandel in der Erwerbslandschaft hin, der auch die Ausübung von Zweitarbeitsverhältnissen begünstigt.[28] Es ist damit zu rechnen, dass die Anzahl von Arbeitnehmern mit Zweitarbeitsverhältnissen aufgrund dieser Gegebenheiten weiterhin zunehmen wird.

---

[27] *Nikisch*, Arbeitsrecht I, S. 31.

[28] Vgl. hierzu IAB Kurzbericht Nr. 14/2000, S. 1: „Lange Zeit als ‚normal' geltende Standards wie Arbeitnehmerstatus, Vollzeittätigkeit oder unbefristete Beschäftigung werden in Frage gestellt".

§ 2 Zweitarbeitsverhältnisse und Arbeitsrecht

I. Begründung des Zweitarbeitsverhältnisses

1. Mitteilungspflichten des Arbeitnehmers

Die Aufnahme weiterer Arbeitsverhältnisse durch den Arbeitnehmer kann für die jeweiligen Arbeitgeber von erheblicher Bedeutung sein.
So können sich Verpflichtungen im Rahmen mehrfacher Arbeitsverhältnisse beispielsweise auf die zeitliche Verfügbarkeit des Arbeitnehmers und seine körperliche oder geistige Belastbarkeit auswirken.[29] Die Kenntnis von weiteren Arbeitsverhältnissen bedeutet für den Arbeitgeber darüber hinaus eine Flexibilisierung seiner längerfristigen Arbeitsplanung. Hierdurch kann er einschätzen, ob der Arbeitnehmer in der Zukunft grundsätzlich in der Lage ist, umfangreichere oder verantwortungsvollere Arbeitsleistungen zu erbringen oder ob eine solche Ausweitung der Arbeitsvertragspflichten von vornherein mit einem weiteren Arbeitsverhältnis kollidieren würde. Arbeitschutzgesetze, wie das Arbeitszeitgesetz oder das Jugendarbeitsschutzgesetz, sehen zudem eine Zusammenrechnung der jeweiligen Arbeitszeiten des Arbeitnehmers vor. Verstöße gegen die Arbeitszeithöchstgrenzen sind für den Arbeitgeber bußgeld-, im Einzelfall auch strafbewehrt.[30] Schließlich sind auch in sozialversicherungsrechtlicher Hinsicht Melde- und Beitragspflichten des Arbeitgebers zu beachten, beispielsweise, wenn die Zusammenrechnung mehrerer geringfügiger Beschäftigungsverhältnisse zu einer versicherungspflichtigen Beschäftigung führt.[31]

Ein Arbeitnehmer, der ein Zweitarbeitsverhältnis aufnimmt, wird jedoch seinerseits bestrebt sein, möglichst wenig über weitere Arbeitsverhältnisse preisgeben zu müssen. Dies ist einerseits auf sein privates Interesse zurückzuführen, Tätigkeiten, die außerhalb der Arbeitszeit in einem Arbeitsverhältnis ausgeübt werden, nicht ungefragt mitteilen zu müssen. Für den Arbeitnehmer besteht bei der Bewerbung um einen Zweitarbeitsplatz darüber hinaus die Gefahr, durch die Offenbarung weiterer Arbeitsverhältnisse mittelbar einen Wettbewerbsnachteil gegenüber Mitbewerbern zu erleiden. Falls diese über keine weiteren Arbeitsverhältnisse verfügen und daher ein größeres Maß an Flexibilität besitzen, könnte dies zu einer bevorzugten Einstellung der anderen Bewerber führen.

---

[29] Zu nennen sind in zeitlicher Hinsicht beispielsweise die Festlegung der zeitlichen Lage des Urlaubs oder die Einhaltung gesetzlich vorgeschriebener Ruhezeiten des Arbeitnehmers.

[30] Zu diesem Problemkreis ausführlich unter *§ 2 II. 3.*

[31] Hierzu eingehend unter *§ 3 I. 2.*

Umfang und Reichweite einer Rechtspflicht zur Anzeige weiterer Arbeitsverhältnisse sind vor dem Hintergrund der dargelegten gegensätzlichen Interessen der Arbeitsvertragsparteien umstritten. Im Folgenden soll die Anzeigepflicht des Arbeitnehmers bei Aufnahme eines Zweitarbeitsverhältnisses untersucht werden. Zur besseren Übersicht ist dabei zwischen den verschiedenen Arbeitsverhältnissen zu differenzieren.

a) Anzeigepflicht im bereits bestehenden Arbeitsverhältnis

aa) Anzeigepflicht aus der Treuepflicht des Arbeitnehmers

(1) Meinungsstand in Rechtsprechung und Literatur

Teile der Literatur vertreten die Ansicht, auch ohne ausdrückliche Vereinbarung der Arbeitsvertragsparteien folge aus § 242 BGB eine der arbeitsrechtlichen Treuepflicht immanente generelle Anzeigepflicht des Arbeitnehmers bei Aufnahme eines Zweitarbeitsverhältnisses.[32] Eine solche Anzeigepflicht stelle noch keinen Eingriff in die Berufsfreiheit des Arbeitnehmers aus Art. 12 Abs. 1 GG dar, da sie nicht auf die Zulässigkeit eines weiteren Arbeitsverhältnisses einwirke. Anzeigepflichten ermöglichten dem Arbeitgeber vielfach erst die Beurteilung, ob das Zweitarbeitsverhältnis gegen seine Interessen verstoßen könnte.

Andere Meinungen lehnen eine ungeschriebene Pflicht zur Anzeige ab.[33] Es sei das ureigenste Recht des Arbeitnehmers, die ihm verbleibende Freizeit so zu nutzen, wie er es für richtig befinde.[34] Ferner dürfe der Arbeitgeber nicht einmal nach Nebenbeschäftigungen fragen, sofern die geschuldete Leistung im Arbeitsverhältnis erbracht werde.[35] Ein Arbeitnehmer sei grundsätzlich nicht verpflichtet, sich selbst zu bezichtigen.[36]

Das Bundesarbeitsgericht vertritt eine differenzierte Ansicht. Der Arbeitnehmer sei aus der Treuepflicht heraus verpflichtet, die Aufnahme eines weiteren Ar-

---

[32] Vgl. MünchKomm-*Müller-Glöge*, BGB, § 611 Rn. 448: ein Arbeitnehmer habe dem Arbeitgeber jede entgeltliche Nebentätigkeit anzuzeigen; *Bock*, S. 129; wohl auch *Herschel*, Anmerkung zu BAG v. 13.11.1979 - 6 AZR 934/77, AP Nr. 5 zu § 1 KSchG 1969 Krankheit.

[33] *Kempen/Kreuder*, AuR 1994, 214, 216; *Rewolle*, BB 1959, 670, 672; LAG Frankfurt/M. - 5 Sa 137/67, DB 1968, 2178, 2179; ähnlich *Sieg*, AuA 1996, 350: eine Anzeigepflicht bestehe grundsätzlich nur bei einer vertraglichen Regelung.

[34] *Rewolle*, BB 1959, 670, 672.

[35] *Kempen/Kreuder*, AuR 1994, 214, 216.

[36] LAG Frankfurt/M. - 5 Sa 137/67, DB 1968, 2178, 2179.

beitsverhältnisses von sich aus anzuzeigen, wenn hierdurch berechtigte Interessen des Arbeitgebers berührt werden.[37]
Die Auffassung des Bundesarbeitsgerichts wird von dem überwiegenden Teil des Schrifttums unterstützt.[38]

(2) Stellungnahme

Der generellen Ablehnung einer vertragsimmanenten Anzeigepflicht kann nicht gefolgt werden. Zuzugeben ist, dass es im privaten Interesse des Arbeitnehmers liegt, seine Freizeit uneingeschränkt gestalten zu können. Schwerer wiegt jedoch, dass ein Arbeitnehmer, der ein Zweitarbeitsverhältnis aufnimmt, für die Dauer seiner dortigen Arbeitszeit keine Freizeit im eigentlichen Sinne mehr verbringt, sondern sich in dieser Zeit zu fremdbestimmter Arbeitsleistung verpflichtet. Das Zweitarbeitsverhältnis bringt weitere Rechte aber auch Pflichten für den Arbeitnehmer mit sich, die auf das andere Arbeitsverhältnis zurückwirken können, beispielsweise bei der Zusammenrechnung der Arbeitszeiten aus mehreren Arbeitsverhältnissen.[39]

Die Gegenposition einer unbedingten vertragsimmanenten Anzeigepflicht vermag ebenfalls nicht zu überzeugen. Eine ungeschriebene Pflicht zur Anzeige mag noch keinen unmittelbaren Eingriff in die Berufsfreiheit des Arbeitnehmer darstellen, da sie nicht die Zulässigkeit des Zweitarbeitsverhältnisses an sich reglementiert. Sie bedeutet jedoch gleichwohl einen Eingriff in die nach Art. 2 Abs. 1 iVm Art. 1 Abs. 1 GG geschützte Privatsphäre. Eine undifferenzierte Pflicht zur Kenntnisgabe an den Arbeitgeber führt darüber hinaus zu einer Überspannung der Treuepflicht, da aus ihr grundsätzlich keine außervertraglichen Verhaltenspflichten abzuleiten sind.

---

[37] BAG v. 18.1.1996 - 6 AZR 314/95, AP Nr. 25 zu § 242 BGB Auskunftspflicht, unter I. 2. b) aa) der Gründe.

[38] Vgl. *Wank*, Nebentätigkeit, Rn. 129: aus der Treuepflicht ergebe sich auch der Anspruch des Arbeitgebers gegen den Arbeitnehmer, dass er ihm eine Nebentätigkeit anzeige, soweit sie entweder eine Gefährdung der durch die Treuepflicht geschützten Interessen mit sich bringe oder der Arbeitgeber nur so seine Pflichten im Hinblick auf Arbeitsschutzvorschriften, Sozialabgaben oder steuerrechtliche Normen erfüllen könne; MünchArbR-*Blomeyer*, § 55 Rn. 8 f.: eine dem Vertrag immanente Anzeigepflicht bestehe nur dann, wenn die vertraglich geschützten Interessen des Arbeitgebers bedroht sind; MünchArbR-*Schüren*, Ergänzungsband, § 162 Rn. 142: der Arbeitnehmer müsse seine Arbeitgeber spätestens dann unterrichten, wenn eine Interessenkollision erkennbar sei. Vgl. auch *Baeck/Deutsch*, ArbZG, § 2 Rn. 25; ErfK-*Preis*, BGB, § 611 Rn. 890; *ders.*, Vertragsgestaltung, S. 538; *Hunold*, NZA 1995, 558, 561; *Oligmüller*, S. 136 f.; *Callam*, S. 138; *Gift*, BB 1959, 43, 45.

[39] Vgl. § 2 Abs. 1 S. 1 Hs. 2 ArbZG; ausführlich hierzu unter *§ 2 II. 3. b) bb)*.

Es erscheint deshalb sachgemäß, mit der Rechtsprechung des Bundesarbeitsgerichts und dem überwiegenden Teil der Literatur eine vertragsimmanente Anzeigepflicht nur dann anzunehmen, wenn berechtigte Interessen des Arbeitgebers dies erfordern. Dies wird auch anhand des Folgenden deutlich:
Der Arbeitgeber läuft Gefahr, gegen das Arbeitszeitgesetz zu verstoßen, wenn er den Arbeitnehmer über die zulässigen Höchstgrenzen der Arbeitszeit hinaus beschäftigt. Hierbei ist zu beachten, dass die Arbeitszeiten aus mehreren Arbeitsverhältnissen des Arbeitnehmers zusammenzurechnen sind. Arbeitgeber handeln zumindest nach § 22 ArbZG ordnungswidrig, wenn sie Arbeitnehmer unter Verstoß gegen das Arbeitszeitrecht beschäftigen. Hierzu kann es insbesondere durch die Aufnahme von solchen Zweitarbeitsverhältnissen kommen, von denen der Arbeitgeber keine Kenntnis hat. Weiterhin besteht die Gefahr, dass gesetzlich vorgeschriebene Ruhezeiten nach § 5 ArbZG nicht eingehalten werden, weil der Arbeitnehmer noch ein weiteres Arbeitsverhältnis aufgenommen hat, ohne dem Arbeitgeber hiervon Mitteilung zu machen. Gerade bei der Vereinbarung flexibler Arbeitszeiten liegt diese Gefahr besonders nahe. Es erscheint unbillig, den Arbeitgeber in dieser Situation mit dem Hinweis schutzlos zu stellen, das Interesse des Arbeitnehmers an der freien Gestaltung seiner Freizeit genieße unbedingten Vorrang. Der Arbeitnehmer hat vielmehr in diesen Fällen den Arbeitgeber auf mögliche Verstöße gegen Arbeitnehmerschutzvorschriften hinzuweisen.[40] Hierin liegt ein berechtigtes Interesse des Arbeitgebers, über die Aufnahme weiterer Arbeitsverhältnisse informiert zu werden. Dieses berechtigte Interesse führt zu einer Verpflichtung des Arbeitnehmers, die Aufnahme weiterer Arbeitsverhältnisse auch ungefragt mitzuteilen. Ähnlich ist der Fall zu beurteilen, dass die beabsichtigte Tätigkeit sich als unvereinbar mit der vertraglich geschuldeten Tätigkeit erweist oder die konkrete Gefahr einer Verletzung von Wettbewerbsinteressen des Arbeitgebers nach sich zieht.[41] Wenn ein weiteres Arbeitsverhältnis mit einem bestehenden Arbeitsverhältnis kollidieren würde, ist eine Verletzung der Arbeitspflicht zu befürchten. Der Arbeitgeber vermag die tatsächliche Verletzung seiner Interessen in diesen Fällen nur dann zu beurteilen, wenn er von der geplanten Aufnahme des weiteren Arbeitsverhältnisses in Kenntnis gesetzt wird.

bb) Vertraglich fixierte Anzeigepflicht

Eine ausdrückliche arbeitsvertragliche Verpflichtung zur Anzeige von Zweitarbeitsverhältnissen wird auch ohne Erfordernis eines berechtigten Arbeitgeberinteresses als zulässig angesehen.[42]

---

[40] BAG v. 14.12.1967- 5 AZR 74/67, AP Nr. 2 zu § 1 AZO, unter 5. der Gründe.

[41] *Wertheimer/Krug*, BB 2000, 1462, 1464; *Kuhn*, S. 64; hierzu eingehend unter *§ 2 I. 2.* sowie *§ 2 II. 1.* und *§ 2. II. 2.*

[42] BAG v. 18.11.1988 - 8 AZR 12/86, AP Nr. 3 zu § 611 Doppelarbeitsverhältnis, unter I. 1. der Gründe; *Brändli*, S. 136; *Glöckner*, S. 188; *Bock*, S. 130; a.A. *Preis*, Vertragsgestal-

Dem ist für den Regelfall zuzustimmen.

Hierfür spricht zunächst, dass die Vereinbarung einer Anzeigepflicht als Ausfluss der Privatautonomie der Parteien des Arbeitsvertrags grundsätzlich unbedenklich ist. Die Berechtigung einer entsprechenden vertraglichen Verpflichtung ergibt sich aus den aufgezeigten Interessen des Arbeitgebers etwa an der Vermeidung von Ordnungswidrigkeiten im Fall des Arbeitszeitgesetzes oder auch der Vermeidung einer Verletzung von sozialversicherungsrechtlichen Melde- und Beitragspflichten.[43] Das private Interesse des Arbeitnehmers, die Aufnahme eines Zweitarbeitsverhältnisses nicht mitteilen zu müssen, tritt demgegenüber zurück. Hiergegen bestehen auch keine verfassungsrechtlichen Bedenken. Im Rahmen der Vertragsfreiheit bleibt es Arbeitgeber und Arbeitnehmer unbenommen, Grundrechte des Arbeitnehmers aus Art. 2 Abs. 1 GG und Art. 12 Abs. 1 GG wirksam einzuschränken.[44]
Der Vertragsfreiheit sind jedoch Grenzen zu ziehen, wenn das beabsichtigte Zweitarbeitsverhältnis offensichtlich keine Arbeitgeberinteressen beeinträchtigt. In diesem Fall fehlt es an einem berechtigten Interesse an der Mitteilung weiterer Arbeitsverhältnisse.[45]

cc) Gesetzliche Anzeigepflicht

Handelt es sich um ein geringfügiges Beschäftigungsverhältnis des Arbeitnehmers, so kann aus § 28 o Abs. 1 SGB IV eine gesetzliche Pflicht zur Mitteilung eines Zweitarbeitsverhältnisses erwachsen, wenn durch dessen Aufnahme die Voraussetzungen der Geringfügigkeit entfallen.
Relevant wird dies vor allem bei Ausübung einer entgeltgeringfügigen Beschäftigung nach § 8 Abs.1 Nr. 1 SGB IV. Eine entgeltgeringfügige Beschäftigung ist mit weiteren entgeltgeringfügigen und sonstigen nicht geringfügigen Beschäftigungsverhältnissen zusammenzurechnen.[46] Der Arbeitnehmer hat dem Arbeitgeber die Angaben zu machen, die erforderlich sind, damit er die vorgeschriebenen sozialversicherungsrechtlichen Meldungen erstatten und die geschuldeten Beiträge abführen kann. Den richtigen Beitrag kann der Arbeitgeber indes nur zahlen, wenn ihm alle die Versicherungspflicht und die Beitragshöhe bestimmenden Tatsachen bekannt sind. Nimmt ein geringfügig Beschäftigter ein Zweitarbeitsverhältnis auf, so kann dies für die Beurteilung der Versicherungs-

---

tung, S. 538: die formularmäßige Vereinbarung einer Anzeigepflicht bedürfe eines berechtigten Interesse des Arbeitgebers.

43 MünchKomm-*Müller-Glöge*, BGB, § 611 Rn. 448.

44 Zur Einschränkbarkeit von Art. 2 Abs. 1 und Art. 12 Abs. 1 GG durch vertragliche Abrede vgl. MünchArbR-*Blomeyer*, § 55 Rn. 26 mwN sowie nachfolgend unter *§ 2 I. 2.*

45 *Glöckner*, S. 188.

46 Vgl. § 8 Abs. 2 S. 1 SGB IV; eingehend zum Recht der geringfügigen Beschäftigungsverhältnisse unter *§ 3 I.*

pflicht Konsequenzen zeitigen, wenn hierdurch die Geringfügigkeitsgrenzen überschritten werden. Geringfügig beschäftigte Arbeitnehmer sind daher verpflichtet, dem Arbeitgeber in diesem Fall auch unaufgefordert entsprechende weitere Beschäftigungen anzuzeigen.[47] Der Arbeitgeber eines geringfügig Beschäftigten hat gegenüber dem Arbeitnehmer zudem ein Fragerecht nach weiteren Beschäftigungsverhältnissen.[48]

Eine weitere gesetzliche Pflicht des Arbeitnehmers zur Anzeige besteht im Übrigen bei Aufnahme von Zweitarbeitsverhältnissen im Fall der Altersteilzeitarbeit.[49]

b) Anzeigepflicht im Zweitarbeitsverhältnis

Mit der Anzeigepflicht des Arbeitnehmers in einem bestehenden Arbeitsverhältnis korrespondiert auch eine Pflicht, im Rahmen des Zweitarbeitsverhältnisses vor der Einstellung weitere Arbeitsverhältnisse mitzuteilen. Der Umfang der Mitteilungspflicht entspricht dem Grunde nach der Pflicht zur Anzeige im bestehenden Arbeitsverhältnis.
Der Arbeitgeber des Zweitarbeitsverhältnisses befindet sich in einer ähnlichen Situation. Stellt er den Arbeitnehmer ein, sei es als geringfügig Beschäftigten oder als versicherungspflichtig Beschäftigten, so treten vergleichbare rechtliche Probleme auf, falls der Arbeitnehmer aufgrund der weiteren Erwerbstätigkeit tatsächlich nicht als geringfügig Beschäftigter gilt oder die Beschäftigung zu einem Verstoß gegen das Arbeitszeitgesetz führt. Diesbezüglich wird auf die Anzeigepflicht im bereits bestehenden Arbeitsverhältnis verwiesen.

Arbeitnehmer, die ein Zweitarbeitsverhältnis aufnehmen, sind daher verpflichtet, den Arbeitgeber des Zweitarbeitsverhältnisses über die Existenz weiterer Arbeitsverhältnisse zu unterrichten, sofern Verstöße gegen sozialversicherungsrechtliche Beitragspflichten, gegen das Arbeitszeitrecht oder Wettbewerbsinteressen des Arbeitgebers dies erfordern. Ebenso besteht eine Mitteilungspflicht, wenn die konkrete Gefahr besteht, dass die Ausübung mehrerer Arbeitsverhältnisse zu einer Überforderung oder zu einer sonstigen Beeinträchtigung der Leistungspflichten des Arbeitnehmers führt.[50]

---

47 BAG v. 18.11.1988 - 8 AZR 12/86, AP Nr. 3 zu § 611 BGB *Doppelarbeitsverhältnis*; Hauck/Noftz-*Sehnert*, SGB IV, K § 28 o Rn. 8; KassKomm-*Seewald*, SGB IV, § 28 o Rn. 2.

48 BSG v. 23.2.1988 - 12 RK 43/87, SozR 2100 § 8 Nr. 5; zu § 28 o SGB IV ferner unter *§ 3 I. 3. b)*.

49 Vgl. § 11 Abs. 1 S. 1 iVm §§ 4, 5 ATZG; zum Recht der Altersteilzeitarbeit ausführlich unter *§ 2 II. 9.*

50 Vgl. BAG v. 14.12.1967- 5 AZR 74/67, AP Nr. 2 zu § 1 AZO, unter 5. der Gründe: ein Arbeitnehmer müsse seinen zukünftigen Arbeitgeber darauf aufmerksam machen, dass die Durchführung des Vertrags unter Umständen mit Arbeitnehmerschutzvorschriften kolli-

c) Ergebnis

Der Arbeitnehmer ist in einem bereits bestehenden Arbeitsverhältnis auch ohne ausdrückliche Vereinbarung zur Anzeige von Zweitarbeitsverhältnissen verpflichtet, wenn hieran ein berechtigtes Interesse seines Arbeitgebers besteht. Ein berechtigtes Interesse liegt vor allem in der Vermeidung von Ordnungswidrigkeiten nach dem Arbeitszeitgesetz und anderen Arbeitnehmerschutzgesetzen. Ferner löst auch die Gefahr einer Verletzung der arbeitsvertraglichen Leistungspflicht durch Ausübung des Zweitarbeitsverhältnisses, etwa durch körperliche Überanstrengung oder den Widerspruch des Zweitarbeitsverhältnisses zu wettbewerblichen Interessen des Arbeitgebers, eine vertragsimmanente Anzeigepflicht aus.
Enthält der Arbeitsvertrag eine ausdrückliche Verpflichtung zur Anzeige von Zweitarbeitsverhältnissen, so ist dies im Rahmen der Vertragsfreiheit grundsätzlich nicht zu beanstanden. Der Vertragsfreiheit sind jedoch dort Grenzen gesetzt, wo eine Beeinträchtigung von Interessen des Arbeitgebers offensichtlich ausgeschlossen ist.
Für geringfügig beschäftigte Arbeitnehmer folgt eine gesetzliche Pflicht zur Anzeige von Zweitarbeitsverhältnissen aus § 28 o Abs. 1 SGB IV, wenn die Aufnahme weiterer Beschäftigungen zum Entfallen der Sozialversicherungsfreiheit führt. Ferner besteht eine gesetzliche Anzeigepflicht für Arbeitnehmer, wenn während der Altersteilzeit Zweitarbeitsverhältnisse aufgenommen werden, welche die sozialversicherungsrechtliche Geringfügigkeitsgrenze überschreiten.
Gegenüber dem Arbeitgeber des Zweitarbeitsverhältnisses ist der Arbeitnehmer vor Begründung des Zweitarbeitsverhältnisses grundsätzlich im gleichen Umfang zur Anzeige verpflichtet.

2. Verbot von Zweitarbeitsverhältnissen

a) Vertragsimmanente Verbote von Zweitarbeitsverhältnissen

Auch wenn der Arbeitsvertrag die Zulässigkeit von Zweitarbeitsverhältnissen nicht ausdrücklich regelt, so besteht doch in Rechtsprechung und Literatur Einigkeit darüber, dass dieser die Aufnahme weiterer Arbeitsverhältnisse begrenzen kann.

---

dieren könne; ErfK-*Wank*, ArbZG, § 2 Rn. 30: der Arbeitnehmer sei verpflichtet, den Arbeitgeber darauf aufmerksam zu machen, dass er bereits in einem Arbeitsverhältnis stehe und deshalb der Spielraum für eine weitere Arbeitszeit begrenzt sei. Vgl. auch *Kuhn*, S. 64: ein Arbeitnehmer, der in zwei Berufen tätig sei, habe den jeweiligen Arbeitgebern von der anderen Tätigkeit Kenntnis zu geben, damit diese eine Überschreitung der Höchstarbeitszeit nach dem Arbeitszeitrecht vermeiden können.

Für dieses Problemfeld hat sich allgemein der Begriff „Nebentätigkeitsverbote" durchgesetzt.[51] Dies ist insofern ungenau, als die Nebentätigkeit wesentlich weiter gefasst sein kann als das Zweitarbeitsverhältnis und beispielsweise auch Freizeitbeschäftigungen oder selbständige Tätigkeiten beinhaltet.[52] Die Aussagen zu Nebentätigkeitsverboten erscheinen jedoch inhaltlich übertragbar, soweit sie Zweitarbeitsverhältnisse des Arbeitnehmers betreffen. Sie werden insoweit im Folgenden miteinbezogen.

Vertragsimmanente Verbote von Zweitarbeitsverhältnissen werden dogmatisch in unterschiedlicher Weise eingeordnet. Teilweise leitet die Literatur Verbote aus der Treuepflicht des Arbeitnehmers ab.[53] Andere Autoren siedeln sie in allgemeinen Rücksichtnahme- oder Schutzpflichtenpflichten des Arbeitsvertrags an, die auf Treu und Glauben beruhen.[54] Die Rechtsprechung entnimmt Nebentätigkeitsverbote der allgemeinen arbeitsvertraglichen Verpflichtung zur ordnungsgemäßen Erfüllung.[55] Inhaltliche Abweichungen sind mit dieser Differenzierung jedoch nicht verbunden.

aa) Allgemeine Grundsätze

Vertragsimmanente Verbote beeinträchtigen den Arbeitnehmer in seinem Grundrecht auf Berufsfreiheit (Art. 12 Abs. 1 GG), soweit sie die Aufnahme und Ausübung von Zweitarbeitsverhältnissen untersagen. Darüber hinaus sind sie für den Arbeitnehmer im Einzelfall nur schwer erkennbar, da es an einer vertraglichen Fixierung fehlt. Insbesondere die angesprochene Grundrechtsrelevanz erfordert es, ungeschriebenen Verboten enge Grenzen zu ziehen.
Einerseits sind nur solche Interessen des Arbeitgebers zur Einschränkung von Zweitarbeitsverhältnissen geeignet, die einen direkten Bezug zum Arbeitsverhältnis aufweisen. Private Interessen des Arbeitgebers können nicht zum Verbot des Zweitarbeitsverhältnisses führen.[56] Zweitarbeitsverhältnisse, die außerhalb der vertraglichen Arbeitszeit ausgeübt werden, können somit nicht per se aufgrund des Pflichtenumfangs eines anderen Arbeitsverhältnisses eingeschränkt sein. Erforderlich ist vielmehr, dass sich die Ausübung des Zweitarbeitsverhältnisses auf die Pflichtenbeziehung im übrigen Arbeitsverhältnis unmittelbar auswirkt.
Andererseits muss die Beeinträchtigung des Arbeitsverhältnisses von solcher Qualität und Schwere sein, dass der Arbeitgeber sie nicht hinzunehmen hat. Es

---

51 Vgl. nur *Schaub*, § 43 Rn. 7.
52 Vgl. hierzu bereits oben *§ 1 II. 3. a)*.
53 *Wank*, Nebentätigkeit, Rn. 98; *Palme*, BlStSozArbR 1973, 137, 140.
54 *Glöckner*, S. 68; MünchArbR-*Blomeyer*, § 55 Rn. 5.
55 BAG v. 13.11.1979 - 6 AZR 934/77, AP Nr. 5 zu § 1 KSchG 1969 Krankheit, unter III. 1. der Gründe.
56 *Wank*, Nebentätigkeit, Rn. 99; *Glöckner*, S. 69; *Bock*, S. 63; *Mayer-Maly*, AuR 1968, 1, 12.

muss also eine mehr als nur unerhebliche Beeinträchtigung des Arbeitsverhältnisses vorliegen.[57]

bb) Konkretisierung der geschützten Arbeitgeberinteressen im Einzelfall

Zur Ausfüllung der berechtigten Arbeitgeberinteressen am Verbot eines Zweitarbeitsverhältnisses werden bestimmte Fallgruppen diskutiert, die nachfolgend dargestellt werden.[58]

(1) Konkrete Beeinträchtigung der Arbeitskraft

Führt die Aufnahme des Zweitarbeitsverhältnisses dazu, dass der Arbeitnehmer seine Arbeitsleistung nicht mehr erbringen kann, so ist das Zweitarbeitsverhältnis unzulässig. Es liegt eine unmittelbare Störung des Austauschverhältnisses vor. Für den Fall der Nichtleistung als Folge eines Zweitarbeitsverhältnisses lässt sich die Unzulässigkeit daher unproblematisch bejahen.[59]

Schwieriger ist die Frage zu beantworten, wann eine qualitative Schlechtleistung aufgrund des Zweitarbeitsverhältnisses vorliegt, welche die Arbeitsleistung konkret beeinträchtigt. Schlechtleistungen sind im Rahmen des Arbeitsvertrags nur schwer objektiv feststellbar. Der Arbeitsvertrag enthält nach allgemeinen Grundsätzen nicht auch die Verpflichtung zu einer bestimmten Leistungsqualität. Der Arbeitnehmer ist vielmehr dazu verpflichtet, seine Arbeitskraft im Rahmen der gesetzlichen Grenzen zur Leistung der versprochenen Dienste einzusetzen.[60] Zur Feststellung einer qualitativen Schlechtleistung ist darüber hinaus auf die subjektive Durchschnittsleistung des einzelnen Arbeitnehmers abzustellen.[61] Wann ein Verhalten hiervon abweicht, wird häufig nur schwer zu beurteilen sein. Hinzu kommt, dass im Rahmen der Sozialadäquanz nicht bereits jeder Leistungsabfall im Arbeitsverhältnis als erheblich eingestuft werden kann. Erforderlich ist eine gewisse Häufung in zeitlicher Hinsicht sowie ein merklicher Einfluss auf den Betriebsablauf.[62] Der Arbeitgeber muss zudem den Nachweis erbringen, dass die Schlechtleistung, so sie vorliegt, auf der Tätigkeit im Rahmen des Zweitarbeitsverhältnisses beruht.

Insgesamt wird eine Beeinträchtigung der Arbeitsleistung durch das Zweitarbeitsverhältnis daher nur zu bejahen sein, wenn die Schlechtleistung sich in zeit-

---

[57] *Glöckner*, S. 71 f.
[58] Ausführlich hierzu *Glöckner*, S. 69 ff.
[59] *Wank*, Nebentätigkeit, Rn. 115; *Glöckner*, S. 85; MünchArbR-*Blomeyer*, § 55 Rn. 4.
[60] MünchArbR-*Blomeyer*, § 48 Rn. 64.
[61] MünchArbR-*Blomeyer*, § 48 Rn. 64; *Bock*, S. 66.
[62] *Wank*, Nebentätigkeit, Rn. 118; vgl. auch *Brändli*, S. 74.

licher Hinsicht häuft, sie sich in Störungen des Betriebsablaufs niederschlägt und sie auf das Zweitarbeitsverhältnis zurückzuführen ist.

(2) Gefährlichkeit des Zweitarbeitsverhältnisses

Gefährliche Tätigkeiten, die im Rahmen des Zweitarbeitsverhältnisses ausgeübt werden, führen zu einem erhöhten Verletzungsrisiko des Arbeitnehmers. Dieses Risiko fällt auf den Arbeitgeber zurück, da er den Ausfall der Arbeitsleistung und die Fortzahlung des Entgelts bei Arbeitsunfähigkeit aufzufangen hat. Hierbei ist zwischen abstrakt gefährlichen und konkret gefährlichen Tätigkeiten zu trennen.

Die Ausübung abstrakt gefährlicher Tätigkeiten - also solcher Tätigkeiten, bei denen allgemein nur ein entferntes Verletzungsrisiko besteht - führt noch nicht zu einer Unzulässigkeit des Zweitarbeitsverhältnisses.[63] Das Verletzungsrisiko hat sich in diesem Fall noch nicht zu einer Interessenbeeinträchtigung auf Seiten des Arbeitgebers verdichtet.
Konkret gefährliche Tätigkeiten können demgegenüber zu einer Interessenbeeinträchtigung führen, die das Zweitarbeitsverhältnis unzulässig macht. Wer sich im Rahmen eines Zweitarbeitsverhältnisses offensichtlich in einem Maße überfordert, das zwangsläufig zu einer Realisierung des Verletzungsrisikos führen muss, hat dieses Zweitarbeitsverhältnis zu unterlassen. Dies wird der Fall sein, wenn die Beeinträchtigung mit an Sicherheit grenzender Wahrscheinlichkeit durch Ausübung des Zweitarbeitsverhältnisses eintreten würde.[64] Beispielsweise darf ein Arbeitnehmer kein Zweitarbeitsverhältnis ausüben, wenn er hierzu wegen einer bestehenden Krankheitsanlage von Anfang an ohne konkrete Gefährdung seiner Leistungsfähigkeit nicht mehr in der Lage ist.[65]

(3) Ungenehmigte Konkurrenztätigkeiten

Unzulässig sind ferner Zweitarbeitsverhältnisse, mit denen der Arbeitnehmer zu seinem Arbeitgeber ohne dessen Einwilligung in eine konkrete Wettbewerbssituation tritt und ihm auf diese Weise Konkurrenz macht.[66]

---

[63] *Oligmüller*, S. 124; *Brändli*, S. 66 f.

[64] *Glöckner*, S. 84; enger *Bock*, S. 69: einem verständigen Betrachter müsse die Gefährdung oder Überforderung des Arbeitnehmers ins Auge springen und ein Schadenseintritt wesentlich wahrscheinlicher sein als sein Ausbleiben.

[65] *Wank*, Nebentätigkeit, Rn. 112.

[66] *Wank*, Nebentätigkeit, Rn. 103; hierzu ausführlich unter *§ 2 II. 1.*

(4) Vertrauensschädigende Zweitarbeitsverhältnisse

Schließlich wird eine Unzulässigkeit des Zweitarbeitsverhältnisses für den Fall diskutiert, dass mit der weiteren Tätigkeit die Vertrauensbasis des Arbeitsverhältnisses erschüttert wird.[67]
Dies wird etwa für Fälle erwogen, in denen das Zweitarbeitsverhältnis aufgrund eines zweifelhaften gesellschaftlichen Stellenwerts zu einem Ansehensverlust für den Arbeitgeber führt oder sich die Arbeitsverhältnisse aufgrund ihrer Verschiedenartigkeit nicht in Einklang bringen lassen.[68]

Fälle der Zerrüttung des Vertrauensverhältnisses sind nur in engen Ausnahmen anzuerkennen. Im Hinblick auf das Grundrecht der Berufsfreiheit wird man die Grenze der Unzulässigkeit solcher Zweitarbeitsverhältnisse eng ziehen müssen. Fälle eines Ansehensverlusts des Arbeitgebers sind nur in Ausnahmefällen so hinreichend objektivierbar, dass damit zugleich ein Verbot des Zweitarbeitsverhältnisses zu rechtfertigen wäre. Ob ein „zweifelhaftes" Zweitarbeitsverhältnis überhaupt auf das übrige Arbeitsverhältnis zurückwirkt und damit eine Interessenbeeinträchtigung des Arbeitgebers messbar macht, ist zudem kritisch zu beurteilen. Da eine Berücksichtigung lediglich privater Interessen des Arbeitgebers ausgeschlossen ist, wird eine Zerrüttung des Vertrauensverhältnisses ferner nur aus der objektiven Sicht eines Dritten feststellbar sein können.[69]

b) Vertraglicher Ausschluss von Zweitarbeitsverhältnissen

Der Arbeitsvertrag eines Arbeitnehmers verpflichtet diesen nicht dazu, seine gesamte Arbeitskraft dem Arbeitgeber zur Verfügung zu stellen.[70] Vielmehr enthält er die Verpflichtung, die vereinbarte Arbeitsleistung während der vereinbarten Arbeitszeit zu erbringen. Grundsätzlich ist der Arbeitnehmer also frei darin, außerhalb dieser Arbeitszeit ein Zweitarbeitsverhältnis auszuüben, sofern ein anderes Arbeitsverhältnis hierdurch nicht beeinträchtigt wird.[71]

Gleichwohl liegt es im Interesse des Arbeitgebers, den Arbeitnehmer dazu zu veranlassen, möglichst seine gesamte Arbeitskraft in das Arbeitsverhältnis ein-

---

67 *Oligmüller*, S. 86; *Glöckner*, S. 112; *Bock*, S. 68 f.

68 Beispielsweise ein Prokurist, der abends in einer Stripteasebar arbeitet; vgl. auch *Oligmüller*, S. 86.

69 Kritisch auch *Glöckner*, S. 109: das Vertrauen des Arbeitgebers in eine hohe Meinung über seinen Arbeitnehmer sei per se nicht schutzwürdig.

70 Hierzu bereits oben *§ 1 I.*; vgl. auch MünchArbR-*Blomeyer*, § 55 Rn. 26.

71 BAG v. 19.6.1959 - 1 AZR 565/57, AP Nr. 1 zu § 611 BGB Doppelarbeitsverhältnis; *Becker-Schaffner*, BlStSozArbR 1980, 321; Staudinger-*Richardi*, BGB, § 611 Rn. 406.

zubringen.[72] Aus diesem Grunde enthalten viele Arbeitsverträge Klauseln, wonach der Arbeitnehmer generell keinem weiteren Arbeitsverhältnis nachgehen darf oder ein solches von der Zustimmung des Arbeitgebers abhängig gemacht wird. Andere Klauseln untersagen nur bestimmte Erwerbstätigkeiten oder machen solche zustimmungspflichtig. In Formularverträgen gehören Einschränkungen von Nebentätigkeiten in unterschiedlicher Intensität mittlerweile zum Standard.[73]

Grundsätzlich steht es den Parteien des Arbeitsvertrags frei, im Rahmen der Privatautonomie Vereinbarungen jeder Art zu treffen. Dementsprechend unterliegen auch vertragliche Verbote von Zweitarbeitsverhältnissen im Grundsatz der Vertragsfreiheit.
Diese Vorgehensweise steht jedoch zugleich in einem Spannungsverhältnis zum Grundrecht der Berufsfreiheit des Arbeitnehmers (Art. 12 Abs. 1 GG).[74] Im Einzelfall ist daher eine Grenzziehung zwischen der Vertragsfreiheit und der Berufsfreiheit zu treffen.

aa) Deklaratorische Klauseln

Soweit sich vertragliche Ausschlussklauseln in der Wiedergabe gesetzlicher Verbote erschöpfen, kann allgemein von deklaratorischen Klauseln gesprochen werden.[75] Eine deklaratorische Klausel könnte etwa lauten:

„Der Arbeitnehmer verpflichtet sich, während seines Urlaubs keiner dem Urlaubszweck widersprechenden Erwerbstätigkeit nachzugehen."

Eine solche Klausel ist lediglich die Ausformung eines bereits in § 8 BUrlG normierten Verbots.[76] Aufgrund ihres fehlenden eigenständigen Regelungsgehalts sind deklaratorische Klauseln als zulässig anzusehen.

bb) Konstitutive Klauseln

Vertragliche Ausschlussklauseln, die über einschlägige gesetzliche Bestimmungen hinausgehen, weisen einen eigenen Regelungsgehalt auf. Sie können somit als konstitutiv bezeichnet werden.

---

[72] *Brändli*, S. 113; *Grunewald*, NZA 1994, 971.
[73] *Preis*, Vertragsgestaltung, S. 534.
[74] BAG v. 18.1.1996 - 6 AZR 314/95, AP Nr. 25 zu § 242 BGB Auskunftspflicht, unter I. 2. b) aa) der Gründe.
[75] *Wank*, Nebentätigkeit, Rn. 361.
[76] Vgl. eingehend hierzu *§ 2 II. 6.*

Konstitutive Ausschlussklauseln können als absolute oder eingeschränkte Verbote ausgestaltet sein. *Glöckner*[77] hat verschiedene Klauseltypen beispielhaft auf ihre Zulässigkeit hin überprüft. Im Folgenden wird auf die von ihm gewählten Beispiele Bezug genommen.

(1) Absoluter Ausschluss von Zweitarbeitsverhältnissen

Eine absolute Ausschlussklauseln könnte wie folgt lauten:

„Der Angestellte hat seine ganze Arbeitskraft - unter Ausschluss jeder nebenberuflichen Tätigkeit - dem Unternehmen gewissenhaft zu widmen."[78]

Absolute Ausschlussklauseln werden nahezu einhellig als unzulässig bewertet.[79] Dem ist zuzustimmen. Ein absolutes Verbot der Aufnahme weiterer Arbeitsverhältnisse, ohne Rücksicht darauf, ob die Arbeitsleistung beeinträchtigt wird, stellt eine tief greifende Abweichung von dem Prinzip dar, dass der Arbeitnehmer nur zur Erbringung der geschuldeten Arbeitsleistung im vereinbarten Zeitraum verpflichtet ist. Der Arbeitnehmer verpflichtet sich durch den Arbeitsvertrag nicht dazu, seine ganze Arbeitskraft dem Arbeitgeber zur Verfügung zu stellen.[80] Bestehen daher von vornherein keine Anhaltspunkte dafür, dass die vertraglich geschuldete Arbeitsleistung gefährdet wird, so hat der Arbeitgeber kein schutzwürdiges Interesse daran, ein Zweitarbeitsverhältnis zu untersagen. Eine solche „vorbeugende" Grundrechtsbeschränkung findet keine Grundlage in der Konzeption des Arbeitsvertrags als wechselseitigem Austauschverhältnis. Sie erlegt dem Arbeitnehmer einseitig, und ohne dass dem eine Gegenleistung des Arbeitgebers entspräche, eine absolute Verpflichtung zur Unterlassung weiterer Erwerbstätigkeiten auf.[81] Die Privatautonomie der Arbeitsvertragsparteien ist in ein ausgewogenes Verhältnis zur Berufsfreiheit zu bringen. Sie muss dort begrenzt werden, wo ein schutzwürdiges Interesse des Arbeitgebers nicht erkennbar ist.

Schwieriger ist zu beantworten, ob die Klausel insgesamt als unzulässig und damit gegenstandslos einzustufen ist, oder ob sie auf einen verfassungskonformen Inhalt reduziert werden kann.

---

77 *Glöckner*, S. 149 ff.

78 Beispiel nach *Glöckner*, S. 149.

79 BAG v. 3.12.1970 - 2 AZR 110/70, AP Nr. 60 zu § 626 BGB; MünchArbR-*Blomeyer*, § 55 Rn. 26; *Glöckner*, S. 151; *Wank*, Nebentätigkeit, Rn. 368; *Bock*, S. 73; *Wertheimer/Krug*, BB 2000, 1462, 1464; a.A. *Rewolle*, BB 1959, S. 670, 671: jeder Arbeitnehmer könne sich verpflichten, jede Nebentätigkeit zu unterlassen.

80 *Preis*, Vertragsgestaltung, S. 534.

81 Ähnlich *Preis*, Vertragsgestaltung, S. 535.

Die Rechtsprechung und der überwiegende Teil der Literatur behandeln umfassende Verbotsklauseln bislang nach den Grundsätzen der geltungserhaltenden Reduktion.[82] Im Hinblick auf Art. 12 Abs. 1 GG seien generelle Verbote so einzuschränken, dass sie nur diejenigen Fälle erfassen, in denen berechtigte Interessen des Arbeitgebers berührt werden können. Darüber hinaus entfalte ein absolutes Verbot keine Rechtswirkungen.
Vornehmlich in der älteren Literatur wird als einzige Schranke für die Vereinbarung von Ausschlussklauseln die Sittenwidrigkeit in Form einer wirtschaftlichen Knebelung des Arbeitnehmers erwähnt.[83]
Nach einer anderen Auffassung sind absolute Ausschlussklauseln als vollinhaltlich unwirksam anzusehen.[84] Eine geltungserhaltende Reduktion komme im Allgemeinen nur bei Gesetzen, nicht aber bei vertraglichen Vereinbarungen in Betracht. Darüber hinaus bevorzuge sie einseitig den Arbeitgeber, da dieser bei Vereinbarung absoluter Klauseln keinem Risiko ausgesetzt sei. Im Wege der Reduktion erwirke er stets eine „gekappte" Verbotsklausel, die zumindest im Fall eines berechtigten Interesses wirksam sei.

Bezüglich individuell ausgehandelter Verbotsklauseln vermögen die Bedenken der letztgenannten Auffassung nicht zu überzeugen.

Eine verfassungskonforme Reduktion ist bei vertraglichen Vereinbarungen nicht ausgeschlossen. Die Rechtsprechung erkennt sie in ähnlichen Fällen an, etwa bei vertraglichen Rückzahlungsklauseln für Gratifikationen.[85] Darüber hinaus kann nicht von einer generellen einseitigen Bevorzugung des Arbeitgebers gesprochen werden. Denn die Klausel entspricht in ihrer reduzierten Form nicht mehr als dem, was dem Arbeitnehmer ohnehin bereits aufgrund der gesetzlichen Bestimmungen oder der arbeitsvertraglichen Treuepflicht abverlangt werden kann.[86] Das berechtigte Interesse deckt sich mit der in ihrem Regelungsgehalt reduzierten Ausschlussklausel. Die geltungserhaltende Reduktion absoluter Ausschlussklauseln ist daher nicht zu beanstanden. Sie berücksichtigt die Berufsfreiheit des Arbeitnehmers in hinreichendem Maße und führt zu einer sachgerechten Abwägung mit den Interessen des Arbeitgebers.

---

[82] Ständige Rechtsprechung und herrschende Meinung in der Literatur; vgl. BAG v. 3.12.1970 - 2 AZR 110/70, AP Nr. 60 zu § 626 BGB; BAG v. 26.8.1976 - 2 AZR 377/75, AP Nr. 68 zu § 626 BGB, unter I. 3. b) der Gründe; BAG v. 24.6.1999 - 6 AZR 605/97, DB 2000, 1336, 1337 f.; Staudinger-*Richardi*, § 611 BGB Rn. 407; MünchArbR-*Blomeyer*, § 55 Rn. 28; *Wank*, Nebentätigkeit, Rn. 366; *Oligmüller*, S. 81; *Hunold*, NZA-RR 2002, 505; *Wertheimer/Krug*, BB 2000, 1462, 1464 f.; *Becker-Schaffner*, BlStSozArbR 1980, 321; *Weisemann/Schrader*, DB 1980, Beilage Nr. 4/80, S. 3.

[83] *Gift*, BB 1959, 43, 44; *Callam*, S. 109.

[84] *Preis*, Vertragsgestaltung, S. 536; *Glöckner*, S. 148; ähnlich *Bock*, S. 76 f.

[85] Vgl. etwa BAG v. 12.12.1962 - 5 AZR 324/62, AP Nr. 25 zu § 611 BGB Gratifikation; hierzu auch MünchArbR-*Blomeyer*, § 69 Rn. 52.

[86] Vgl. zu diesem Gesichtspunkt *Wank*, Nebentätigkeitsverbote, Rn. 374.

Bezüglich formularmäßiger Verbotsklauseln könnte die gesetzliche Neuregelung des AGB-Rechts im Zuge des Schuldrechtsmodernisierungsgesetzes jedoch nunmehr zur Ablehnung der verfassungskonformen Reduzierung absoluter Verbotsklauseln führen.

Durch das Gesetz zur Modernisierung des Schuldrechts vom 26.11.2001[87] ist innerhalb des Arbeitsrechts eine grundlegende Änderung der Vertragskontrolle eingetreten. Aus Anlass der Integration des AGB-Gesetzes in das Bürgerliche Gesetzbuch ist die sog. Bereichsausnahme für das Arbeitsrecht gestrichen worden. Nach § 23 Abs. 1 AGBG fand das AGB-Gesetz keine Anwendung bei Verträgen auf dem Gebiet des Arbeitsrechts. Nunmehr sind die in den §§ 305-310 BGB übernommenen AGB-Regelungen auch im Arbeitsrecht auf die Allgemeinen Arbeitsbedingungen von Individualarbeitsverträgen anwendbar.[88] Tarifverträge, Betriebs- und Dienstvereinbarungen sind von der Novellierung nicht betroffen (§ 310 Abs. 4 S. 1 BGB). Ziel des Gesetzgebers ist es, durch eine Erweiterung der AGB-Kontrolle die durch die bisherige uneinheitliche Rechtsprechung verschiedener Senate des Bundesarbeitsgerichts entstandene Rechtsunsicherheit zu beheben.[89]
Das AGB-rechtliche Verfahrensrecht, insbesondere die AGB-rechtliche Unterlassungsklage, erstreckt sich ausweislich des § 15 UKlaG nicht auf Arbeitsverträge.[90]

Die neuen Regelungen sind für vor dem 1.1.2002 entstandene Arbeitsverhältnisse seit dem 1.1.2003 anzuwenden. Für Arbeitsverhältnisse, die nach dem 1.1.2002 entstanden sind, ist die neue Rechtslage von Anfang an verbindlich.[91]

Allgemeine Arbeitsvertragsbedingungen innerhalb von Individualarbeitsverträgen sind aufgrund der Gesetzesänderung nunmehr einer Inhaltskontrolle nach den AGB-rechtlichen Vorschriften unterworfen.

---

87 BGBl. I, S. 3138.

88 Die Rechtsänderung war im Regierungsentwurf zum Schuldrechtsmodernisierungsgesetz noch nicht enthalten; vgl. Begr. zum RegE, BT-Drucks. 14/6040, S. 160 f. zu § 310. Sie beruht auf einer Prüfbitte des Bundesrates; vgl. BT-Drucks. 14/6857, S. 17 zu Nr. 50. Weiter gehend hierzu die zustimmende Gegenäußerung der Bundesregierung, BT-Drucks. 14/6857, S. 53 f. zu Nr. 50.

89 Gegenäußerung der Bundesregierung, BT-Drucks. 14/6857, S. 54 zu Nr. 50. Einige Senate überprüften bislang bereits Arbeitsvertragsbedingungen auf der Grundlage von §§ 242, 315 BGB am Maßstab des § 9 AGBG; vgl. BAG v. 29.11.1995 - 5 AZR 447/94, DB 1996, 989; andere lehnten dies ab; vgl. zuletzt BAG v. 13.12.2000 - 10 AZR 168/00, DB 2001, 928.

90 Gesetz über Unterlassungsklagen bei Verbraucherrechts- und anderen Verstößen (Unterlassungsklagengesetz - UKlaG), Art. 3 des Schuldrechtsmodernisierungsgesetzes vom 26.11.2001, BGBl. I, S. 3137, 3173.

91 Vgl. Art. 229 § 5 EGBGB.

Zu beachten ist, dass die Inhaltskontrolle zwei Beschränkungen unterliegt: Zum einen werden deklaratorische Klauseln - also solche, die sich in der Wiedergabe bereits bestehender Rechtsvorschriften erschöpfen - nicht von den §§ 307-309 BGB erfasst.[92] Zum anderen sind konstitutive Klauseln nur insofern inhaltlich überprüfbar, als „die im Arbeitsrecht geltenden Besonderheiten angemessen zu berücksichtigen" sind.[93]

Im Rahmen der Einbeziehungskontrolle ist § 305 Abs. 2 und 3 BGB nicht anwendbar.[94] Die Einbeziehung Allgemeiner Arbeitsbedingungen in den Arbeitsvertrag richtet sich demnach grundsätzlich nach allgemeinen rechtsgeschäftlichen Regeln.[95] Abweichend hiervon werden überraschende Vertragsklauseln nach § 305 c Abs. 1 BGB nicht Vertragsbestandteil.

Formularmäßige Verbotsklauseln innerhalb des Arbeitsvertrags sind somit zumindest an § 307 BGB zu messen, wenn sie einen eigenständigen Regelungsgehalt aufweisen. Danach sind solche Allgemeinen Arbeitsbedingungen unwirksam, die den Arbeitnehmer entgegen den Geboten von Treu und Glauben unangemessen benachteiligen (§ 307 Abs. 1 S. 1 BGB).
Bei Bejahung einer Unwirksamkeit gewinnt innerhalb des AGB-Rechts die Bestimmung des § 306 Abs. 2 BGB besondere Bedeutung. Dort ist nach überwiegender Ansicht ein Verbot der geltungserhaltenden Reduktion einzelner Formularklauseln zugunsten einer Anwendung der gesetzlichen Vorschriften statuiert.[96]
Fraglich ist nun, inwiefern das Verbot der geltungserhaltenden Reduktion Allgemeiner Vertragsbedingungen auch auf Allgemeine *Arbeits*vertragsbedingungen anwendbar ist. Eine inhaltsgleiche Übertragung dieses Verbots könnte zur Folge haben, dass für formularmäßige Klauseln des Arbeitsvertrags, die ein Verbot von Zweitarbeitsverhältnissen vorsehen, eine Rückführung auf den gesetzlich zulässigen Inhalt nunmehr ausgeschlossen wäre.

Problematisch erscheint jedoch, dass innerhalb des Arbeitsrechts oftmals dispositive Normen fehlen, die an die Stelle einer unwirksamen Allgemeinen Arbeits-

---

[92] Vgl. § 307 Abs. 3 S. 1 BGB. Diese Ausnahme gilt nicht für das in § 307 Abs. 1 S. 2 BGB neu kodifizierte Transparenzgebot; vgl. § 307 Abs. 3 S. 2 BGB.

[93] Vgl. § 310 Abs. 4 S. 2 Hs. 1 BGB; allgemein zur Gestaltung von Arbeitsverträgen durch Allgemeine Geschäftsbedingungen nach dem Schuldrechtsmodernisierungsgesetz *Richardi*, NZA 2002, 1057 ff., insbesondere 1061.

[94] Vgl. § 310 Abs. 4 S. 2 Hs. 2 BGB. Die Gesetzesbegründung rechtfertigt diese Ausnahme vornehmlich mit den Nachweispflichten des Arbeitgebers aus § 2 NachwG; vgl. BT-Drucks. 14/6857, S. 54.

[95] Abweichend hiervon werden überraschende Vertragsklauseln nach § 305 c Abs. 1 BGB nicht Vertragsbestandteil; vgl. *Annuß*, BB 2002, 458, 460.

[96] *H.Schmidt* in Ulmer/Brandner/Hensen, AGBG, § 6 Rn. 14 mwN (noch zu § 6 Abs. 2 AGBG); *Thüsing*, BB 2002, 2666, 2674.

vertragsbedingung treten können. So verhält es sich auch mit Formularklauseln, die ein Verbot von Zweitarbeitsverhältnissen vorsehen. Das Gesetz regelt die Zulässigkeit weiterer Arbeitsverhältnisse nicht ausdrücklich. Die so entstehende Regelungslücke ist anhand allgemeiner Rechtsgrundsätze zu schließen, die durch das Richterrecht entwickelt worden sind. Möglich erscheint ein Rückgriff auf das Rechtsinstitut der ergänzenden Vertragsauslegung.[97] Eine ergänzende Vertragsauslegung führt zu einer Ersetzung unwirksamer Klauseln durch eine angemessene Regelung, die sich im praktischen Ergebnis - wenn auch nicht rechtstechnisch - mit der geltungserhaltenden Reduktion entsprechender Formularklauseln deckt.[98]

Hierfür spricht zunächst, dass das Gesetz selbst die inhaltliche Kontrolle Allgemeiner Arbeitsbedingungen unter den Vorbehalt einer angemessenen Berücksichtigung der im Arbeitsrecht geltenden Besonderheiten stellt (§ 310 Abs. 4 S. 1 Hs. 2 BGB). Dieser Regelung kann vorliegend dadurch Geltung verschafft werden, dass formularmäßige Verbotsklauseln durch solche Klauseln zu ersetzen sind, die ein berechtigtes Interesse des Arbeitgebers an der Untersagung des Zweitarbeitsverhältnisses vorsehen. Die ergänzende Vertragsauslegung kommt ferner auch deswegen in Betracht, weil das formularmäßig unwirksame Zweitarbeitsverbot eine Lücke offenbart, die die beiderseitigen Interessen der Parteien ungeregelt lässt.[99] Das Interesse des Arbeitgebers an der Untersagung solcher Zweitarbeitsverhältnisse, die ihn in seinen berechtigten Interessen berühren, ist legitim. Der Arbeitnehmer kann seinerseits nicht erwarten, dass die Aufnahme eines jeglichen Zweitarbeitsverhältnisses ohne Einschränkung erlaubt ist. Da eine gesetzliche Regelung dieser Frage fehlt, kann auf die von der Rechtsprechung aufgestellten Grundsätze zur ergänzenden Vertragsauslegung zurückgegriffen werden, um auf diese Weise einen angemessenen Interessenausgleich zu erreichen.[100]

---

[97] So auch *Gotthardt*, ZIP 2002, 277, 289; kritisch hingegen *Thüsing*, BB 2002, 2666, 2674.

[98] Ähnlich *Gotthardt*, ZIP 2002, 277, 289.

[99] Vgl. hierzu auch (noch zur Parallelvorschrift des § 6 Abs. 2 AGBGB) BGH v. 14.5.1996 - XI ZR 257/94, NJW 1996, 2092, 2093 f.: „Rechte und Pflichten, die sich im Wege der (ergänzenden) Vertragsauslegung aus der Natur eines bestimmten Vertrags ergeben, stehen ihrem Rechtscharakter nach dem vertragsergänzenden dispositiven Gesetz gleich, das nach § 6 II AGBG an die Stelle einer fehlenden oder unwirksamen Klausel tritt. Eine durch Unwirksamkeit einer AGB-Klausel entstandene Vertragslücke ist deshalb im Wege ergänzender Vertragsauslegung zu schließen, wenn dispositive gesetzliche Regelungen, die die Lücke schließen könnten, fehlen".

[100] Vgl. hierzu auch den Fall LAG Köln v. 1.2.2001 10 Sa 625/00, NZA-RR 2001, 461 ff.: dort hatte das Gericht aufgrund der Unwirksamkeit einer Allgemeinen Arbeitsvertragsbedingung eine Ersetzung durch eine beiden Vertragsparteien angemessene Regelung angenommen und dabei offen gelassen, ob dies auf eine verfassungskonforme Reduktion oder eine ergänzende Vertragsauslegung zurückzuführen war. Abweichend in der Begründung, nicht jedoch im praktischen Ergebnis, *Thüsing*, BB 2002, 2666, 2674, der einen Lösungs-

Somit ist im Ergebnis festzuhalten, dass ein unwirksames formularmäßiges Verbot von Zweitarbeitsverhältnissen im Wege einer ergänzenden Auslegung des Arbeitsvertrags zu einer Ersetzung des Vertrags durch eine Klausel führen kann, die ein Zweitarbeitsverhältnis bei Vorliegen eines berechtigten Arbeitgeberinteresses untersagt. Handelt es sich um eine individuell ausgehandelte Klausel, so wird dasselbe Ergebnis weiterhin mittels einer geltungserhaltenden Reduktion erreicht.

(2) Ausschluss unter dem Vorbehalt berechtigter Arbeitgeberinteressen

Eine vertragliche Bestimmung kann den Ausschluss von Zweitarbeitsverhältnissen auch ausdrücklich auf das Vorliegen berechtigter Arbeitgeberinteressen beschränken.
Als Beispiel mag etwa die folgende Klausel dienen:

> „Dem Arbeitnehmer ist die Aufnahme eines weiteren Arbeitsverhältnisses untersagt, sofern hierdurch berechtigte Interessen des Arbeitgebers berührt werden."

Rechtsprechung und Teile der Literatur halten eingeschränkte Verbotsklauseln für zulässig.[101] Es komme in diesem Fall zu einer vertraglichen Einschränkung der Berufsfreiheit des Arbeitnehmers, die durch das berechtigte Arbeitgeberinteresse gerechtfertigt sei.[102]
Die vorgenannte Auffassung ist im Schrifttum nicht unbestritten. Gegen sie wird vorgebracht, im Interesse einer hinreichenden Transparenz und Bestimmtheit vertraglicher Klauseln sei eine Konkretisierung der maßgeblichen Arbeitgeberbelange geboten.[103]

Hiergegen bestehen jedoch Bedenken.

Zuzugeben ist, dass eine konkretisierte Ausschlussklausel in ihrer praktischen Handhabung fassbarer wird, zumal der Arbeitnehmer nicht in jedem Fall beurteilen kann, wann das Interesse des Arbeitgebers berechtigt ist. Es ginge jedoch zu weit, wollte man solchen Klauseln undifferenziert die Zulässigkeit versagen. Dies ergibt auch ein Vergleich mit der erforderlichen verfassungskonformen

---

ansatz aus direkter Anwendung des § 310 Abs. 2 S. 1 Hs. 2 BGB verfolgt. Auch *Thüsing* erwartet eine Kontinuität der bisherigen Judikate.

[101] BAG v. 3.12.1970 - 2 AZR 110/70, AP Nr. 60 zu § 626 BGB; BAG v. 26.8.1976 - 2 AZR 377/75, AP Nr. 68 zu § 626 BGB, unter I. 3. b) der Gründe; *Schaub*, § 46 Rn. 74, § 43 Rn. 7.

[102] BAG v. 3.12.1970 - 2 AZR 110/70, AP Nr. 60 zu § 626 BGB; *Säcker/Oetker*, ZfA 1987, 95, 123; *Gift*, BB 1959, 43, 45.

[103] *Glöckner*, S. 158; *Bock*, S. 74.

Reduktion bei generellen Verboten. Der Reduzierung genereller Verbote auf berechtigte Arbeitgeberinteressen würde zugleich der Boden entzogen. Der Arbeitgeber liefe darüber hinaus Gefahr, durch eine im Vorhinein formulierte Begrenzung des berechtigten Interesses Fälle auszuklammern, die ebenso zu einer Interessenkollision führen können. Vertragliche Ausschlussklauseln, die auf eine Beeinträchtigung berechtigter Arbeitgeberinteressen abheben, sind daher grundsätzlich nicht zu beanstanden. Die Bestimmung des Maßes berechtigter Interessen ist vielmehr Aufgabe der Jurisdiktion und führt auf diesem Wege zu hinreichender Bestimmtheit. Die Verletzung solcher Klauseln muss jedoch dann sanktionslos bleiben, wenn die Berührung berechtigter Interessen offensichtlich ausgeschlossen ist.

cc) Genehmigungsvorbehalte

Ein Vorbehalt, der für die Aufnahme eines Zweitarbeitsverhältnisses die Genehmigung des Arbeitgebers vorsieht, könnte wie folgt gefasst sein:

„Die Aufnahme eines weiteren Arbeitsverhältnisses bedarf der Zustimmung des Arbeitgebers."

Genehmigungsvorbehalte, die umfassende Geltung beanspruchen, werden von der Rechtsprechung gleichfalls teleologisch reduziert.[104] Nur bei einem berechtigten Interesse des Arbeitgebers entfalte diese Klausel ihre volle Wirksamkeit. Werde kein berechtigtes Interesse beeinträchtigt, so stehe dem Arbeitnehmer ein Anspruch auf Erteilung der Genehmigung zu.
Dieser Auffassung folgen auch weite Teile des Schrifttums.[105]

---

[104] BAG v. 21.9.1999 - 9 AZR 759/98, AP Nr. 6 zu § 611 BGB, unter I. 2. der Gründe; BAG v. 26.8.1976 - 2 AZR 377/75, AP Nr. 68 zu § 626 BGB, unter I. 3. b) der Gründe; BAG v. 3.12.1970 - 2 AZR 110/70, AP Nr. 60 zu § 626 BGB.

[105] Vgl. etwa Staudinger-*Richardi*, BGB, § 611 Rn. 407; *Wertheimer/Krug*, BB 2000, 1462, 1465; *Preis*, Vertragsgestaltung, S. 537; a.A. *Oligmüller*, S. 134: Genehmigungsvorbehalte seien stets zulässig. Diese Auffassung übersieht jedoch, dass der Arbeitnehmer durch entsprechende generelle Zustimmungsvorbehalte einer umfassenden Kontrolle unterworfen wird - kritisch zu dieser Auffassung auch *Wank*, Nebentätigkeit, Rn. 369; a.A. ferner *Bock*, S.125: grundsätzliche Ablehnung einer verfassungskonforme Reduzierung vertraglicher Klauseln - vgl. zur Kritik hieran bereits oben *§ 2 I. 2. b) bb) (1)*. Zu beachten ist, dass formularmäßige Genehmigungsvorbehalte nach der Neuregelung des AGB-Rechts einer Inhaltskontrolle zu unterziehen sind, die ein grundsätzliches Verbot der geltungserhaltenden Reduktion beinhaltet (§ 306 Abs. 2 BGB). Die so entstehende Vertragslücke kann jedoch in der Regel durch eine ergänzende Vertragsauslegung geschlossen werden, die zu einem vergleichbaren Ergebnis führt. Ausführlich hierzu bereits oben *§ 2 I. 2. b) bb) (1)*.

Problematisch könnte sein, dass der Arbeitnehmer bei dieser Vertragskonstellation dazu veranlasst wird, grundsätzlich und für alle Zweitarbeitsverhältnisse zunächst eine Genehmigung einzuholen. Zwar hilft ihm in diesem Fall der (einklagbare) Anspruch auf Genehmigung, wenn das Zweitarbeitsverhältnis Interessen des Arbeitgebers tatsächlich nicht beeinträchtigt. Gleichwohl wird auf diese Weise auch eine Pflicht des Arbeitnehmers begründet, alle - auch den Arbeitgeber tatsächlich nicht berührende - Zweitarbeitsverhältnisse, zunächst einmal mitzuteilen. Die Folge ist eine umfassende Anzeigepflicht des Arbeitnehmers für alle Zweitarbeitsverhältnisse, wenn und soweit eine Genehmigungsklausel besteht.[106]

Diesen Bedenken wird jedoch innerhalb der Grenzen der von der Rechtsprechung aufgestellten Grundsätze hinreichend Rechnung getragen. Der Genehmigungsvorbehalt dient nicht dazu, die angestrebte Tätigkeit zu verbieten. Vielmehr soll der Arbeitgeber hierdurch erst in die Lage versetzt werden, zu prüfen, ob durch die weitere Erwerbstätigkeit seine berechtigten Interessen beeinträchtigt werden.[107] Das aus Art. 12 Abs. 1 GG abzuleitende Recht des Arbeitnehmers, weitere berufliche Tätigkeiten aufzunehmen[108], wird hierdurch nicht berührt. Der Arbeitnehmer wird zudem oftmals aus eigener Kraft nicht beurteilen können, ob ein Zweitarbeitsverhältnis berechtigte Interessen verletzt. In einigen Fällen kann es auch sein, dass er eine solche Beurteilung nicht vornehmen will, weil er fürchtet, keine Genehmigung zu erhalten.[109] Insofern hat der Arbeitgeber ein erhebliches Interesse daran, von Zweitarbeitsverhältnissen zu erfahren.
Einzig für den Fall, dass eine Beeinträchtigung von Arbeitgeberinteressen offensichtlich ausgeschlossen ist, kann die Einholung einer Genehmigung dem Arbeitnehmer ausnahmsweise unzumutbar sein.[110] Dann ist ein vertraglicher Genehmigungsvorbehalt gegenstandslos und die Nichteinholung der Erlaubnis muss ohne Konsequenzen bleiben. Solche Fallgestaltungen werden sich jedoch in der Praxis nur in Einzelfällen ergeben können.[111] Grundsätzlich hat der Ar-

---

[106] Zur Anzeigepflicht siehe oben *§ 2 I. 1.*

[107] BAG v. 21.9.1999 - 9 AZR 759/98, AP Nr. 6 zu § 611 BGB, unter I. 2. der Gründe; BAG v. 11.12.2001 - 9 AZR 464/00, BB 2002, 2447: dort verlangte ein Arbeitnehmer erfolglos die Entfernung einer Abmahnung aus seiner Personalakte, die nach dem Verstoß gegen eine vertragliche Genehmigungsklausel ausgesprochen worden war. Das BAG sah unter Hinweis auf den Prüfzweck des Genehmigungsvorbehalts keinen Anlass, die Wirksamkeit der Klausel zu beanstanden.

[108] Vgl. zuletzt BAG v. 26.6.2001 - 9 AZR 343/00, NZA 2002, 98, 99.

[109] Zu diesem praktischen Problem *Wertheimer/Krug*, BB 2000, 1462, 1464.

[110] Vgl. hierzu *Löwisch/Röder*, Anmerkung zu BAG v. 26.8.1976 - 2 AZR 377/75, AP Nr. 68 zu § 626 BGB, unter 2.

[111] So sah die Rechtsprechung im Fall BAG v. 6.12.2001 - 2 AZR 496/00, NZA 2002, 98, 99, bei einer stundenweisen Nebentätigkeit eines Vollzeitarbeitnehmers (40 Wochenstunden) als Angestellter in einem Gebäudereinigungsunternehmen keinen Grund, die Wirksamkeit

beitnehmer daher zunächst die Genehmigung einzuholen, bevor er ein Zweitarbeitsverhältnis aufnimmt.

dd) Konkretisierung der berechtigten Interessen im Rahmen vertraglicher Ausschluss- und Genehmigungsklauseln

Zur näheren Bestimmung des berechtigten Arbeitgeberinteresses bedarf es einer Berücksichtigung der Pflichtenbeziehungen der Arbeitsvertragsparteien. Das Ausmaß der vertraglich übernommenen Verpflichtungen des Arbeitnehmers bildet zugleich den Rahmen für die Pflichten auf der Arbeitgeberseite. Die Pflicht des Arbeitnehmers zur Arbeitsleistung korrespondiert mit der Pflicht des Arbeitgebers zur Beschäftigung und zur Zahlung des Entgelts. Ein berechtigtes Arbeitgeberinteresse liegt somit vor, wenn das Austauschverhältnis gestört wird. Das ist der Fall, wenn das Zweitarbeitsverhältnis zu einer Beeinträchtigung der Pflichten des Arbeitnehmers führt oder zumindest die konkrete Gefahr hiefür besteht.[112]

Führt etwa das angestrebte Zweitarbeitsverhältnis zu einer Überanstrengung oder Überforderung des Arbeitnehmers, so wird der Arbeitgeber dies keinesfalls hinzunehmen haben. Entsprechend ergibt sich ein berechtigtes Interesse an der Untersagung solcher Beschäftigungen. Tritt der Arbeitnehmer durch die beabsichtigte Tätigkeit in unzulässigen Wettbewerb zu seinem Arbeitgeber, so führt auch dieser Umstand zu einem berechtigten Interesse, entsprechende Zweitarbeitsverhältnisse auszuschließen.[113] Insofern kann auf die Darstellung zu den vertragsimmanenten Verboten von Zweitarbeitsverhältnissen verwiesen werden.

Im Rahmen vertraglicher Ausschluss- und Genehmigungsklauseln hat die Rechtsprechung darüber hinaus in folgenden Fällen ein berechtigtes Arbeitgeberinteresse am Ausschluss weiterer Arbeitsverhältnisse angenommen:

- Erteilung von nebenberuflichem Schulunterricht durch einen Diplom-Ingenieur während der betrieblichen Dienststunden[114]
- nebenberufliche Rechtsanwaltstätigkeit eines angestellten DGB-Rechtsbeistands wegen der Gefahr einer zeitlichen Überschreitung der Arbeitszeiten[115]

---

der aufgrund der im Arbeitsvertrag enthaltenen Genehmigungsklausel ausgesprochenen Abmahnung anzuzweifeln.

[112] BAG v. 21.9.1999 - 9 AZR 759/98, AP Nr. 6 zu § 611 BGB, unter I. 2. der Gründe; BAG v. 18.1.1996- 6 AZR 314/95, DB 1996, 2182; BAG v. 26.8.1976 - 2 AZR 377/75, AP Nr. 68 zu § 626 BGB, unter I. 3. b) der Gründe; BAG v. 21.9.1999 - 9 AZR 759/98, AP Nr. 6 zu § 611 BGB, unter I. 2. der Gründe; *Schaub*, § 43 Rn. 8.

[113] Vgl. nur MünchArbR-*Blomeyer*, § 55 Rn. 26; zu § 60 HGB ausführlich unter *§ 2 II. 1.*

[114] BAG v. 26.8.1976 - 2 AZR 377/75, AP Nr. 68 zu § 626 BGB.

- Nebentätigkeit eines Omnibusfahrers als Lkw-Fahrer im Güterverkehr wegen mangelnder Überprüfbarkeit der Einhaltung von Lenk- und Ruhezeiten[116]
- Nebentätigkeit eines Krankenpflegers als Leichenbestatter wegen der Unvereinbarkeit beider Tätigkeitsschwerpunkte im Hinblick auf die Genesung der anvertrauten Patienten[117]
- nebenberufliche Gutachtertätigkeit eines bei einer Landesversicherungsanstalt angestellten Arztes für private Kranken- und Pflegeversicherungen wegen Gefahr einer Interessenkollision auf dem Gebiet der Gesundheitsvorsorge[118]
- nebenberufliche Geschäftsführertätigkeit eines bei einer Bank angestellten Syndikusanwalts wegen der herausgehobenen Stellung des Arbeitnehmers im Organisationsgefüge der Arbeitgeberin[119]
- Nebentätigkeit eines Hörfunksprechers des NDR bei einem privaten Fernsehsender wegen drohenden Interessenwiderstreits[120].

Diesen Fällen ist jeweils gemeinsam, dass die Aufnahme bzw. die Ausübung der weiteren Beschäftigungen gegen vertragliche Bestimmungen verstieß, welche die Sicherung des berechtigten Interesses des Arbeitgebers zum Gegenstand hatten. Die konkrete Gefahr einer zeitlichen Überschneidung der jeweiligen Tätigkeiten oder die tatsächliche Ausübung einer Zweittätigkeit während der Arbeitszeit in einem anderen Arbeitsverhältnis bilden dabei offensichtliche Fälle von Interessenkollisionen.

Kein berechtigtes Interesse an der Untersagung von Zweitarbeitsverhältnissen begründet hingegen der Wegfall der Sozialversicherungsfreiheit einer geringfügigen Beschäftigung.[121] Ein geringfügig beschäftigter Arbeitnehmer ist zwar bei Aufnahme weiterer Arbeitsverhältnisse zur Anzeige verpflichtet, damit der Arbeitgeber prüfen kann, ob weiterhin die Voraussetzungen der Versicherungsfreiheit vorliegen.[122] Der Arbeitgeber hat jedoch kein berechtigtes Interesse an der Aufrechterhaltung der Versicherungsfreiheit und damit an der Untersagung wei-

---

[115] BAG v. 21.9.1999 - 9 AZR 759/98, AP Nr. 6 zu § 611 BGB.

[116] BAG v. 26.6.2001 - 9 AZR 343/00, NZA 2002, 98 ff.

[117] BAG v. 28.2.2002 - 6 AZR 357/01, DB 2002, 1560 f.

[118] BAG v. 28.2.2002 - 6 AZR 33/01, bisher unveröffentlicht; dem Fall lag jedoch die Besonderheit zu Grunde, dass sich die Zulässigkeit der beabsichtigten Gutachtertätigkeit wegen Verweises des einschlägigen Tarifvertrags nach dem Beamtenrecht für Baden-Württemberg richtete. Nach § 83 Abs. 2 S. 1 LBG ist eine Nebentätigkeit zu versagen, wenn zu besorgen ist, dass durch sie dienstliche Interessen beeinträchtigt werden.

[119] LAG Berlin v. 25.1.1988 - 9 Sa 109/87, WM 1988, 1519 ff.

[120] BAG v. 24.6.1999 - 6 AZR 605/97, DB 2000, 1336.

[121] BAG v. 18.11.1988 - 8 AZR 12/86, AP Nr. 3 zu § 611 Doppelarbeitsverhältnis, unter II. 2. der Gründe; LAG Köln v. 28.1.1994 - 4 (2) Sa 970/94, AuR 1995, 158, 159.

[122] Vgl. hierzu bereits oben *§ 2 I. 1. a) aa).*

terer Beschäftigungen des Arbeitnehmers.[123] Die Versicherungsfreiheit stellt vielmehr lediglich die gesetzliche Rahmenbedingung für den von den Vertragsparteien geschlossenen Arbeitsvertrag dar. Die Vermeidung der Zusammenrechnung geringfügiger Beschäftigungsverhältnisse mit weiteren Beschäftigungen ist kein spezifisches Interesse des Arbeitgebers, das zur Untersagung entsprechender Tätigkeiten berechtigt.[124]

ee) Einschränkungen bei geringem Stundendeputat

Das berechtigte Interesse des Arbeitgebers ist auch in Abhängigkeit von der Position des Arbeitnehmers und dem Umfang seiner Pflicht zur Arbeitsleistung zu bestimmen. Ein Vollzeitarbeitnehmer kann im Hinblick auf seine Pflichtenstellung gegenüber dem Arbeitgeber nicht gleichgesetzt werden mit einem Teilzeitarbeitnehmer oder einem geringfügig Beschäftigten. Eine Überschreitung der Höchstarbeitszeit durch Aufnahme eines Zweitarbeitsverhältnisses ist bei Arbeitnehmern mit einem geringeren Stundendeputat weniger wahrscheinlich als bei einem Vollzeitarbeitnehmer. Insofern ist es notwendig, bei Arbeitnehmern mit einem geringerem Arbeitszeitumfang höhere und strengere Maßstäbe an das berechtigte Interesse des Arbeitgebers zu stellen. Dies wird insbesondere bei Teilzeitarbeitnehmern und geringfügigen Beschäftigten der Fall sein.[125]

Bei diesen Arbeitnehmergruppen kann nicht davon ausgegangen werden, dass ihre Existenzgrundlage bereits mit der Ausübung einer einzigen Teilzeittätigkeit oder einer einzigen geringfügigen Beschäftigung sichergestellt ist. Vielmehr wird oftmals das Gegenteil der Fall sein, d.h. der Arbeitnehmer ist gehalten, seine übrige Arbeitskraft bei anderen Arbeitgebern zu verwerten, um sich wirtschaftlich auf Dauer abzusichern. Misst man das berechtigte Interesse an einer Störung des Austauschverhältnisses von Leistung und Gegenleistung, so wird das Erfordernis einer Einschränkung ebenfalls deutlich. Der verringerten Pflicht zur Arbeitsleistung steht eine verringerte Pflicht zur Gewährung eines existenzsichernden Einkommens gegenüber. Dem ist dadurch Rechnung zu tragen, dass das Maß der Rücksichtnahme bzw. der Treuepflicht entsprechend zu reduzieren ist. Je geringer also der Umfang des Arbeitsverhältnisses ist, desto höher sind die auch Anforderungen an das berechtigte Interesse an der Untersagung von Zweitarbeitsverhältnissen.[126]

---

[123] MünchArbR-*Blomeyer*, § 55 Rn. 29.
[124] MünchArbR-*Blomeyer*, § 55 Rn. 29.
[125] MünchArbR-*Blomeyer*, § 55 Rn. 26.
[126] Ähnlich *MünchArbR-Schüren*, Ergänzungsband, § 162 Rn. 157; MünchArbR-*Blomeyer*, § 55 Rn. 26; *Wertheimer/Krug*, BB 2000, 1462, 1465; vgl. auch bereits *Gift*, BB 1959, 43, 44: „Je größer die zeitliche Inanspruchnahme und je umfassender der Pflichtenkreis des Arbeitnehmers im Hauptarbeitsverhältnis, desto eher wird eine Nebenbeschäftigung ausgeschlossen sein".

c) Rechtsfolgen von Verstößen gegen wirksame Verbote

Nimmt ein Arbeitnehmer ein Zweitarbeitsverhältnis auf, obwohl dies vertraglich wirksam ausgeschlossen wurde, bzw. holt er nicht die erforderliche Genehmigung des Arbeitgebers ein, so stellt dies eine Verletzung des Arbeitsvertrags dar. Der Arbeitgeber hat in diesem Fall einen Unterlassungsanspruch gegen den Arbeitnehmer. In der Praxis wird er jedoch eher von der weiteren Möglichkeit Gebrauch machen, den Arbeitnehmer unter Hinweis auf seine Vertragsverletzung abzumahnen und gegebenenfalls zu kündigen.[127] Eine Kündigung wird nur dann Bestand haben können, wenn das Zweitarbeitsverhältnis tatsächlich die vertraglich geschuldeten Leistungen des Arbeitnehmers beeinträchtigt.[128]

d) Ergebnis

Vertragsimmanenten Verboten von Zweitarbeitsverhältnissen sind im Hinblick auf ihre erhebliche Grundrechtsrelevanz enge Grenzen zu ziehen. Interessen des Arbeitgebers, die lediglich privater Natur sind, können ein solches Verbot nicht begründen. Der Arbeitnehmer darf jedoch solche Zweitarbeitsverhältnisse nicht ausüben, die seine Arbeitskraft erheblich beeinträchtigen oder eine konkrete Gefahr für seine Gesundheit darstellen. Ferner darf der Arbeitnehmer im Rahmen des Zweitarbeitsverhältnisses nicht in unerlaubte Konkurrenz zu seinem Arbeitgeber treten. Hingegen ist die Ausübung solcher Zweitarbeitsverhältnisse, die der Arbeitgeber für gesellschaftlich zweifelhaft hält, dem Arbeitnehmer grundsätzlich nicht verboten.

Vertragliche Ausschlussklauseln sind im Hinblick auf das Spannungsfeld zwischen der Vertragsfreiheit der Parteien einerseits und der Berufsfreiheit des Arbeitnehmers andererseits einer Inhaltskontrolle zu unterziehen, soweit sie sich nicht lediglich in der Wiedergabe gesetzlicher Verbote erschöpfen. Umfassende Ausschlussklauseln, die zwischen den Arbeitsvertragsparteien individuell ausgehandelt wurden, sind verfassungskonform auf solche Verbote zu reduzieren, an denen der Arbeitgeber ein berechtigtes Interesse hat. Formularmäßige Ausschlussklauseln sind nach der Neuregelung des AGB-Rechts durch das Schuldrechtsmodernisierungsgesetz einer AGB-rechtlichen Inhaltskontrolle zu unterziehen, die ein grundsätzliches Verbot der geltungserhaltenden Reduktion beinhaltet. Die bei der Inhaltskontrolle zu berücksichtigenden Besonderheiten des Arbeitsrechts führen jedoch in der Regel dazu, dass durch ergänzende Vertragsauslegung die unwirksame Formularklausel durch eine auf berechtigte Interessen des Arbeitgebers begrenzte Verbotsklausel ersetzt werden kann.

Macht der Arbeitgeber die Aufnahme von Zweitarbeitsverhältnissen von einer Genehmigung abhängig, so sind entsprechende vertragliche Vorbehalte eben-

---

[127] ErfK-*Preis*, BGB, § 611 Rn. 891; zur Kündigung in diesen Fällen näher unter *§ 2 III. 3.*

[128] BAG v. 26.8.1976 - 2 AZR 377/75, AP Nr. 68 zu § 626 BGB, unter I. 3. b) der Gründe.

falls auf solche Fälle zu reduzieren, in denen ein berechtigtes Interesse besteht. Formularmäßige Vorbehaltsklauseln können durch ergänzende Vertragsauslegung in der Regel durch solche Klauseln ersetzt werden, die ein berechtigtes Interesse vorsehen. Besteht kein berechtigtes Interesse, so hat der Arbeitnehmer auch bei umfassenden Genehmigungsvorbehalten einen Anspruch auf Genehmigung des Zweitarbeitsverhältnisses. Sofern eine Beeinträchtigung der Interessen des Arbeitgebers nicht im Einzelfall offensichtlich ausgeschlossen ist, ist der Arbeitnehmer verpflichtet, vor Aufnahme des Zweitarbeitsverhältnisses zunächst eine entsprechende Genehmigung einzuholen.
Ein berechtigtes Interesse am Ausschluss von Zweitarbeitsverhältnissen besteht bei Störungen des vertraglichen Austauschverhältnisses. Kommt es durch das Zweitarbeitsverhältnis zu einer Beeinträchtigung oder zumindest zu einer konkreten Gefahr für die Erfüllung der vertraglichen Leistungspflichten des Arbeitnehmers, so kann der Arbeitgeber das Zweitarbeitsverhältnis vertraglich untersagen. Eine vertragliche Ausschlussklausel greift insbesondere im Fall einer unlauteren Konkurrenztätigkeit oder einer sonstigen Beeinträchtigung der arbeitsvertraglichen Pflichten, etwa durch Überanstrengung und Überforderung des Arbeitnehmers oder bei Überschreitung der täglichen oder wöchentlichen Höchstarbeitszeit. Anders als im Rahmen der Anzeigepflichten berechtigt die Überschreitung der sozialversicherungsrechtlichen Geringfügigkeitsgrenzen nicht zur Untersagung von Zweitarbeitsverhältnissen.
Das berechtigte Interesse an der Untersagung von Zweitarbeitsverhältnissen ist ferner in Relation zum Stundendeputat des Arbeitnehmers im jeweiligen Arbeitsverhältnis zu setzen. Je geringer der zeitliche Umfang des Arbeitsverhältnisses ist, desto höhere Anforderungen sind an das berechtigte Interesse an der Untersagung von Zweitarbeitsverhältnissen zu stellen. Bei geringfügigen Beschäftigungsverhältnissen sind deutlich strengere Maßstäbe an die Beschränkung von Zweitarbeitsverhältnissen anzulegen als bei einem Vollzeitarbeitsverhältnis.
Der Verstoß gegen ein Verbot von Zweitarbeitsverhältnissen stellt ein vertragswidriges Verhalten des Arbeitnehmers dar, das grundsätzlich zu einer Abmahnung bzw. zur Kündigung des Arbeitsvertrags führen kann.

3. Befristung von Zweitarbeitsverhältnissen

Die Zulässigkeit der Befristung von Arbeitsverhältnissen richtet sich seit dem 1.1.2001 nach den §§ 14 ff. TzBfG. Auch Zweitarbeitsverhältnisse können befristet werden. Das Teilzeit- und Befristungsgesetz[129] beinhaltet neben der Einführung des Teilzeitanspruchs und der Aufhebung des Beschäftigungsförde-

---

[129] Gesetz über Teilzeitarbeit und befristete Arbeitsverträge (Teilzeit- und Befristungsgesetz – TzBfG) vom 21.12.2000 (BGBl. I, S. 1966).

rungsgesetzes[130] (BeschFG) eine Kodifikation des Befristungsrechts außerhalb des BGB. Sein befristungsrechtlicher Teil dient zugleich der Umsetzung der europäischen Richtlinie 1999/70/EG.[131]

Ziel des neuen Befristungsrechts ist es, die Zulässigkeit befristeter Arbeitsverhältnisse zu regeln und die Diskriminierung befristet beschäftigter Arbeitnehmer zu verhindern (§ 1 TzBfG). Darüber hinaus sollen die Chancen der Arbeitnehmer auf einen Dauerarbeitsplatz erhöht und eine Umgehung der Vorschriften durch aufeinander folgende befristete Arbeitsverträge - sog. Kettenbefristungen - eingeschränkt werden.[132] Das Teilzeit- und Befristungsgesetz hat die Befristungsvoraussetzungen des Beschäftigungsförderungsgesetzes nur teilweise übernommen.[133] Die Befristungsregeln kodifizieren darüber hinaus in ständiger Rechtsprechung des Bundesarbeitsgerichts anerkannte Befristungsgründe, ohne hierzu eine abschließende Aufzählung zu nennen.

Befristet beschäftigt ist ein Arbeitnehmer, wenn sein Arbeitsvertrag durch Zeitablauf (kalendermäßige Befristung) oder durch Erreichung eines bestimmten Zwecks (Zweckbefristung) endet, ohne dass es einer vorausgehenden Kündigung bedarf (§ 3 Abs. 1 TzBfG). Die Befristungsabrede zwischen den Arbeitsvertragsparteien bedarf der Schriftform. Dies ging bereits seit dem 1.5.2000 aus § 623 BGB a.F. hervor, der jedoch im Zuge der Einführung des Teilzeit- und Befristungsgesetzes geändert wurde. Das Schriftformerfordernis der Befristung ist nunmehr in § 14 Abs. 4 TzBfG enthalten. Vor Einführung des § 623 BGB a.F. existierte kein gesetzliches Schriftformerfordernis. Ungeachtet dessen war der Arbeitgeber jedoch auch zuvor aus eigenem Interesse gehalten, die Befristungsabrede zum Nachweis der Befristung schriftlich zu fixieren.[134] Das Schriftformerfordernis erfasst lediglich die Befristungsabrede selbst. Im Übrigen bedarf der Arbeitsvertrag keiner Schriftform.[135] Liegt keine schriftliche Befristungsabrede vor, so ist die Befristung unwirksam. Der Arbeitsvertrag gilt in diesem Fall als auf unbestimmte Zeit geschlossen (§ 16 S. 1 Hs. 1 TzBfG).[136]

---

[130] Gesetz über arbeitsrechtliche Vorschriften zur Beschäftigungsförderung (BeschFG) vom 26.4.1985 (BGBl. I, S. 710).

[131] Richtlinie 1999/70/EG des Rates vom 28.Juni 1999 zu der EGB-UNICE-CEEP-Rahmenvereinbarung über befristete Arbeitsverträge vom 28.6.1999, ABl. EG Nr. L 175, S. 43.

[132] Begr. zum RegE, BT-Drucks. 14/4374, S. 12 ff.

[133] Einen Überblick zu den zentralen Neuerungen gibt *Kliemt*, NZA 2001, 296 ff.

[134] *Mailänder* in Worzalla u.a., A.1.10.1, S. 78.

[135] *Däubler* in Kittner/Däubler/Zwanziger, TzBfG, § 14 Rn. 190; *Mailänder* in Worzalla u.a., A.1.10.1., S. 80; KR-*Spilger*, TzBfG, § 14 Rn. 357.

[136] Zu beachten ist jedoch, dass der Arbeitnehmer nach § 17 S. 1 TzBfG die Unwirksamkeit der Befristungsabrede innerhalb von drei Wochen nach dem vereinbarten Fristablauf klageweise geltend machen muss. Anderenfalls gilt die unwirksame Befristung als von An-

Der Befristung von Zweitarbeitsverhältnissen können unterschiedliche Motive zu Grunde liegen. So kann der Arbeitgeber nur vorübergehend Bedarf an der Arbeitsleistung haben oder eine Vertretung für einen verhinderten Arbeitnehmer in seinem Betrieb suchen. Umgekehrt kann auch der Arbeitnehmer Interesse an einem befristeten Zweitarbeitsverhältnis haben. Das Zweitarbeitsverhältnis kann etwa dem geplanten Erwerb einzelner materieller Güter dienen, wie eines neuen Pkw oder Ähnlichem. Möglich ist auch, dass der Arbeitnehmer sich gerade mit Rücksicht auf weitere Arbeitsverhältnisse nur in begrenztem Umfang vertraglich binden will.

Häufiger jedoch wird der Arbeitnehmer durch Begründung eines Zweitarbeitsverhältnisses seinen Lebensstandard auf Dauer sichern oder verbessern wollen. Hier kann ein Spannungsverhältnis zu solchen Arbeitgebern entstehen, die eine befristete Anstellung bevorzugen. Die folgende Untersuchung widmet sich daher insbesondere der Frage, ob die Existenz weiterer Arbeitsverhältnisse des Arbeitnehmers die Zulässigkeit einer Befristung des Zweitarbeitsverhältnisses beeinflussen kann.

a) Weitere Arbeitsverhältnisse als sachlicher Befristungsgrund

Das Teilzeit- und Befristungsgesetz baut in seinem befristungsrechtlichen Teil auf einem Regel-Ausnahme-Verhältnis auf.[137] Ausgehend vom gesetzlichen Regelfall eines unbefristeten Arbeitsverhältnisses ist für die Befristung grundsätzlich ein sachlicher Grund erforderlich (§ 14 Abs. 1 S. 1 TzBfG).
Für die Beurteilung, ob ein sachlicher Grund für die Befristungsabrede gegeben ist, ist der Zeitpunkt des Vertragsschlusses entscheidend.[138] Ein späterer Wegfall des sachlichen Grundes kann die Zulässigkeit der Befristung somit grundsätzlich nicht mehr in Frage stellen. Das Teilzeit- und Befristungsgesetz zählt in § 14 Abs. 1 S. 2 TzBfG beispielhaft sachliche Befristungsgründe auf, die weitere von der bisherigen Rechtsprechung anerkannte Gründe nicht ausschließen. Dies wird bereits aufgrund der dortigen Formulierung „insbesondere" deutlich.[139]

---

fang an rechtswirksam (§§ 17 S. 2 TzBfG, 7 KSchG). Hierzu ausführlich unter *§ 3 I. 4. b) bb) (2).*

137 APS-*Backhaus*, TzBfG, § 14 Rn. 16; *Rolfs*, § 14 TzBfG Rn. 1.

138 Ständige Rechtsprechung und herrschende Meinung im Schrifttum: BAG v. 7.3.1980 - 7 AZR 177/78, AP Nr. 54 zu § 620 BGB Befristeter Arbeitsvertrag, unter I. 4. der Gründe; BAG v. 10.1.1980 - 7 AZR 25/78, AP Nr. 56 zu § 620 BGB Befristeter Arbeitsvertrag, unter IV. 1. der Gründe; BAG v. 3.12.1982 - 7 AZR 622/80, AP Nr. 72 zu § 620 BGB Befristeter Arbeitsvertrag, unter B. II. 2. der Gründe; *Meinel/Heyn/Herms*, TzBfG, § 14 Rn. 7; KR-*Lipke*, TzBfG, § 14 Rn. 36; APS-*Backhaus*, TzBfG, § 14 Rn. 14; *Hueck/v.Hoyningen-Huene/Linck*, KSchG, § 1 Rn. 593; a.A. Staudinger-*Neumann*, 12. Aufl., BGB, § 620 Rn. 27.

139 Begr. zum RegE, BT-Drucks. 14/4374, S. 18; APS-*Backhaus*, TzBfG, § 14 Rn. 30; unklar insoweit *Buschmann* in Buschmann/Dieball/Stevens-Bartol, TzBfG, § 14 Rn. 10: die Auf-

Von den gesetzlich niedergelegten Sachgründen werden im Folgenden der nur vorübergehende betriebliche Bedarf an der Arbeitsleistung (§ 14 Abs. 1 S. 2 Nr. 1 TzBfG) sowie die Rechtfertigung der Befristung durch in der Person des Arbeitnehmers liegende Gründe (§ 14 Abs. 1 S. 2 Nr. 6 TzBfG) erörtert.[140]

aa) Vorübergehender betrieblicher Bedarf an der Arbeitsleistung

Ein nur vorübergehender betrieblicher Bedarf an der Arbeitsleitung setzt nach der Rechtsprechung des Bundesarbeitsgerichts voraus, dass zum Zeitpunkt des Vertragsschlusses der Arbeitgeber aufgrund greifbarer Tatsachen mit hinreichender Sicherheit annehmen kann, dass der Arbeitskräftebedarf in Zukunft wegfallen wird.[141] Hierfür kommt zum Beispiel die Einstellung von Erntehelfern oder Arbeitnehmern zur Einführung einer neuen betrieblichen Anlage in Betracht.[142] Mit der Existenz weiterer Arbeitsverhältnisse des Arbeitnehmers steht ein voraussichtlicher betrieblicher Arbeitskräftebedarf jedoch nicht im Zusammenhang. Es wirkt sich nicht auf den betrieblichen Bedarf des Arbeitgebers aus, ob neben dem zu befristenden Arbeitsverhältnis noch weitere Arbeitsverhältnisse des Arbeitnehmers bestehen.

bb) Rechtfertigung durch Gründe in der Person des Arbeitnehmers

Die Befristung von Arbeitsverträgen ist weiterhin zulässig, wenn sie durch Gründe in der Person des Arbeitnehmers gerechtfertigt ist (§ 14 Abs. 1 S. 2 Nr. 6 TzBfG).
Nach der Gesetzesbegründung liegt ein solcher Grund unter anderem dann vor, wenn es dem Arbeitnehmer aus sozialen Gründen ermöglicht werden soll, eine gewisse Zeitspanne zu überbrücken oder wenn es sich um einen Arbeitnehmer handelt, dessen Aufenthalterlaubnis voraussichtlich nicht verlängert wird.[143] Die genannten Fälle waren bereits vor dem In-Kraft-Treten des Teilzeit- und Befristungsgesetzes in der Rechtsprechung anerkannt.[144] Über diese Beispiele hinaus

---

zählung bilde eine abschließende Regelung mit dazugehörigen Regelbeispielen. Gegen diese Charakterisierung auch APS-*Backhaus*, TzBfG, § 14 Rn. 14.

[140] Ausführlich zu den gesetzlichen Sachgründen *Däubler* in Kittner/Däubler/Zwanziger, TzBfG, § 14 Rn. 36 ff.

[141] BAG v. 12.9.1996 - 7 AZR 790/95, AP Nr. 182 zu § 620 BGB Befristeter Arbeitsvertrag, unter II. 3. a) der Gründe; BAG v. 14.1.1982 - 2 AZR 254/81, AP Nr. 65 zu § 620 BGB Befristeter Arbeitsvertrag, unter B. III. 2. a) der Gründe.

[142] *Kliemt*, NZA 2001, 296, 297; MünchArbR-*Wank*, Ergänzungsband, § 116 Rn. 81.

[143] Begr. zum RegE, BT-Drucks. 14/4374, S. 19.

[144] Vgl. zur vorübergehenden Weiterbeschäftigung aus sozialen Gründen etwa BAG v. 24.1.1996 - 7 AZR 496/95, AP Nr. 179 zu § 620 BGB Befristeter Arbeitsvertrag, unter III. 3. c) der Gründe; zusammenfassend APS-*Backhaus*, BGB, § 620 Rn. 318.

werden in der Literatur als Sachgründe in der Person des Arbeitnehmers ein ausdrücklicher Befristungswunsch des Arbeitnehmers oder eine arbeitsvertraglich vereinbarte bzw. tariflich festgelegte Altersgrenze zum Ausscheiden aus dem Arbeitsverhältnis genannt.[145]

Ob die Existenz weiterer Arbeitsverhältnisse einen in der Person des Arbeitnehmers liegenden Grund bilden kann, erscheint zweifelhaft.[146] Ein Vergleich mit dem Kündigungsrecht spricht dafür, weitere Arbeitsverhältnisse nicht als personenbedingten Grund für eine Befristung zu qualifizieren. Die Ausübung von Zweitarbeitsverhältnissen ist in aller Regel nicht geeignet, einen personenbedingten Kündigungsgrund zu bilden.[147]
Darüber hinaus besteht auch kein praktisches Bedürfnis für eine Anwendung des § 14 Abs.1 S. 1 Nr. 6 TzBfG auf solche Fallgestaltungen. Bei den sachlichen Befristungsgründen des § 14 TzBfG handelt es sich nicht um eine abschließende Regelung.[148] Sachgründe sind daher auch außerhalb des gesetzlichen Katalogs denkbar.

cc) Weitere Arbeitsverhältnisse als eigenständiger Befristungsgrund

In der älteren Rechtsprechung des Bundesarbeitsgerichts und teilweise auch im Schrifttum werden erleichterte Befristungsmöglichkeiten für solche Arbeitsverhältnisse angenommen, die nicht der Existenzsicherung des Arbeitnehmers dienen.[149] Arbeitnehmer in nebenberuflichen Tätigkeiten seien auf den darin erzielten Verdienst neben ihrer hauptberuflichen Tätigkeit oftmals nicht angewiesen. Befristungen von nebenberuflichen Zweitarbeitsverhältnissen seien deshalb für den Arbeitnehmer in der Regel nicht unangemessen benachteiligend.[150] Ihre ge-

---

145 KR-*Lipke*, TzBfG, § 14 Rn. 183; *Dörner* in ArbR BGB, § 620 Rn. 159 ff.; APS-*Backhaus*, TzBfG, § 14 Rn. 46 f.; Annuß/Thüsing-*Maschmann*, § 14 TzBfG Rn. 57, *Kliemt*, NZA 2001, 298; *Preis/Gotthard*, DB 2000, 2071; *Schiefer*, DB 2000, 2118, 2121.

146 Wie hier KR-*Lipke*, TzBfG, § 14 Rn. 207.

147 BAG v. 13.3.1987 - 7 AZR 724/85, AP Nr. 37 zu § 1 KSchG, unter II. 2. der Gründe; *Becker* in GK-TzA, Art. 1 § 2 Rn. 255.

148 APS-*Backhaus*, TzBfG, § 14 Rn. 47.

149 BAG v. 16.12.1957, AP Nr. 3 zu § 611 BGB Lehrer, Dozenten: Nebentätigkeit eines Rechtsanwalts als Dozent an einer Pädagogischen Hochschule. Im Zusammenhang mit befristeten Arbeitsverträgen von Studenten erfolgten eine Reihe von Urteilen, die u.a. dem Aspekt einer untergeordneten Nebentätigkeit neben dem Studium Bedeutung bei der Sachgrundbefristung zumaßen; vgl. - jeweils unveröffentlicht - BAG v. 16.6.1982 - 5 AZR 161/80; BAG v. 18.8.1982 - 7 AZR 353/80 - 7 AZR 353/80; BAG v. 13.2.1983 - 7 AZR 345/82; Staudinger-*Preis*, BGB, § 620 Rn. 68; *derselbe*, Vertragsgestaltung, S. 315; *Wiedemann/Palenberg*, RdA 1977, 85, 93; für eine großzügigere Beurteilung auch *Däubler* in Kittner/Däubler/Zwanziger, TzBfG, § 14 Rn. 105.

150 *Preis*, Vertragsgestaltung, S. 315.

ringere soziale Schutzbedürftigkeit mache eine stringente Befristungskontrolle auch nach der Ratio des Kündigungsschutzgesetzes nicht erforderlich.

Dieser Auffassung kann nicht gefolgt werden.

Einen allgemeinen Rechtssatz, wonach Arbeitnehmer in nebenberuflichen Tätigkeiten durch Befristungsvereinbarungen nicht unangemessen benachteiligt werden, gibt es nicht. Auch der Nebenerwerb hat zumeist die Funktion, gemeinsam mit der Haupttätigkeit den Lebensunterhalt zu sichern.[151] Der Umfang sozialer Schutzbedürftigkeit bildet nach neuerer Rechtsprechung des Bundesarbeitsgerichts für eine Befristung keinen hinreichenden Anknüpfungspunkt mehr. Befristungen von nebenberuflichen Tätigkeiten sind daran zu messen, ob verständige und verantwortungsbewusste Menschen sie vereinbaren würden.[152] Auch die Ratio des Kündigungsschutzgesetzes gebietet keine andere Sichtweise. Die Anwendbarkeit des Kündigungsschutzgesetzes bleibt nach heute vorherrschender Auffassung vom Umfang sozialer Schutzbedürftigkeit des Arbeitnehmers unberührt.[153] Es ist insoweit ohne Bedeutung, ob das Arbeitsverhältnis ein Zweitarbeitsverhältnis ist, ob aus ihm ein geringer oder erheblicher Verdienst erzielt wird oder welchen Stundenumfang das Zweitarbeitsverhältnis hat.[154] Die nebenberufliche Tätigkeit stellt deshalb für sich genommen keinen Sachgrund dar, der zur Rechtfertigung der Befristungsabrede herangezogen werden kann.[155]

Zweitarbeitsverhältnisse können vielmehr nur dann unter erleichterten Voraussetzungen befristet werden, wenn nach einer Prognose im Zeitpunkt des Vertragsabschlusses der Arbeitnehmer subjektiv ein eigenes Interesse an der Befristung hat und objektiv verständige und verantwortungsbewusste Parteien eine Befristung vereinbaren würden.[156]
Für eine Beurteilung ist stets eine Betrachtung des konkreten Einzelfalls erforderlich. Eine geringere Kontrolldichte kann etwa bei befristeten Zweitarbeitsverhältnissen von Studenten in Betracht kommen, die sich im Hinblick auf ihr Studium nur in engen Grenzen zu Arbeitsleistungen verpflichten wollen. Sie ist

---

[151] MünchArbR-*Schüren*, Ergänzungsband, § 162 Rn. 310.

[152] BAG v. 10.8.1994 - 7 AZR 695/93, AP Nr. 162 zu § 620 BGB Befristeter Arbeitsvertrag, unter I. 3. b) cc) der Gründe.

[153] BAG v. 13.3.1987 - 7 AZR 724/85, AP Nr. 37 zu § 1 KSchG 1969 Betriebsbedingte Kündigung, unter I. 3. b) der Gründe.

[154] APS-*Backhaus*, BGB, § 620 Rn. 420; *Däubler*, Arbeitsrecht 2, Rn. 1008; trefflich MünchArbR-*Schüren*, Ergänzungsband, § 162 Rn. 310: eine Differenzierung zwischen einer existenzsichernden Haupttätigkeit und einer Nebentätigkeit führe auch zu dem Ergebnis, dass vermögenden Vollzeitkräften der Kündigungsschutz zu entziehen sei.

[155] Vgl. LAG Nürnberg v. 28.3.1994 - 4 Sa 887/93, LAGE § 620 BGB Nr. 34 zur befristeten nebenberuflichen Tätigkeit eines Erziehers als Biologielehrer.

[156] BAG v. 10.8.1994 - 7 AZR 695/93, AP Nr. 162 zu § 620 BGB Befristeter Arbeitsvertrag; KR-*Lipke*, TzBfG, § 14 Rn. 208.

auch denkbar bei Arbeitnehmern, die ein Zweitarbeitsverhältnis nur vorübergehend ausüben möchten, weil es der Überbrückung bis zum Beginn einer geplanten Vollzeittätigkeit bei einem anderen Arbeitgeber dient. Allein in einer verringerten sozialen Schutzbedürftigkeit kann jedoch keine sachliche Rechtfertigung für eine Befristung gesehen werden. Zweitarbeitsverhältnisse, die für den Arbeitnehmer nur eine geringe Funktion im Rahmen der Existenzsicherung besitzen, sind damit im Grundsatz demselben Prüfungsmaßstab zu unterziehen wie bei einem Einzelarbeitsverhältnis.[157] Die Tatsache, dass es sich um ein Zweitarbeitsverhältnis handelt, bildet für sich genommen weder selbst einen Sachgrund für die Befristung, noch verringern sich bei Zweitarbeitsverhältnissen die Anforderungen an einen Sachgrund anderer Art.[158]
Unbenommen bleibt es den Arbeitsvertragsparteien, das Zweitarbeitsverhältnis auf ausdrücklichen Wunsch des Arbeitnehmers zu befristen. Dies kann etwa der Fall sein, wenn der Arbeitnehmer sich mit Rücksicht auf anderweitige Verpflichtungen nur in begrenztem Umfang binden will. Der ausdrückliche Wunsch des Arbeitnehmers nach einer befristeten Anstellung stellt einen anerkannten Sachgrund dar, der auch bei Zweitarbeitsverhältnissen eine Befristung rechtfertigen kann.[159]

b) Befristung von Zweitarbeitsverhältnissen ohne Sachgrund

Das Gesetz sieht in § 14 Abs. 2 und 3 TzBfG für bestimmte Fälle Ausnahmen vom Erfordernis eines sachlichen Grundes vor, die unter dem Oberbegriff „erleichterte Befristungen“ zusammengefasst werden können.[160] Diese Tatbestände sind auch im Rahmen von Zweitarbeitsverhältnissen anzuwenden.

Zum einen sind Befristungsvereinbarungen bei einer kalendermäßigen Befristung bis zur Dauer von zwei Jahren erleichtert zulässig (§ 14 Abs. 2 S. 1 TzBfG). Innerhalb dieser Zeitspanne kann der Arbeitsvertrag bis zu dreimal verlängert werden. Eine Zweckbefristung wird von dieser Regelung nicht erfasst. Abgesehen von dem Fall des § 14 Abs. 3 TzBfG ist hierfür also stets ein sachlicher Grund erforderlich.[161]
Eine Ausnahme von der erleichterten Befristungsmöglichkeit nach § 14 Abs. 2 TzBfG besteht, wenn mit demselben Arbeitgeber bereits „zuvor“ ein befristetes oder unbefristetes Arbeitsverhältnis bestanden hat (§ 14 Abs. 2 S. 3 TzBfG). Diese Regelung erfährt innerhalb des Schrifttums Kritik, da sie nach ihrem

---

157 MünchArbR-*Schüren*, Ergänzungsband, § 162 Rn. 310; *Treber*, Anmerkung zu BAG v. 29.10.1998 - 7 AZR 561/97, SAE 1999, 312, 314.
158 APS-*Backhaus*, BGB, § 620 Rn. 420.
159 *Dörner* in ArbR BGB, § 620 Rn. 163; MünchArbR-*Wank*, Ergänzungsband, § 116 Rn. 174.
160 APS-*Backhaus*, TzBfG, § 14 Rn. 64 ff.
161 KR-*Lipke*, TzBfG, § 14 Rn. 280; *Kliemt*, NZA 2001, 296, 299.

Wortlaut stets zu einem umfassenden Befristungsverbot führt, sofern nicht zugleich ein Sachgrund nach § 14 Abs. 1 TzBfG gegeben ist.[162] Diese Streitfrage sei hier der Vollständigkeit halber erwähnt. Sie wird an einer anderen Stelle einer genaueren Betrachtung unterzogen.[163]
Arbeitsverträge können ferner ohne Sachgrund befristet werden, wenn der Arbeitnehmer das 58. Lebensjahr vollendet hat. Die Altersgrenze ist im Vergleich zur vorhergehenden Regelung in § 1 Abs. 2 BeschFG von 60 auf 58 Jahre gesenkt worden. Damit wurde dem Umstand Rechnung getragen, dass gerade der Anteil dieser Altersjahrgänge am Zugang in die Arbeitslosigkeit besonders groß ist.[164] Die Lebensaltergrenze ist nunmehr mit Wirkung vom 1.1.2003 vorübergehend auf 52 Jahre abgesenkt worden (§ 14 Abs. 3 S. 4 TzBfG n. F.).[165] Eine Ausnahme von der erleichterten Befristungsmöglichkeit aus Altersgründen besteht jedoch, falls zu einem vorhergehenden unbefristeten Arbeitsvertrag mit demselben Arbeitgeber ein enger sachlicher Zusammenhang besteht (§ 14 Abs. 3 S. 1, S. 2 TzBfG). Ein enger sachlicher Zusammenhang ist insbesondere anzunehmen, wenn zwischen den Arbeitsverträgen ein Zeitraum von weniger als sechs Monaten liegt (§ 14 Abs. 3 S. 3 TzBfG).

c) Ergebnis

Die Befristung von Zweitarbeitsverhältnissen folgt in der Regel denselben Maßstäben wie die Befristung anderer Arbeitsverhältnisse. Auch das Zweitarbeitsverhältnis kann grundsätzlich nur bei Vorliegen eines sachlichen Grundes wirksam befristet werden.
Der Umstand, dass der Arbeitnehmer neben dem Zweitarbeitsverhältnis bereits weitere Arbeitsverhältnisse ausübt, bildet keinen sachlichen Grund für eine Befristung. Ob das Zweitarbeitsverhältnis eine hinreichende existenzsichernde Funktion aufweist oder der Arbeitnehmer bereits durch weitere Arbeitsverhältnisse abgesichert ist, bleibt im Rahmen der Befristungskontrolle außer Betracht. Die Zulässigkeit der Befristung richtet sich auch bei Zweitarbeitsverhältnissen danach, ob verständige und verantwortungsbewusste Parteien eine Befristung vereinbaren würden und ob das Interesse des Arbeitnehmers mit einer Befristung im Einklang steht. Dies kann der Fall sein, wenn dem Arbeitnehmer im Rahmen des Zweitarbeitsverhältnisses an einer begrenzten vertraglichen Bindung gelegen ist, etwa zur Überbrückung oder aufgrund eines Studiums als Tä-

---

162 Vgl. vorerst *Löwisch*, BB 2001, 254 f.; *Preis/Gotthard*, DB 2000, 2065, 2072; *Richardi/Annuß*, BB 2000, 2201, 2204.

163 Vgl. hierzu *§ 3 I. 4. b) bb) (1).*

164 Begr. zum RegE, BT-Drucks. 14/4374, S. 20.

165 Erstes Gesetz für moderne Dienstleistungen am Arbeitsmarkt vom 23.12.2002 (BGBl. I, S. 4607, 4619). Die weiter gehende Absenkung wurde zeitlich bis zum 31.12.2006 befristet.

tigkeitsschwerpunkt. Auch der ausdrückliche Wunsch nach einer Befristung des Zweitarbeitsverhältnisses kann einen sachlichen Grund darstellen.
Eine erleichterte Befristung des Zweitarbeitsverhältnisses kommt nach allgemeinen Grundsätzen in Betracht, wenn der Arbeitnehmer bereits das 58. Lebensjahr vollendet hat oder die Befristungsdauer auf bis zu zwei Jahre begrenzt ist.

4. Verringerung der Arbeitszeit zur Aufnahme von Zweitarbeitsverhältnissen

Das Teilzeit- und Befristungsgesetz zielt in seinem teilzeitrechtlichen Teil darauf ab, die Teilzeitarbeit zu fördern und die Diskriminierung teilzeitbeschäftigter Arbeitnehmer zu verhindern (§1 TzBfG). Mit der gesetzlichen Neuregelung wurden die früheren Bestimmungen des Beschäftigungsförderungsgesetzes zur Teilzeitarbeit abgelöst und das Recht der Teilzeitarbeit grundlegend reformiert. Die Neuregelung des Teilzeitrechts dient ferner der Umsetzung der europäischen Richtlinie 97/81/EG in nationales Recht.[166]

Ein Arbeitnehmer ist teilzeitbeschäftigt, wenn seine regelmäßige Wochenarbeitszeit kürzer ist als die eines vergleichbaren vollzeitbeschäftigten Arbeitnehmers. Vergleichbarkeit besteht bei derselben Art des Arbeitsverhältnisses und der gleichen oder einer ähnlichen Tätigkeit (§ 2 Abs. 1 S. 1, 3 TzBfG). Der Begriff der Teilzeitbeschäftigung stimmt insoweit inhaltlich mit der vorherigen Regelung in § 2 Abs. 2 BeschFG überein. Für den Fall, dass es im Betrieb keinen vergleichbaren vollzeitbeschäftigten Arbeitnehmer gibt, kann die Vergleichbarkeit nun jedoch ergänzend aufgrund eines anwendbaren Tarifvertrags ermittelt werden. Ist auch dies nicht möglich, so ist darauf abzustellen, wer im jeweiligen Wirtschaftszweig üblicherweise als vergleichbarer vollzeitbeschäftigter Arbeitnehmer anzusehen ist (§ 2 Abs. 1 S. 4 TzBfG). Zugleich gelten auch geringfügig Beschäftigte im Sinne von § 8 Abs. 1 Nr. 1 SGB IV als teilzeitbeschäftigte Arbeitnehmer (§ 2 Abs. 2 TzBfG). Eine Sonderbehandlung dieser Arbeitnehmergruppe ist daher ausgeschlossen.

Das Teilzeit- und Befristungsgesetz hat Arbeitnehmern erstmals in allgemeiner Form einen gesetzlichen Anspruch auf Verringerung ihrer Arbeitszeit verschafft. Für bestimmte Arbeitnehmergruppen, wie Eltern und Schwerbehinderte, wurden parallel hierzu weitere Teilzeitansprüche eingeführt[167], die von den Regelungen

---

[166] Richtlinie 97/81/EG des Rates vom 15. Dezember 1997 zu der von UNICE, CEEP und EGB geschlossenen Rahmenvereinbarung über Teilzeitarbeit vom 15.12.1997, ABl. EG Nr. L 14, S. 9, berichtigt Nr. L 128, S. 71.

[167] §§ 15 Abs. 7 BErzGG, 81 Abs. 5 S. 3 SGB IX.

des Teilzeit- und Befristungsgesetzes nicht verdrängt werden.[168] Bislang existierten Teilzeitansprüche für Arbeitnehmer lediglich in einigen Tarifverträgen, so etwa in § 15 b BAT oder in § 14 b BMT-G[169]. Inhaltsgleich mit § 15 b BAT ist auch in § 1 der Arbeitszeitregelung AVR Caritas[170] ein Anspruch zur Verringerung der Arbeitszeit enthalten. Ein allgemeiner gesetzlicher Teilzeitanspruch für Arbeitnehmer ist zuvor bereits in den Niederlanden eingeführt worden.[171]

Das Interesse an einer Verkürzung der regelmäßigen Arbeitszeit kann sowohl vom Arbeitgeber als auch vom Arbeitnehmer ausgehen.
Auf Seiten des Arbeitgebers bietet eine individuelle Verkürzung der Arbeitszeit vor allem die Möglichkeit, Personalkosten einzusparen. Der Gesetzgeber verbindet mit der Einführung eines allgemeinen Teilzeitanspruchs zugleich die Erwartung, dass damit für den Arbeitgeber ein größeres Maß an Flexibilität, Produktivität und Arbeitsqualität verbunden ist.[172]
Ein individuelles Interesse des Arbeitnehmers an einer Reduzierung seiner Arbeitszeit kann sich insbesondere aus dem Wunsch nach einer verbesserten Vereinbarkeit von Beruf und Familie ergeben. Eine verringerte Arbeitszeit eröffnet Arbeitnehmern die Möglichkeit, sich auch nach Ablauf der bis zu dreijährigen Elternzeit des § 15 BErzGG ausreichend der Kinderbetreuung zu widmen, ohne hierfür die Berufstätigkeit unterbrechen zu müssen. Daneben kann auch der Wunsch bestehen, neu gewonnene Zeit für die Aus- und Weiterbildung zu verwenden. Der Gesetzgeber erhofft sich durch Einführung eines allgemeinen Teilzeitanspruchs zugleich eine Steigerung des Anteils qualifizierter Teilzeitarbeitnehmer.[173]

Ein weiterer Grund für den Wunsch von Arbeitnehmern nach einer Verringerung ihrer Arbeitszeit kann auch die geplante Aufnahme eines Zweitarbeitsverhältnisses sein. So kann das Zweitarbeitsverhältnis beispielsweise eine für den Arbeitnehmer nach seinem Inhalt oder seiner Vergütung lukrative, vielleicht auch befristete Tätigkeit sein, die er ausüben möchte, ohne sein eigentliches Arbeitsverhältnis zu beenden. Steht er jedoch bereits in einem Vollzeitarbeitsverhältnis, kann er sich durch die Höchstarbeitszeiten des Arbeitszeitgesetzes daran gehindert sehen, bestimmte Zweitarbeitsverhältnisse einzugehen. Beträgt das Arbeitszeitpensum in einem Arbeitsverhältnis beispielsweise bereits 40 Wochenstunden, so ist der Spielraum für weitere Arbeitsverhältnisse aufgrund der

---

[168] MünchArbR-*Schüren*, Ergänzungsband, § 162 Rn. 92 mwN; *Meinel/Heyn/Herms*, TzBfG, § 8 Rn. 3.
[169] Bundesmanteltarifvertrag für Arbeiter der Gemeinden.
[170] Richtlinien für Arbeitsverträge in den Einrichtungen des Deutschen Caritasverbandes.
[171] In den Niederlanden trat am 1.7.2000 das *wet aanpassing arbeidsduur* (Gesetz zur Anpassung der Arbeitszeit) in Kraft; im Einzelnen hierzu *Waas*, NZA 2000, 583 ff.
[172] Begr. zum RegE, BT-Drucks. 14/4374, S. 12.
[173] Begr. zum RegE, BT-Drucks. 14/4374, S. 12.

Zusammenrechnungspflicht der jeweiligen Arbeitszeiten gering.[174] Dies könnte den Arbeitnehmer dazu veranlassen, von der Aufnahme des Zweitarbeitsverhältnisses abzusehen. Der Teilzeitanspruch kann in dieser Situation zu einer Verstärkung der Arbeitnehmerposition führen. Nach dem Teilzeit- und Befristungsgesetz könnte er nunmehr eine Verringerung der Arbeitszeit beanspruchen, um so auch zusammen mit dem Zweitarbeitsverhältnis die Arbeitszeitgrenze nicht zu überschreiten. Nach der Beendigung des Zweitarbeitsverhältnisses bliebe ihm unter Umständen die Möglichkeit, seine zuvor verkürzte Arbeitszeit in dem übrigen Arbeitsverhältnis wieder zu verlängern (§ 9 TzBfG).

Die Möglichkeit einer Verringerung der Arbeitszeit zur Aufnahme von Zweitarbeitsverhältnissen soll nachfolgend untersucht werden. Dabei wird auch erörtert, ob der Arbeitgeber den Teilzeitwunsch des Arbeitnehmers aus betrieblichen Gründen ablehnen kann, weil die Verringerung der Arbeitszeit der Aufnahme eines Zweitarbeitsverhältnisses dient, das der Arbeitgeber nicht hinnehmen will. Im Anschluss daran werden Möglichkeiten der Rückkehr zur Vollzeitarbeit im bisherigen Arbeitsverhältnis dargestellt.

a) Anspruch auf Verringerung der Arbeitszeit nach § 8 TzBfG

aa) Anspruchsvoraussetzungen

Für den Anspruch auf Verringerung der Arbeitszeit müssen folgende Voraussetzungen kumulativ erfüllt sein:
Anspruchsberechtigt sind alle Arbeitnehmer (§ 8 Abs. 1 TzBfG). Ohne Bedeutung ist dabei, ob der Arbeitnehmer bereits als Teilzeitkraft eingestellt wurde und nun eine weitere Reduzierung seiner Arbeitszeit verlangt. Ebenfalls ist unerheblich, ob der Arbeitnehmer lediglich geringfügig beschäftigt oder befristet beschäftigt ist. Erfasst werden also Arbeitsverhältnisse gleich welcher Art.[175]
Der Arbeitnehmer kann eine Verringerung seiner Arbeitszeit erst verlangen, wenn das Arbeitsverhältnis länger als sechs Monate bestanden hat (§ 8 Abs. 1 TzBfG).[176] Praktisch bedeutet die Erfüllung einer sechsmonatigen Wartezeit

---

[174] Vgl. § 2 Abs. 1 S. 1 Hs. 2 ArbZG; zum Arbeitszeitrecht ausführlich unter *§ 2 II. 3.*

[175] *Buschmann* in Buschmann/Dieball/Stevens-Bartol, TzBfG, § 8 Rn. 13; *Zwanziger* in Kittner/Däubler/Zwanziger, TzBfG, § 8 Rn. 4; *Meinel/Heyn/Herms*, TzBfG, § 8 Rn. 17; *Schiefer*, DB 2000, 2118, 2119.

[176] Ob die sechsmonatige Beschäftigungsdauer im Zeitpunkt des Beginns der beabsichtigten Teilzeitanspruchs erfüllt sein muss oder im Zeitpunkt der Anspruchserhebung selbst, wird anhand des Wortlauts nicht hinreichend deutlich. Mit der überwiegenden Meinung in der Literatur ist jedoch davon auszugehen, dass das Arbeitsverhältnis im Zeitpunkt der Anspruchsstellung bereits länger als sechs Monate bestanden haben muss; vgl. MünchArbR-*Schüren*, Ergänzungsband, § 162 Rn. 54; *Meinel/Heyn/Herms*, TzBfG, § 8 Rn. 19; *Schie-*

zugleich, dass eine Verringerung erst nach Ablauf von neun Monaten Beschäftigungsdauer greifen kann.[177] Dies ist durch den Umstand bedingt, dass der Arbeitnehmer spätestens drei Monate vor dem gewünschten Beginn die Reduzierung der Arbeitszeit geltend machen muss (§ 8 Abs. 2 S. 1 TzBfG).
Der Teilzeitanspruch steht weiterhin unter der Voraussetzung, dass der Arbeitgeber, unabhängig von der Anzahl der Personen in Berufsbildung, in der Regel mehr als 15 Arbeitnehmer beschäftigt (§ 8 Abs. 7 TzBfG). Hierbei ist von einer Pro-Kopf-Zahl an Arbeitnehmern auszugehen.[178] Anders als nach dem ausdrücklichen Wortlaut des § 23 Abs. 1 S. 3 KSchG sind teilzeitbeschäftigte Arbeitnehmer also nicht quotal zu berücksichtigen.
Ferner darf der Arbeitgeber nicht bereits innerhalb der letzten zwei Jahre einer Verringerung der Arbeitszeit zugestimmt oder sie berechtigt abgelehnt haben (§ 8 Abs. 6 TzBfG).

Der Wunsch nach einer Verringerung der Arbeitszeit kann formlos mitgeteilt werden. Einer Schriftform bedarf es nach der gesetzlichen Regelung nicht.[179] Der Arbeitnehmer soll das Teilzeitbegehren zugleich mit der Angabe der von ihm gewünschten Arbeitszeit verbinden (§ 8 Abs. 2 S. 2 TzBfG). Es handelt sich hierbei nicht um eine Verpflichtung des Arbeitnehmers, wie anhand der Formu-

---

fer, DB 2000, 2118, 2119; *Preis/Gotthardt*, DB 2001, 145, 149; *Hromadka*, NJW 2001, 400, 402 f.; *Bauer*, NZA 2000, 1039, 1040; *Lindemann/Simon*, BB 2001, 146, 148. Darauf deutet auch die Gesetzesbegründung hin, vgl. Begr. zum RegE, BT-Drucks. 14/4374 S. 17. Zum anderen ist es dem Arbeitgeber insbesondere bei einer vereinbarten Probezeit von bis zu sechs Monaten nicht zuzumuten, bereits vor Ablauf der Probezeit die Prüfung des Teilzeitbegehrens vorzunehmen. Zu diesem Zeitpunkt muss er noch keine endgültige Entscheidung darüber getroffen haben, ob der Arbeitnehmer endgültig übernommen werden soll; vgl. hierzu näher *Preis/Gotthardt*, a.a.O.

[177] *Meinel/Heyn/Herms*, TzBfG, § 8 Rn. 20; ErfK-*Preis*, TzBfG, § 8 Rn. 9; *Kliemt*, NZA 2001, 63, 65; *Preis/Gotthardt*, DB 2001, 145, 149; *Schiefer*, DB 2000, 2118, 2119; *Bauer*, NZA 2000, 1039, 1040.

[178] *Zwanziger* in Kittner/Däubler/Zwanziger, TzBfG, § 8 Rn. 6; *Buschmann* in Buschmann/Dieball/Stevens-Bartol, TzBfG, § 8 Rn. 16; *Kliemt*, NZA 2001, 63, 64; kritisch zu der Pro-Kopf-Berechnung *Schiefer*, DB 2000, 2118, 2119; *Preis/Gotthardt*, DB 2000, 2068.

[179] Diese gesetzgeberische Entscheidung ist eindeutig, wenn sie auch Bedenken begegnet. Zum einen steht das fehlende Schriftformerfordernis im Widerspruch zu § 15 Abs. 7 S. 1 Nr. 5 BErzGG, wonach der Anspruch auf Verringerung der Arbeitszeit im Rahmen der Elternzeit schriftlich zu stellen ist. Zum anderen ist der Arbeitgeber im Gegensatz zum Arbeitnehmer zur schriftlichen Verweigerung seiner Zustimmung verpflichtet (§ 8 Abs. 5 S. 1 TzBfG), ohne dass diese Differenzierung eine tragfähige Begründung findet. In der Zustimmungsfiktion des Arbeitgebers nach § 8 Abs. 5 S. 2 TzBfG liegt darüber hinaus eine Gefahr für solche Arbeitgeber, die den nur mündlich vorgetragenen Wunsch von Arbeitnehmern nicht mit der gebotenen Sorgfalt beachten. Insofern kann es an einer der hinreichenden Warnfunktion für den Arbeitgeber mangeln. Kritisch zum Ganzen auch MünchArbR-*Schüren*, Ergänzungsband, § 162 Rn. 58; *Rolfs*, RdA 2001, 129, 134; *Preis/Gotthardt*, DB 2001, 145.

lierung „soll" deutlich wird.[180] Dient die Verringerung der Arbeitszeit der Aufnahme eines Zweitarbeitsverhältnisses, so sind die Arbeitsverhältnisse jedoch zeitlich aufeinander abzustimmen. Anderenfalls könnte der Fall eintreten, dass auch eine verkürzte Arbeitszeit mit dem Zweitarbeitsverhältnis zeitlich kollidiert. Es ist dem Arbeitnehmer daher anzuraten, zugleich die gewünschte Arbeitszeitverteilung anzugeben.

bb) Konsensmodell des Gesetzgebers

Der Arbeitgeber hat mit dem Arbeitnehmer die gewünschte Verringerung mit dem Ziel zu erörtern, zu einer Vereinbarung zu gelangen (§ 8 Abs. 3 TzBfG). Darüber hinaus hat er über die festzulegende Arbeitszeit mit dem Arbeitnehmer Einvernehmen zu erzielen. Der Arbeitnehmer kann nach dieser Konzeption des Gesetzes also nicht einseitig und voraussetzungslos einen Verringerungsanspruch durchsetzen. Vorrangig wird eine einverständliche Regelung zwischen den Arbeitsvertragsparteien angestrebt.[181] Wird eine Einigung über die Verringerung nicht erreicht, so steht eine arbeitgeberseitige Pflicht zur Zustimmung unter dem Vorbehalt, dass dem Wunsch des Arbeitnehmers keine betrieblichen Gründe entgegenstehen (§ 8 Abs. 4 S. 1 TzBfG). Gleiches gilt für eine Verteilung der Arbeitszeit.

Der Arbeitgeber kann auf unterschiedliche Weise auf das Begehren des Arbeitnehmers reagieren. Unternimmt er nichts oder widerspricht er dem Teilzeitwunsch bzw. dem Wunsch nach geänderter Arbeitszeitverteilung nicht spätestens einen Monat vor dem gewünschten Beginn der Verringerung schriftlich, so kommt es zu einer Verringerung der Arbeitszeit bzw. einer Neuverteilung in dem vom Arbeitnehmer gewünschten Umfang (§ 8 Abs. 5 S. 2, 3 TzBfG). Damit tritt die vom Arbeitnehmer gewünschte Rechtsfolge unter Umständen von selbst ein.[182] Stimmt der Arbeitgeber hingegen in vollem Umfang zu, so ist der nötige Konsens hergestellt und es kommt nach Ablauf von drei Monaten zu einer Verringerung der Arbeitszeit entsprechend der zwischen beiden Parteien erzielten Einigung. Die Parteien können auch auf die dreimonatige Vorlaufzeit verzichten. Einen Rechtsanspruch hat der Arbeitnehmer hierauf hingegen nicht.[183] Schließlich kann der Arbeitgeber das Ansinnen des Arbeitnehmers ablehnen. Die Ablehnung muss schriftlich erfolgen. Eine schriftliche Begründung

[180] *Buschmann* in Buschmann/Dieball/Stevens-Bartol, TzBfG, § 8 Rn. 23; Annuß/Thüsing-*Mengel*, § 8 TzBfG Rn. 57.

[181] *Buschmann* in Buschmann/Dieball/Stevens-Bartol, TzBfG, § 8 Rn. 26, 28; ErfK-*Preis*, TzBfG, § 8 Rn. 15; *Preis/Gotthardt*, DB 2001, 145.

[182] Vgl. nur *Kliemt*, NZA 2001, 63, 66.

[183] *Kliemt*, NZA 2001, 63, 66.

der Ablehnung ist jedoch nicht Wirksamkeitsvoraussetzung.[184] Gleichwohl ergibt sich aus der Verhandlungsobliegenheit des Arbeitgebers (§ 8 Abs. 3 TzBfG) ein faktischer Zwang zur Darlegung der Arbeitgeberposition im Rahmen des Anspruchs auf Teilzeit.[185]

Die Ablehnung kann sich auch lediglich auf die vom Arbeitnehmer gewünschte Verteilung der Arbeitszeit beziehen. In diesem Fall wird man insgesamt von einer fehlenden Einigung auszugehen haben, da sich Verringerung und Verteilung der Arbeitszeit für den Arbeitnehmer in aller Regel als Gesamtlösung darstellen.[186]
Dient die Verringerung der Arbeitszeit der Aufnahme eines Zweitarbeitsverhältnisses, so wird dies wegen des damit entstehenden Zwangs zur Abstimmung der verschiedenen Arbeitszeiten umso mehr zu gelten haben. Der Arbeitnehmer ist deshalb bei einer Ablehnung gehalten, insgesamt gerichtlichen Rechtsschutz zu suchen. Er kann hierzu vor dem Arbeitsgericht auf Zustimmung des Arbeitgebers zur Verringerung der Arbeitszeit und zu der von ihm gewünschte Festlegung der Arbeitszeit klagen.[187] Mit Rechtskraft des Urteils wird die Zustimmung zur Verringerung rückwirkend ersetzt (§ 894 ZPO).[188]

cc) Das Zweitarbeitsverhältnis als betrieblicher Grund zur Ablehnung

Zur Ablehnung des Teilzeitwunsches bedarf der Arbeitgeber eines betrieblichen Grundes (§ 8 Abs. 4 S. 1 TzBfG).
Fraglich ist, ob er sich im Rahmen des betrieblichen Grundes darauf berufen kann, der Arbeitnehmer wolle die Verringerung zur Aufnahme eines - dem Arbeitgeber unter Umständen missliebigen - Zweitarbeitsverhältnisses nutzen.

---

184 *Meinel/Heyn/Herms*, TzBfG, § 8 Rn. 88; *Zwanziger* in Kittner/Däubler/Zwanziger, TzBfG, § 8 Rn. 42; *Kliemt*, NZA 2001, 63, 66; a.A. hingegen *Buschmann* in Buschmann/Dieball/Stevens-Bartol, TzBfG, § 8 Rn. 39. Diese Auffassung beachtet jedoch nicht hinreichend, dass die für die Ablehnung des Arbeitgebers, anders als etwa bei der Verringerung der Arbeitszeit nach § 15 Abs. 7 S. 2 BErzGG, gerade keine Begründungspflicht vorgesehen ist.

185 MünchArbR-*Schüren*, Ergänzungsband, § 162 Rn. 81.

186 *Meinel/Heyn/Herms*, TzBfG, § 8 Rn. 87; *MünchArbR-Schüren*, Ergänzungsband, § 162 Rn. 65; *Zwanziger* in Kittner/DäublerZwanziger, TzBfG, § 8 Rn. 44; vgl. zur Rechtslage vor In-Kraft-Treten des Teilzeit- und Befristungsgesetzes LAG Hamm v. 2.9.1999 - 4 Sa 1725/98, NZA-RR 2000, 356, 359.

187 Zur Möglichkeit einer einstweiligen Verfügung gem. §§ 935, 940 ZPO vgl. *Zwanziger* in Kittner/Däubler/Zwanziger, TzBfG, § 8 Rn. 58 mwN.

188 MünchArbR-*Schüren*, Ergänzungsband, § 162 Rn. 76 und Rn. 84; *Meinel/Heyn/Herms*, TzBfG, § 8 Rn. 117; *Richardi/Annuß*, BB 2000, 2201, 2203.

Der Terminus des betrieblichen Grundes ist ein unbestimmter Rechtsbegriff.[189] Zur Untersuchung dieser Problematik bedarf es daher zunächst seiner näheren Charakterisierung.

(1) Meinungsstand zum betrieblichen Grund

Ausweislich der Gesetzesbegründung sind an die arbeitgeberseitige Ablehnung keine unzumutbaren Anforderungen zu stellen. Rationale, nachvollziehbare Gründe sollen als Ablehnungsgrund ausreichen.[190] Das Gesetz nennt als betriebliche Gründe beispielhaft eine wesentliche Beeinträchtigung der Organisation, des Arbeitsablaufs oder der Sicherheit im Betrieb sowie die Verursachung unverhältnismäßiger Kosten für den Arbeitgeber (§ 8 Abs. 4 S. 2 TzBfG). Diese Aufzählung ist nicht abschließend.[191]

Ob die geplante Aufnahme eines Zweitarbeitsverhältnisses einen betrieblichen Grund zur Ablehnung nach § 8 Abs. 4 S. 1 TzBfG bilden kann, ist in Rechtsprechung und Literatur bislang - soweit ersichtlich - nicht thematisiert worden.[192]

Im Wesentlichen wird als betrieblicher Grund etwa der Nachweis des Arbeitgebers genannt, keine geeignete zusätzliche Arbeitskraft finden zu können.[193] Auch eine im Einzelfall erforderliche dauerhafte Präsenz desselben Arbeitnehmers könne einen betrieblichen Grund darstellen.[194] Das gleiche gelte, wenn das Teilzeitbegehren eine Änderung der Arbeitsorganisation bedeutet, die einen Eingriff in andere Arbeitsverhältnisse erfordert.[195] Unbeachtlich sei hingegen der Einwand, der Arbeitnehmer könne im Fall einer Arbeitszeitreduzierung nicht mehr alle ihm übertragenen Aufgaben erfüllen. Hierbei handele es sich um eine logische Konsequenz des Teilzeitanspruchs.[196] Schließlich liege ein betrieblicher

---

[189] *Flatten/Coeppicus*, ZIP 2001, 1477, 1478; *Beckschulze*, DB 2000, 2598.

[190] Begr. zum RegE, BT-Drucks. 14/4374, S. 17.

[191] *Worch* in Worzalla u.a., A. 2.3.1, S. 98.

[192] Einen Überblick zu den allgemeinen Voraussetzungen des betrieblichen Grundes gibt *Beckschulze*, DB 2000, 2598 ff.

[193] *Däubler*, ZIP 2001, 218, 220; *Beckschulze*, DB 2000, 2598, 2599; ArbG Mönchengladbach v. 30.5.2001 - 5 Ca 1157/01, NZA 2001, 970, 972; ArbG Essen v. 19.6.2001 - 5 Ca 1373/01, NZA-RR 2001, 573, 574; vgl. auch Begr. zum RegE, BT-Drucks. 47/4374, S. 17.

[194] *Meinel/Heyn/Herms*, TzBfG, § 8 Rn. 6; LAG Köln v. 4.12.2001 - 9 Sa 726/01, AuR 2002, 189, 190 (nicht rechtskräftig); LAG Niedersachsen v. 2.8.2002 - 16 Sa 166/02, DB 2002, 2331, 2332 (nicht rechtskräftig); vgl. auch ArbG Stuttgart v. 5.7.2001 - 21 Ca 2762/01, NZA 2001, 968, 969.

[195] LAG Schleswig-Holstein v. 23.10.2001 - 3 Sa 393/01, bisher unveröffentlicht; vgl. auch ArbG Freiburg v. 4.9.2001 - 7 Ca 143/91, NZA 2002, 216, 217 (nicht rechtskräftig).

[196] ArbG Essen v. 19.6.2001 - 5 Ca 1373/01, NZA-RR 2001, 573, 574; vgl. auch ArbG Mannheim v. 20.11.2001 - 12 Ca 351/91, NZA-RR 2002. 78, 79 (nicht rechtskräftig).

Grund vor, wenn der Änderungswunsch des Arbeitnehmers nicht in das arbeitgeberseitig vorgegebene Organisationskonzept passe.[197]

Andere Rechtsnormen enthalten ebenfalls den Terminus der betrieblichen Gründe. Zumeist handelt es sich jedoch um „*dringende* betriebliche Gründe".[198] Dies deutet auf gesteigerte Anforderungen hin. Zudem kann die zu den jeweiligen Vorschriften ergangene Rechtsprechung und Literatur nicht unbesehen auf die Ablehnung des Teilzeitanspruchs übertragen werden. So sind etwa die Anforderungen an die soziale Rechtfertigung einer betriebsbedingten Kündigung nach § 1 Abs. 2 KSchG regelmäßig anders gelagert als im Rahmen Ablehnung des Teilzeitanspruchs.[199] Das Teilzeit- und Befristungsgesetz unterscheidet im Übrigen in den §§ 8 und 9 TzBfG selbst zwischen betrieblichen und dringenden betrieblichen Gründen und unterstreicht damit ein Stufenverhältnis beider Begriffe.[200]

(2) Stellungnahme

Das Teilzeit- und Befristungsgesetz differenziert im Rahmen des Teilzeitanspruchs nicht nach der Motivationsgrundlage des Arbeitnehmers. Es ist für den Anspruch auf Verringerung der Arbeitszeit also zunächst einmal unerheblich, wie der Arbeitnehmer die gewonnene Freizeit nutzen möchte. Der Teilzeitwunsch ist deshalb grundsätzlich auch dann berechtigt, wenn die Verringerung der Arbeitszeit der Aufnahme eines Zweitarbeitsverhältnisses dient. Entsprechend darf der Arbeitgeber die geplante Aufnahme eines Zweitarbeitsverhältnisses schon aus grundsätzlichen Erwägungen heraus nicht zum Anlass für die Ab-

---

[197] Vgl. *Meinel/Heyn/Herms*, TzBfG, § 8 Rn. 51; ErfK-*Preis*, TzBfG, § 8 Rn. 27; *Kliemt*, NZA 2001, 63, 65; *Schiefer*, DB 2000, 2118, 2120; *Lindemann/Simon*, BB 2001, 149; *Preis/Gotthardt*, DB 2000, 2065, 2068, einschränkend jedoch *dieselben*, DB 2001, 148: nachvollziehbare und auf Missbrauch kontrollierbare Entscheidung; einschränkend auch *Zwanziger* in Kittner/Däubler/Zwanziger, TzBfG, § 8 Rn. 27: bloße Konzepte des Arbeitgebers, welche Arbeitszeitmodelle er bevorzuge, seien nicht ausreichend; ähnlich *Däubler*, ZIP 2001, 218, 219; a.A. *Buschmann* in Buschmann/Dieball/Stevens-Bartol, TzBfG, § 8 Rn. 32; vgl. ferner ArbG Freiburg v. 4.9.2001 - 7 Ca 143/91, NZA 2002, 216, 217 (nicht rechtskräftig): die Festlegung der Organisationsstruktur betreffe den Kernbereich der Unternehmerentscheidung, der durch die Gerichte nur eingeschränkt überprüfbar sei.

[198] Vgl. z.B. §§ 1 Abs. 2 KSchG, 6 Abs. 4 S. 1 ArbZG („dringende betriebliche Erfordernisse"); §§ 15 Abs. 7 S. 1 Nr. 4 BErZGG, 15 b BAT („dringende betriebliche Gründe" bzw. „Belange").

[199] Ähnlich *Meinel/Heyn/Herms*, TzBfG, § 8 Rn. 49; *Beckschulze*, DB 2000, 2598, 2600; ferner *Däubler*, ZIP 2001, 217, 219.

[200] Der Referentenentwurf zum Teilzeit- und Befristungsgesetz sah für die Ablehnung des Teilzeitanspruchs in § 8 TzBfG ebenfalls „dringende betriebliche Gründe" vor; vgl. hierzu den Abdruck in NZA 2000, 1045, 1046. Der Regierungsentwurf hat von dieser Formulierung jedoch Abstand genommen.

lehnung des Teilzeitwunsches nehmen. Dafür spricht auch, dass ein solcher Ablehnungsgrund einem Verbot zur Aufnahme von Zweitarbeitsverhältnissen gleichkäme. Ein solches Begriffsverständnis wäre mit der Berufsfreiheit des Arbeitnehmers nicht vereinbar. Art. 12 Abs. 1 GG schützt auch das Recht, mehrere Arbeitsverhältnisse nebeneinander auszuüben.[201] Dies muss auch gelten, wenn der Arbeitnehmer zur Aufnahme eines Zweitarbeitsverhältnisses eine Verringerung der Arbeitszeit anstrebt.

Problematisch erscheint jedoch die Konstellation, dass der Arbeitnehmer die Verringerung seiner Arbeitszeit zur Aufnahme eines Zweitarbeitsverhältnisses nutzen will, mit dem er zu seinem Arbeitgeber in unerlaubte Konkurrenz treten würde. Ähnliche Probleme ergeben sich, wenn die konkrete Gefahr besteht, dass Geschäfts- und Betriebsgeheimnisse an ein Konkurrenzunternehmen verraten werden. Möglicherweise kann hierin ein betrieblicher Grund zur Ablehnung des Teilzeitanspruchs gesehen werden.

Hierfür spricht, dass der Arbeitgeber solche Zweitarbeitsverhältnisse nicht hinzunehmen hat, die die ihm gegenüber übernommenen Vertragspflichten beeinträchtigen. Es könnte eine Parallele zu den berechtigten Arbeitgeberinteressen an der Untersagung weiterer Arbeitsverhältnisse gezogen werden.[202] Erweist sich die Aufnahme des Zweitarbeitsverhältnisses als unvereinbar mit einem weiteren Arbeitsverhältnis, so verletzt dies die berechtigten Interessen des Arbeitgebers des betroffenen Arbeitsverhältnisses.
Die Ergebnisse zum berechtigten Arbeitgeberinteresse können jedoch nicht ohne Einschränkungen auf das Teilzeit- und Befristungsgesetz übertragen werden. So wird sich der Arbeitgeber im Fall der Arbeitszeitverringerung nicht auf eine Überschreitung der Arbeitszeithöchstgrenzen oder eine drohende Überanstrengung des Arbeitnehmers berufen können.[203] Die gewünschte Verringerung des Arbeitszeitdeputats dient gerade dazu, derartige Kollisionen zu vermeiden. Demgegenüber kann eine unerlaubte Konkurrenztätigkeit oder die Gefahr der Weitergabe von Geschäftsgeheimnissen auch nach einer Verringerung der Arbeitszeit auftreten. Tritt der Arbeitnehmer im Rahmen des Zweitarbeitsverhältnisses zum Arbeitgeber in Wettbewerb, so muss dies von ihm keinesfalls hingenommen werden.[204] Dem Arbeitnehmer ist die Ausübung einer Konkurrenztätigkeit ohne Einwilligung des Arbeitgebers verwehrt. Er hat kein schutzwürdiges

---

[201] Vgl. BAG v. 26.6.2001 - 9 AZR 343/00, NZA 2002, 98, 99; zur Berufsfreiheit des Arbeitnehmers bei paralleler Ausübung mehrerer Berufe vgl. BVerfG vom 15.2.1967 - 1 BvR 569/62, AP Nr. 37 zu Art. 12 GG, unter C. 1. der Gründe.

[202] Vgl. hierzu *§ 2 I. 2.*

[203] Diese Umstände sind jedoch Gegenstand des berechtigten Arbeitgeberinteresses im Rahmen vertraglicher Ausschlussklauseln, vgl. hierzu *§ 2 I. 2. b).*

[204] Vgl. nur *Hueck/v.Hoyningen-Huene/Linck*, KSchG, § 1 Rn. 348. Zur unerlaubten Konkurrenztätigkeit und den übrigen Wettbewerbsverboten von Arbeitnehmern ausführlich unter *§ 2 II. 1.* und *§ 2 II. 2.*

Interesse daran, während des Bestandes des Arbeitsvertrags zu seinem Arbeitgeber in Wettbewerb zu treten. Der Arbeitgeber ist daher berechtigt, die Unterlassung einer solchen Tätigkeit zu verlangen. Darüber hinaus wäre dem Arbeitnehmer, der seinen Teilzeitwunsch deshalb äußert, weil er ein konkurrierendes Zweitarbeitsverhältnis aufnehmen will, auch nicht damit gedient, zunächst die Verringerung durchsetzen zu können, wenn er daraufhin die Konkurrenztätigkeit zu unterlassen hätte.

Auch ein Vergleich mit dem Teilzeitanspruch von Arbeitnehmern in Elternzeit ergibt, dass der Arbeitgeber Konkurrenztätigkeiten nicht hinzunehmen hat.[205] Im Rahmen der Elternzeit ist dem Arbeitgeber die Ausübung einer Teilzeittätigkeit bei einem zweiten Arbeitgeber unzumutbar, wenn die Tätigkeit bei einem Konkurrenzunternehmen ausgeübt werden soll.[206] Diese Auffassung kann auch für die hier vorliegende Fallgestaltung herangezogen werden. Nach § 15 Abs. 4 S. 2 BErzGG darf der Arbeitnehmer mit Zustimmung seines Arbeitgebers auch bei einem anderen Arbeitgeber in Teilzeit arbeiten. Die Verringerung der Arbeitszeit im Rahmen der Elternzeit und die Ausübung einer Teilzeittätigkeit bei einem anderen Arbeitgeber stehen jedoch unter dem Vorbehalt, dass dem Wunsch des Arbeitnehmers keine dringenden betrieblichen Gründe entgegenstehen.[207] Die Gründe für die Ablehnung des Anspruchs auf Elternzeit müssen noch gewichtiger sein als nach § 8 Abs. 4 S. 1 TzBfG.[208] Wenn Konkurrenztätigkeit einen dringenden betrieblichen Grund zur Verweigerung der Zustimmung bildet, so muss dies im Rahmen des Teilzeit- und Befristungsgesetzes erst recht gelten. Beide Sachverhalte sind auch vergleichbar, da jeweils die dauerhafte Verringerung der Arbeitszeit beansprucht wird. Der Umstand, dass die Elternzeit je Arbeitnehmer grundsätzlich auf die Zeit bis zur Vollendung des dritten Lebensjahres des Kindes begrenzt ist - § 15 Abs. 2 S. 1 BErzGG - , fällt demgegenüber nicht entscheidend ins Gewicht.

Zusammenfassend erscheint daher folgende Lösung zweckmäßig:
Der Arbeitgeber darf die geplante Aufnahme eines Zweitarbeitsverhältnisses grundsätzlich nicht zum Anlass nehmen, den Teilzeitwunsch des Arbeitnehmers aus betrieblichen Gründen abzulehnen. Will der Arbeitnehmer die Verringerung der Arbeitszeit jedoch zur Aufnahme einer Konkurrenztätigkeit nutzen, so bildet dies einen betrieblichen Ablehnungsgrund. Ebenso verhält es sich, wenn die

---

[205] Zum Recht der Elternzeit vgl. ausführlich unter *§ 2 II. 8.*

[206] MünchArbR-*Heenen*, Ergänzungsband, § 229 Rn. 29; *Zmarzlik/Zipperer/Viehten*, BErzGG, § 15 Rn. 45; *Meisel/Sowka*, BErzGG, § 15 Rn. 27; *Stevens-Bartol* in Buschmann/Dieball/Stevens-Bartol, BErzGG, § 15 Rn. 12; übereinstimmend zur früheren Rechtslage, wonach „betriebliche Erfordernisse" vorliegen mussten, LAG Düsseldorf v. 2.7.1999 - 14 Sa 487/99, NZA-RR 2000, 232, 234.

[207] Vgl. § 15 Abs. 4 S. 3, Abs. 7 S. 1 Nr. 4 BErzGG.

[208] „Dringende betriebliche Gründe" statt „betriebliche Gründe"; vgl. auch MünchArbR-*Heenen*, Ergänzungsband, § 229 Rn. 16.

konkrete Gefahr besteht, dass innerhalb des geplanten Zweitarbeitsverhältnisses Geschäfts- oder Betriebsgeheimnisse weitergegeben werden. Der Arbeitgeber braucht solche Tätigkeiten keinesfalls hinzunehmen.

dd) Erneute Änderung der Arbeitszeitverteilung durch den Arbeitgeber

Ist es zu einer Arbeitszeitverringerung und einer entsprechenden Verteilung der Arbeitszeit gekommen, so besteht unter bestimmten Umständen für den Arbeitgeber die Möglichkeit, die Verteilung der Arbeitszeit einseitig wieder zu ändern (§ 8 Abs. 5 S. 4 TzBfG). Hiervon unberührt bleibt jedoch die eingetretene Verringerung der Arbeitszeit.[209]
Eine Änderung der Arbeitszeitverteilung setzt voraus, dass das betriebliche Interesse des Arbeitgebers das Interesse des Arbeitnehmers an der Beibehaltung der Arbeitszeitverteilung erheblich überwiegt und der Arbeitgeber die Änderung spätestens einen Monat vorher angekündigt hat. Es hat eine Interessenabwägung stattzufinden, die deutlich zugunsten des Arbeitgebers ausfallen muss.[210]
Hat der Arbeitnehmer die Arbeitszeitverringerung zur Aufnahme eines Zweitarbeitsverhältnisses genutzt, so wird er auf die Beibehaltung der Arbeitszeitverteilung in besonderem Maße angewiesen sein, da die unterschiedlichen Arbeitszeiten in den jeweiligen Arbeitsverhältnissen zu koordinieren sind. Ein erhebliches Überwiegen des Arbeitgeberinteresses an einer Änderung der festgelegten Arbeitszeiten wird vor diesem Hintergrund lediglich im Einzelfall begründbar sein. Denkbar wäre dies etwa, wenn der Arbeitgeber aus außerhalb des Betriebes liegenden Gründen zu einer Umgestaltung der Produktions- oder auch Dienstleistungsabfolge gezwungen wäre, etwa um plötzlichen, stark veränderten Kundenanforderungen genügen zu können.

b) Möglichkeit der Rückkehr zur Vollzeitarbeit

Für den Arbeitnehmer kann von erheblichem Interesse sein, ob er - etwa nach Ablauf eines befristeten Zweitarbeitsverhältnisses - zu der ursprünglichen Vertragslage in seinem anderen Arbeitsverhältnis zurückkehren kann. Diese Frage ist Teil des Regelungsgegenstands von § 9 TzBfG.[211]

Der Arbeitnehmer hat seinen Wunsch nach einer Verlängerung der vertraglich vereinbarten Arbeitszeit dem Arbeitgeber anzuzeigen. Im Gegenzug hat der Ar-

---

[209] *Buschmann* in Buschmann/Dieball/Stevens-Bartol, TzBfG, § 8 Rn. 42; *Kliemt*, NZA 2001, 63, 67.

[210] *Zwanziger* in Kittner/Däubler/Zwanziger, TzBfG, § 8 Rn. 46; *Kliemt*, NZA 2001, 63, 67.

[211] Vom Anwendungsbereich des § 9 TzBfG sind ferner solche Arbeitnehmer umfasst, die bereits als Teilzeitbeschäftigte eingestellt wurden und nun eine Verlängerung ihrer Arbeitszeit anstreben; vgl. zu dieser Fallgestaltung *Zwanziger* in Kittner/Däubler/Zwanziger, TzBfG, § 9 Rn. 1; *Bauer*, NZA 2000, 1039, 1041.

beitgeber diesen „bei der Besetzung eines entsprechenden freien Arbeitsplatzes bei gleicher Eignung bevorzugt zu berücksichtigen". Bei Freiwerden eines solchen Arbeitsplatzes im Betrieb hat der Arbeitgeber diesen dem Arbeitnehmer anzubieten.[212]
Ein Rechtsanspruch auf Rückkehr zu der vorherigen Vollzeittätigkeit kann hieraus jedoch nicht abgeleitet werden.[213] Auch ein Rechtsanspruch auf Verlängerung der Arbeitszeit an einem anderen Arbeitsplatz besteht nicht.[214]
Die Rechtslage ist für den rückkehrwilligen Arbeitnehmer damit deutlich ungünstiger als im Fall der vorherigen Verringerung der Arbeitszeit. Er kann eine bevorzugte Berücksichtigung verlangen, jedoch steht ihm kein Anspruch auf Verlängerung der Arbeitszeit zur Seite. Wünsche bei der beabsichtigten Verteilung der Arbeitszeit müssen vom Arbeitgeber ebenfalls nicht berücksichtigt werden.[215] Für den teilzeitbeschäftigten Arbeitnehmer gibt es also kein jederzeitiges Rückkehrrecht zur Vollzeitarbeit.

Weiterhin steht die Verpflichtung des Arbeitgebers unter dem Vorbehalt, dass der Berücksichtigung keine dringenden betrieblichen Gründe oder Arbeitszeitwünsche anderer teilzeitbeschäftigter Arbeitnehmer entgegenstehen.[216] Der Arbeitnehmer ist auch hierdurch in einer erheblich schwächeren Position als zuvor. Obwohl die Formulierung „dringende betriebliche Gründe" im Vergleich zu den „betrieblichen Gründen" des § 8 TzBfG auf gesteigerte Anforderungen hindeutet, ist das Risiko des Arbeitnehmers, auf absehbare Zeit keine Verlängerung der verkürzten Arbeitszeit zu erreichen, kaum kalkulierbar. Dies wird auch anhand eines Vergleichs mit der Rechtslage im Rahmen der Elternzeit deutlich. Nach der Beendigung der Elternzeit hat der Arbeitnehmer gemäß § 15 Abs. 5 S. 2 BErzGG im Gegensatz zu § 9 TzBfG das uneingeschränkte Recht, zu der vor der Elternzeit ausgeübten Arbeitszeit zurückzukehren.

Zur Abfederung der aufgezeigten Risiken wird im Schrifttum vorgeschlagen, im Rahmen der Verhandlungen mit dem Arbeitgeber zugleich eine Klausel in die Teilzeitvereinbarung aufzunehmen, nach der dem Arbeitnehmer ein Rückkehrrecht zur Vollzeittätigkeit an seinem Arbeitsplatz eingeräumt wird.[217] Im Rahmen der Vertragsfreiheit ist eine solche Vereinbarung uneingeschränkt zulässig.[218] Der Vorschlag ist jedoch wenig praxistauglich, da sich ein Arbeitgeber individualvertraglich kaum auf eine Vereinbarung einlassen wird, die seine Dispositionsfreiheit in die Zukunft hinein beschränkt. Denkbar ist dies allenfalls bei

---

212 MünchArbR-*Schüren*, Ergänzungsband, § 162 Rn. 94.

213 *Zwanziger* in Kittner/Däubler/Zwanziger, TzBfG, § 9 Rn. 1; Annuß/Thüsing-*Mengel*, § 8 TzBfG Rn. 72. *Kliemt*, NZA 2001, 63, 69; *Lindemann/Simon*, BB 2001, 146, 151.

214 *Däubler*, ZIP 2001, 217, 222.

215 MünchArbR-*Schüren*, Ergänzungsband, § 162 Rn. 95.

216 § 9 TzBfG a.E.

217 *Buschmann* in Buschmann/Dieball/Stevens-Bartol, TzBfG, § 8 Rn. 27.

218 *Zwanziger* in Kittner/Däubler/Zwanziger, TzBfG, § 9 Rn. 1.

Arbeitnehmern in hoch spezialisierten Berufszweigen, an denen ein nachhaltiger Mangel besteht.

c) Ergebnis

Arbeitnehmer, die ein Zweitarbeitsverhältnis aufnehmen wollen und sich hieran durch den Arbeitszeitumfang in einem bereits bestehenden Arbeitsverhältnis gehindert sehen, können nach § 8 TzBfG in diesem Arbeitsverhältnis die Verringerung der Arbeitszeit verlangen. Die Motivationslage ist für den Teilzeitanspruch grundsätzlich ohne Bedeutung.

Der Arbeitgeber ist berechtigt, den Teilzeitwunsch abzulehnen, wenn er hierfür betriebliche Gründe nachweisen kann. Er darf ihn nicht bereits aus betrieblichen Gründen ablehnen, wenn er die Aufnahme eines Zweitarbeitsverhältnisses bezweckt. Ein betrieblicher Ablehnungsgrund kommt jedoch in Betracht, wenn der Arbeitnehmer die gewonnene Freizeit zur Aufnahme unerlaubter Konkurrenztätigkeiten nutzen will oder die konkrete Gefahr der Weitergabe von Betriebs- oder Geschäftsgeheimnissen besteht.

Plant der Arbeitnehmer die Verringerung der Arbeitszeit zur Aufnahme eines Zweitarbeitsverhältnisses, so ist er gehalten, den Teilzeitanspruch zugleich mit der von ihm gewünschten Verteilung der Arbeitszeit zu verbinden, um auf diese Weise die verschiedenen Arbeitsverhältnisse koordinieren zu können.

Der Arbeitgeber kann die Verteilung der reduzierten Arbeitszeit nachträglich einseitig ändern, wenn sein betriebliches Interesse hieran das Interesse des Arbeitnehmers an der Beibehaltung erheblich überwiegt. Hat der Arbeitnehmer die Verringerung seiner Arbeitszeit zur Aufnahme eines Zweitarbeitsverhältnisses genutzt, so ist wegen der damit erfolgten Abstimmung der Arbeitszeiten allenfalls aufgrund außerhalb des Betriebes liegender Gründe ein einseitiges Änderungsrecht denkbar.

Eine spätere Rückkehr zur Vollzeitarbeit nach Beendigung des Zweitarbeitsverhältnisses gestaltet sich ungleich schwieriger als die vorherige Verringerung der Arbeitszeit. Der Arbeitgeber kann nicht zur Verlängerung der Arbeitszeit gezwungen werden. Das Gesetz räumt dem Arbeitnehmer lediglich einen Anspruch auf bevorzugte Berücksichtigung ein. Für den Arbeitnehmer besteht das wirtschaftliche Risiko, auf eine freie und geeignete Vollzeitstelle warten zu müssen.

Unbenommen bleibt es den Vertragsparteien, im Rahmen der Verhandlungen über eine Reduzierung der Arbeitszeit zugleich ein Rückkehrrecht des Arbeitnehmers zu einer Vollzeitstelle zu vereinbaren. Praktisch wird der Arbeitgeber jedoch kaum zu einer solchen Vereinbarung bereit sein.

Insgesamt ist eine Verringerung der Arbeitszeit zur Aufnahme von Zweitarbeitsverhältnissen damit grundsätzlich möglich. Praktische Probleme entstehen jedoch, wenn der Arbeitnehmer nach Beendigung des Zweitarbeitsverhältnisses wieder zu dem vorherigen Vollzeitarbeitsverhältnis zurückkehren will. Insbesondere bei befristeten Zweitarbeitsverhältnissen wird der Arbeitnehmer sorgfältig abzuwägen haben, ob das Zweitarbeitsverhältnis die Verringerung der Arbeitszeit in einem anderen Arbeitsverhältnis lohnt.

II. Inhalt des Zweitarbeitsverhältnisses

Zweitarbeitsverhältnisse führen wie jedes Arbeitsverhältnis zum Entstehen gesetzlicher Rechte und Pflichten der Vertragsparteien. Beispielhaft für die folgende Darstellung seien an dieser Stelle zunächst der Anspruch auf Entgeltfortzahlung im Krankheitsfall und der Urlaubsanspruch erwähnt. Besondere Bedeutung kommt im Hinblick auf Zweitarbeitsverhältnisse der Frage zu, inwieweit nebeneinander bestehende Arbeitsverhältnisse die Pflichtenbeziehungen der jeweiligen Arbeitsvertragsparteien modifizieren können. Die nachfolgende Untersuchung hat mögliche Problemkreise innerhalb des Individualarbeitsrechts zum Gegenstand.

1. Das Wettbewerbsverbot des § 60 HGB

a) Persönlicher Anwendungsbereich

Nach § 60 Abs. 1 HGB ist es dem Handlungsgehilfen untersagt, ohne Einwilligung des Prinzipals ein Handelsgewerbe zu betreiben oder in dem Handelszweig des Prinzipals für eigene oder fremde Rechnung Geschäfte zu machen. Handlungsgehilfe ist nach § 59 HGB, wer in einem Handelsgewerbe zur Leistung kaufmännischer Dienste gegen Entgelt angestellt ist. Üblicherweise wird hierunter heute der kaufmännische Angestellte verstanden.[219]

Sonstige Arbeitnehmer werden vom Wortlaut der Norm nicht erfasst. Es besteht jedoch in Rechtsprechung und Literatur Einigkeit darüber, dass bei den übrigen Arbeitnehmern für die Geltung des Wettbewerbsverbots im Grundsatz die gleichen Maßstäbe anzuwenden sind. Das Wettbewerbsverbot des § 60 HGB stellt im Einklang mit der Rechtsprechung und dem herrschenden Teil der Literatur die Konkretisierung eines allgemeinen Rechtsgedankens dar, der seine Grundlage in der jedem Arbeitnehmer obliegenden Treuepflicht hat.[220] Die Ausführungen zum kaufmännischen Angestellten sind daher auf übrige Arbeitnehmer inhaltlich übertragbar.

---

[219] *Baumbach/Hopt*, HGB, § 59 Rn. 25 ff.; ErfK-*Schaub*, HGB, § 59 Rn. 2.

[220] BAG v. 16.1.1975 - 3 AZR 72/74, AP Nr. 8 zu § 60 HGB, unter I. 2. der Gründe; BAG v. 16.8.1990 - 2 AZR 113/90, AP Nr. 10 zu § 611 BGB Treuepflicht, unter III. 2. a) der Gründe; MünchArbR-*Blomeyer*, § 52 Rn. 49; *Glöckner*, S. 33; *Buchner*, Rn. B 162. Im Gegensatz hierzu plädiert ein Teil der Literatur für die Einbeziehung sonstiger Arbeitnehmern im Wege einer Analogie; vgl. *Röhsler/Borrmann*, S. 65; *Schaub*, § 56 Rn. 3; *Baumbach/Hopt*, HGB, § 60 Rn. 1.

b) Sachlicher Anwendungsbereich

Das Wettbewerbsverbot des § 60 Abs. 1 HGB kann in zwei Verbotsalternativen unterteilt werden.

aa) § 60 Abs. 1 Alt. 1 HGB

Nach § 60 Abs. 1 Alt. 1 HGB ist es dem Handlungsgehilfen untersagt, ein Handelsgewerbe zu betreiben. Als Handelsgewerbe gilt nach der Vermutung des § 1 Abs. 2 HGB jeder Gewerbebetrieb, es sei denn, dass das Unternehmen nach Art oder Umfang einen in kaufmännischer Art und Weise eingerichteten Gewerbebetrieb nicht erfordert.[221]

Das gesetzliche Wettbewerbsverbot des § 60 Abs. 1 Alt. 1 HGB ist nach allgemeiner Meinung verfassungskonform auf solche Handelsgewerbe zu begrenzen, die der kaufmännische Angestellte gerade im Handelszweig des Arbeitgebers betreibt.[222] Eine generelle Untersagung des Betreibens eines Handelsgewerbes ist abzulehnen, da sie zu einem nicht zu rechtfertigenden Eingriff in die dem Handlungsgehilfen garantierte Berufsfreiheit führt. Art. 12 Abs. 1 GG schützt auch die Freiheit, ein Gewerbe zu betreiben.[223] Das Wettbewerbsverbots bezweckt nicht, den Arbeitgeber auch vor dem Betreiben eines solchen Gewerbes zu schützen, das zu ihm in keinerlei Konkurrenz steht. In diesem Fall bedeutet die Tätigkeit des kaufmännischen Angestellten für den Arbeitgeber keine wettbewerbsmäßige Gefahr.

Im Hinblick auf die Ausübung von Zweitarbeitsverhältnissen weist das Verbot des Betreibens eines Handelsgewerbes keine Bedeutung auf. Ein Handelsgewerbe betreibt derjenige, der im eigenen Namen ein Unternehmen führt und somit als Unternehmer im Geschäftsverkehr Rechte und Pflichten erwirbt.[224] Die ab-

---

[221] Zum Handelsgewerbebegriff näher *Baumbach/Hopt*, HGB, § 1 Rn. 22 ff., insb. Rn. 25.

[222] BAG v. 22.5.1970 - 3 AZR 384/69, AP Nr. 4 zu § 60 HGB, unter I. 3. der Gründe; BAG v. 7.9.1972 - 2 AZR 486/71, AP Nr. 7 zu § 60 HGB, unter I. 1. der Gründe; BAG v. 3.5.1983 - 3 AZR 62/81, AP Nr. 10 zu § 60 HGB, unter B. II. 2. b) der Gründe; *Buchner*, Rn. B 22; *Grunsky*, S. 4 f.; ErfK-*Schaub*, HGB, § 60 Rn. 9; MünchKomm-*v.Hoyningen-Huene*, HGB, § 60 Rn. 32; MünchArbR-*Blomeyer*, § 52 Rn. 20; a.A. unter Hinweis auf den Wortlaut Schlegelberger-*Schröder*, HGB, § 60 Rn. 5.

[223] BVerfGE 7, 377, 397; Staub-*Konzen/Weber*, HGB, § 60 Rn. 7.

[224] MünchArbR-*Blomeyer*, § 52 Rn. 22. Als Beispiele für das Betreiben eines Handelsgewerbes sind etwa zu nennen die Tätigkeit als persönlich haftender Gesellschafter einer OHG oder KG oder die Geschäftstätigkeit des Gesellschafters einer Kapitalgesellschaft, auch wenn hierbei ein Strohmann auftritt: BGH v. 10.7.1951 - I ZR 7/51, GmbH-Rdsch 1951, 173; BAG v. 15.2.1962 - 5 AZR 79/61, AP Nr. 1 zu § 61 HGB, unter II. 2. b) der Gründe.

hängige Beschäftigung im Rahmen eines Arbeitsverhältnisses wird hiervon nicht erfasst.

bb) § 60 Abs. 1 Alt. 2 HGB

Die zweite Verbotsalternative verbietet es kaufmännischen Angestellten, im Handelszweig des Arbeitgebers Geschäfte zu machen. Die Rechtsprechung definiert das Geschäftemachen als jede spekulative, auf Gewinn gerichtete Teilnahme am Geschäftsverkehr.[225] Das Verbot des Geschäftemachens zielt auf einzelne Wettbewerbshandlungen ab. Hierunter sind in erster Linie Austauschverträge im Geschäftsbereich des Arbeitgebers zu verstehen, die über das Maß rein privater Angelegenheiten hinausgehen.[226]

Vereinzelt wird vertreten, § 60 Abs. 1 Alt. 2 HGB sei im Rahmen weiterer Arbeitsverhältnisse nicht anwendbar.[227] Einem zweiten Arbeitsverhältnis fehle das hinreichende spekulative Element. Regelmäßig setze das Geschäftemachen eine selbständige unternehmerische Tätigkeit voraus.

Dem kann jedoch nicht gefolgt werden.

Unternehmerische Tätigkeit ist auch im Rahmen von Arbeitsverhältnissen nicht von vornherein ausgeschlossen, sondern abhängig von den durch den Arbeitsvertrag eingeräumten Kompetenzen. So ist beispielsweise die Tätigkeit eines leitendenden Angestellten regelmäßig auch durch die Übernahme typischer Unternehmerfunktionen mit einem erheblichen Entscheidungsspielraum geprägt.[228] Auch bei sonstigen Arbeitnehmern kann nicht vom Bestehen eines Arbeitsverhältnisses zugleich auf fehlende unternehmerische Tätigkeiten geschlossen werden.[229] Das Wettbewerbsverbot aus § 60 Abs. 1 Alt. 2 HGB ist somit auch auf Zweitarbeitsverhältnisse anwendbar, sofern hierdurch die wettbewerblichen Interessen des Arbeitgebers gefährdet werden.[230]

---

[225] BAG v. 30.1.1963 - 2 AZR 319/62, AP HGB § 60 Nr. 3, unter I. b) bb) der Gründe; BAG v. 24.4.1970 - 3 AZR 324/69, AP HGB § 60 Nr. 5, unter I. 1. b) der Gründe; BAG v. 15.2.1962 - 5 AZR 79/61, AP HGB § 61 Nr. 1, unter II. 2. der Gründe.

[226] *K.Schmidt*, Handelsrecht, § 17 I. 2. b) aa); *Buchner*, Rn. B 45.

[227] *Callam*, S. 86.

[228] *Schaub*, § 14 Rn. 30.

[229] *Bock*, S. 34.

[230] *Buchner*, Rn. B 163.

cc) Wettbewerblicher Bezug der Tätigkeiten

Das Wettbewerbsverbot des § 60 HGB schützt den Arbeitgeber nicht davor, dass der Arbeitnehmer seine Arbeitskraft als solche einem konkurrierenden Unternehmen zur Verfügung stellt. § 60 HGB schützt vielmehr lediglich vor der Gefahr der Konkurrenz. Tätigkeiten, bei denen eine Gefährdung unternehmerischer Interessen des Arbeitgebers ausgeschlossen ist, unterfallen daher nicht dem Wettbewerbsverbot.[231]

Der notwendige wettbewerbliche Bezug fehlt etwa, wenn es sich um reine Hilfstätigkeiten wie Buchführungs-, Schreib- oder Verpackungsarbeiten innerhalb des Zweitarbeitsverhältnisses handelt. Sie können zwar als unterstützende Tätigkeiten im weitesten Sinne wettbewerbliche Interessen des Arbeitgebers berühren; gleichwohl fehlt ihnen der für das Eingreifen der zweiten Verbotsalternative erforderliche spekulative Charakter.[232]

Andererseits soll der Arbeitgeber bereits vor der bloßen Gefährdung seiner Geschäftsinteressen durch den kaufmännischen Angestellten geschützt werden. Es kommt nicht darauf an, ob die Tätigkeit des kaufmännischen Angestellten erfolgreich war, sondern welches Ziel mit ihr verfolgt wurde.[233] So ist es dem Handlungsgehilfen beispielsweise untersagt, im Geschäftszweig des Arbeitgebers in eine in Konkurrenz zum Arbeitgeber stehende GmbH einzutreten.[234] Darüber hinaus kann auch in einer sonstigen Unterstützung eines Konkurrenten, etwa durch Beteiligung als stiller Gesellschafter oder durch Kredithingabe, ein unzulässiges Geschäftemachen erblickt werden.[235] In Konsequenz dieser Auffassung wird auch der Abschluss eines weiteren Arbeitsvertrags bereits eine verbotene Konkurrenztätigkeit darstellen, wenn das Zweitarbeitsverhältnis auf eine wettbewerbliche Tätigkeit im Geschäftsfeld des Arbeitgebers ausgerichtet ist.

Vorbereitungshandlungen des kaufmännischen Angestellten, etwa zur Begründung eines künftigen Arbeitsverhältnisses bei einem anderen Arbeitgeber, werden vom Wettbewerbsverbot des § 60 HGB nicht erfasst, solange damit nicht in die unmittelbare Interessensphäre des Arbeitgebers eingegriffen wird.[236] Die

---

[231] *Grunsky*, S. 6; MünchArbR-*Blomeyer*, § 52 Rn. 51; a.A. und unvereinbar mit Art. 12 Abs. 1 GG jedoch MünchKomm-*Söllner*, 2. Aufl., BGB, § 611 Rn. 407: jede abhängige Tätigkeit bei einem Konkurrenzunternehmen sei pflichtwidrig.

[232] ErfK-*Schaub*, HGB, § 60 Rn. 14; *Röhsler/Borrmann*, S. 33.

[233] *Wagner* in Röhricht/Graf von Westphalen, HGB, § 60 Rn. 14; MünchKomm-v.*Hoyningen-Huene*, HGB, § 60 Rn. 42.

[234] BAG v. 15.2.1962 - 5 AZR 79/61, AP Nr. 1 zu § 61 HGB, unter II. 2. der Gründe.

[235] *Röhsler/Borrmann*, S. 34; Schlegelberger-*Schröder*, HGB, § 60 Rn. 8; *Buchner*, Rn. B 50.

[236] *Buchner*, Rn. B 63.

Grenze von der Vorbereitung zur Gefährdung der Arbeitgeberinteressen wird überschritten, wenn der kaufmännische Angestellte in den Kunden-, Lieferanten- oder Arbeitnehmerkreis des bisherigen Arbeitgebers eindringt. Hierunter ist bereits das „Vorfühlen“ bei potenziellen Kunden, etwa in Form eines Hinweises auf die künftige Arbeit für einen Konkurrenten, zu verstehen.[237]

dd) Einschränkung des Verbots bei Zweitarbeitsverhältnissen

Mit der Ausübung mehrerer Arbeitsverhältnisse geht eine Aufteilung der Arbeitskraft des Arbeitnehmers einher. Die jeweiligen Arbeitgeber nehmen seine Arbeitskraft von vornherein nur teilweise in Anspruch.

Übt ein Arbeitnehmer lediglich ein einzelnes Teilzeitarbeitsverhältnis aus, so würde er durch ein umfassendes Wettbewerbsverbot unter Umständen an der Aufnahme eines Zweitarbeitsverhältnisses gehindert, obwohl er regelmäßig an der wirtschaftlichen Verwertung seiner gesamten Arbeitskraft zur Sicherung seiner Existenzgrundlage interessiert sein wird. Die Verwertung der gesamten Arbeitskraft in mehreren Arbeitsverhältnissen ist zudem im Hinblick auf Art. 12 Abs. 1 GG in besonderer Weise geschützt.[238]

Zur Lösung dieses Widerspruchs wird innerhalb des Schrifttums vorgeschlagen, das Wettbewerbsverbot teilzeitbeschäftigter Arbeitnehmer inhaltlich zu begrenzen.[239] Das Wettbewerbsverbot stelle eine Gegenleistung des kaufmännischen Angestellten dafür dar, dass ihm der Arbeitgeber ein seine Lebensgrundlage sicherndes Einkommen gewähre. Es orientiere sich an einem Vollzeitarbeitsverhältnis des Arbeitnehmers. Bei geringerer Arbeitszeit entstehe ein Ungleichgewicht des wechselseitig übernommenen Austauschverhältnisses. Dementsprechend sei das Wettbewerbsverbot im Verhältnis zum geringeren Arbeitszeitumfang zu reduzieren.

Diese Auffassung ist indes nicht unbestritten. Teilweise wird vorgebracht, eine solche Einschränkung widerspreche der Grundidee des Wettbewerbsverbots.[240] Der Umstand, dass der Teilzeitarbeitnehmer mehrere Beschäftigungsverhältnis-

---

[237] BAG v. 24.4.1970 - 3 AZR 324/69, AP Nr. 5 zu § 60 HGB, unter I. 1. d) der Gründe; *Grunsky*, S. 11.

[238] Vgl. bereits oben *§ 1 I.*

[239] *Kempen/Kreuder*, AuR 1994, 218 ff.; MünchKomm-*v.Hoyningen-Huene*, HGB, § 60 Rn. 17; *Bock*, S. 41 f.

[240] *Wank*, Nebentätigkeit, Rn. 236.

se nebeneinander begründen dürfe, schmälere nicht seine Treuepflichten gegenüber den einzelnen Arbeitgebern.[241]

Es erscheint vorzugswürdig, den Umfang des Wettbewerbsverbots im Einzelfall in Abhängigkeit von dem übernommenen Arbeitszeitdeputat zu definieren.

Teilzeitarbeitnehmer sind in besonderem Maße darauf angewiesen, weitere Arbeitsverhältnisse aufzunehmen, wenn sie ihre Existenzgrundlage auf Dauer sichern wollen. Eine Beurteilung des Wettbewerbsverbots, die sich ausschließlich an der Existenz des Arbeitsverhältnisses orientiert, trägt dem verfassungsrechtlichen Schutz des Arbeitnehmers aus Art. 12 Abs. 1 GG nicht in hinreichendem Maße Rechnung. Eine Einschränkung zugunsten von Teilzeitarbeitnehmern widerspricht auch nicht der Grundidee des Wettbewerbsverbots. Grundlage des wettbewerblichen Schutzes des Arbeitgebers ist ein *do ut des*: der Arbeitgeber gewährt dem Arbeitnehmer ein sicheres Auskommen zur Sicherung seiner Lebensgrundlage. Der Arbeitnehmer ist im Gegenzug verpflichtet, nicht zu seinem Arbeitgeber in Konkurrenz zu treten. Ist aber durch einen geringeren zeitlichen Umfang auch der mit der Tätigkeit verbundene Umfang sozialer Sicherung reduziert, so relativiert sich damit die Gegenleistungsverpflichtung in einem vergleichbaren Maße. Dies muss jedenfalls dann gelten, wenn der Teilzeitarbeitnehmer seine Existenzgrundlage nicht bereits durch Einkünfte anderer Art abdeckt. In diesem Fall darf die Aufnahme von Zweitarbeitsverhältnissen nicht durch ein absolutes Konkurrenzverbot aus § 60 HGB erschwert werden.

c) Zeitlicher Anwendungsbereich

Das Wettbewerbsverbot des § 60 HGB gilt während des rechtlichen Bestands des Arbeitsverhältnisses.[242] Solange der Arbeitsvertrag besteht, ist es dem Arbeitnehmer daher ohne Einwilligung des Arbeitgebers untersagt, ein konkurrierendes Zweitarbeitsverhältnis aufzunehmen. Endet der Arbeitsvertrag infolge Kündigung, so ist der Ablauf der Kündigungsfrist für das zeitliche Ende des Wettbewerbsverbots entscheidend. Unerheblich ist, ob der Arbeitnehmer bereits vorzeitig von seiner Arbeitspflicht freigestellt worden ist.[243]

---

241 *Lipke* in GK-TzA, Art. 1 § 2 Rn. 118; einschränkend MünchArbR-*Schüren*, Ergänzungsband, § 162 Rn. 156: präventive Vereinbarungen dürften den Arbeitnehmer nicht mehr als unbedingt notwendig an der weiteren Verwertung seiner Arbeitskraft hindern.

242 BAG v. 30.5.1978 - 2 AZR 598/76, AP Nr. 9 zu § 60 HGB, unter II. 1. der Gründe; *Wagner* in Röhricht/Graf von Westphalen, HGB, § 60 Rn. 3; *Baumbach/Hopt*, HGB, § 60 Rn. 1; *Glöckner*, S. 33; *Grunsky*, S. 13.

243 BAG v. 30.5.1978 - 2 AZR 598/76, AP Nr. 9 zu § 60 HGB, unter II. 1. der Gründe; *Buchner*, Rn. B 72; MünchKomm-v. *Hoyningen-Huene*, HGB, § 60 Rn. 19.

Probleme entstehen, wenn die Kündigung des Arbeitsverhältnisses sich als unwirksam erweist und der Arbeitnehmer bereits ein zweites konkurrierendes Arbeitsverhältnis aufgenommen hat. In diesem Fall ist das eine Arbeitsverhältnis nicht beendet worden; vielmehr liegen unter Verstoß gegen das fortbestehende Wettbewerbsverbot zwei Arbeitsverhältnisse des Arbeitnehmers vor.

Man wird danach differenzieren müssen, welche Vertragspartei die unwirksame Kündigung zu verantworten hat:
Eine unberechtigte Kündigung durch den Arbeitnehmer darf diesem nicht zum Vorteil gereichen. Das Wettbewerbsverbot hat in diesem Fall bis zur wirksamen Beendigung des Arbeitsverhältnisses Bestand. Nimmt der Arbeitnehmer in dieser Zeit konkurrierende Tätigkeiten bei einem anderen Arbeitgeber auf, so verstößt er damit gegen das Wettbewerbsverbot.[244] Umgekehrt erlischt das Wettbewerbsverbot bei unwirksamer Kündigung durch den Arbeitgeber, wenn der Arbeitnehmer die Kündigung als Angebot zur vorzeitigen Beendigung des Arbeitsvertrags akzeptiert.[245] Erhebt der Arbeitnehmer hingegen Kündigungsschutzklage, so erscheint es allein sachgerecht, darauf abzustellen, ob der Arbeitnehmer für die Zeit des Prozesses durch den Arbeitgeber weiterbeschäftigt wird[246] oder ihm zumindest die Weiterbeschäftigung angeboten wird.[247] Hierfür spricht, dass den Beteiligten ein Abwarten des Ausgangs eines unter Umständen langwierigen Prozesses nicht zumutbar ist.[248]

d) Rechtsfolgen des Wettbewerbsverstoßes

Nach § 61 Abs. 1 HGB kann der Arbeitgeber bei Verletzung des Wettbewerbsverbots zwischen einem Schadensersatzanspruch und einem Eintrittsrecht wählen. Zur Vorbereitung seiner Wahl hat der Arbeitgeber nach allgemeiner Ansicht einen Anspruch auf Auskunftserteilung und gegebenenfalls Rechnungslegung durch den kaufmännischen Angestellten, wenn dieser durch sein Verhalten begründeten Anlass zu der Annahme eines Wettbewerbsverstoßes gegeben hat.[249]

---

244 MünchArbR-*Blomeyer*, § 52 Rn. 10.

245 *Buchner*, Rn. B 83.

246 *Grunsky*, S. 15; MünchKomm-*v.Hoyningen-Huene*, HGB, § 60 Rn. 21.

247 *Wank*, Nebentätigkeit, Rn. 259.

248 MünchArbR-*Blomeyer*, § 52 Rn. 14: Zulässigkeit einer Konkurrenztätigkeit bereits bei Bestehen eines Weiterbeschäftigungsanspruchs.

249 BAG v. 22.4.1967 - 3 AZR 347/66, AP Nr. 12 zu § 242 BGB Auskunftspflicht, unter II. 2. der Gründe; BAG v. 21.10.1970 - 3 AZR 479/69, AP Nr. 13 zu § 242 BGB Auskunftspflicht, unter 2. der Gründe; *Buchner*, Rn. B 183.

aa) Schadensersatz

§ 61 Abs. 1 Alt. 1 HGB normiert für den Anspruch auf Schadensersatz kein ausdrückliches Verschuldenserfordernis. Nach den allgemeinen Grundsätzen der Schadensersatzhaftung ist jedoch die schuldhafte Verletzung durch den kaufmännischen Angestellten als ungeschriebene Tatbestandsvoraussetzung anzusehen.[250]
Der Umfang des Schadensersatzanspruchs richtet sich nach den §§ 249 ff. BGB. Danach umfasst der zu liquidierende Schaden auch den entgangenen Gewinn (§ 252 BGB). Als entgangenen Gewinn kann der Arbeitgeber den Betrag beanspruchen, der erzielt worden wäre, wenn er das Geschäft selbst getätigt hätte.[251]

bb) Eintrittsrecht

Gemäß § 61 Abs. 1 Alt. 2 HGB kann der Arbeitgeber verlangen, dass der kaufmännische Angestellte statt des Schadensersatzes die verbotswidrig für eigene Rechnung gemachten Geschäfte als für eigene Rechnung des Arbeitgebers gelten lässt. Ferner kann er beanspruchen, dass er die aus den Geschäften für fremde Rechnung bezogene Vergütung herausgibt oder seinen Anspruch auf Vergütung abtritt.
Dieses als Eintrittsrecht bezeichnete Recht des Arbeitgebers führt nicht zum Eintritt in die Verträge des kaufmännischen Angestellten mit Dritten, sondern sichert dem Arbeitgeber lediglich den wirtschaftlichen Erfolg aus diesen Vertragsverhältnissen zu.[252] Die Rechtsfolgen des Eintrittsrechts sind daher auf das Innenverhältnis von Arbeitgeber und kaufmännischem Angestellten beschränkt.

Kommt es im Rahmen eines Zweitarbeitsverhältnisses zu einem Wettbewerbsverstoß gegenüber einem anderen Arbeitgeber, so tritt das Problem auf, dass eine Abschöpfung der aus der Tätigkeit erzielten Vergütung zum Verlust des gesamten Arbeitsentgelts aus dem Zweitarbeitsverhältnis führt. Diese Rechtsfolge erscheint in ihrem Ausmaß ungemessen, da der Arbeitgeber bereits durch den Anspruch auf Schadensersatz hinreichend geschützt ist. Im Rahmen von Wettbewerbsverstößen in Zweitarbeitsverhältnissen ist es daher vorzugswürdig, das Eintrittsrecht auszuschließen und den Arbeitgeber stattdessen auf den Schadensersatzanspruch aus § 61 Abs. 1 Alt. 1 HGB zu verweisen.[253]

---

[250] *Buchner*, Rn. B 100.

[251] MünchKomm-v.*Hoyningen-Huene*, HGB, § 61 Rn. 10.

[252] *Buchner*, Rn. B 107; Grunsky, S. 53.

[253] Ähnlich *Bock*, S. 44; *Weisemann/Schrader*, DB 1980, Beilage Nr. 4/80, S. 5; vgl. ferner LAG Berlin v. 17.2.1970 - 4 (5) Sa 115/67, DB 1970, 1837, 1838: „Bei einem derartigen Sachverhalt, bei welchem das Geschäft in der Leistung persönlicher Dienste besteht, ist

cc) Unterlassung und Kündigung

Schließlich kann der Arbeitgeber Unterlassung des Wettbewerbsverstoßes verlangen, sofern er weitere Verletzungen des Wettbewerbsverbots befürchten muss.[254] Da die Konkurrenztätigkeit zugleich eine Verletzung der arbeitsvertraglichen Pflichten darstellt, kommt auch eine hierauf gestützte Kündigung des Arbeitnehmers in Betracht.[255]

e) Ergebnis

Das Wettbewerbsverbot des § 60 HGB gilt nach seinem Wortlaut nur für Handlungsgehilfen, also kaufmännische Angestellte. Es enthält jedoch zugleich einen allgemeinen Rechtsgedanken, der seine Grundlage in der vertraglichen Treuepflicht des Arbeitnehmers hat. Insofern ist das Wettbewerbsverbot inhaltlich auf sonstige Arbeitnehmer übertragbar.

Die Ausübung von Zweitarbeitsverhältnissen innerhalb derselben Branche bedarf grundsätzlich der Einwilligung des Arbeitgebers. Andererseits ist dem Arbeitnehmer aufgrund des wettbewerblichen Gehalts der Treuepflicht nicht von vornherein jedes Zweitarbeitsverhältnis im Geschäftsbereich des Arbeitgebers verwehrt. Im Hinblick auf die in Art. 12 Abs. 1 GG garantierte Berufsfreiheit ist hierfür stets ein hinreichender wettbewerblicher Bezug erforderlich. In Fällen, in denen die Möglichkeit der Verletzung wettbewerblicher Interessen ausgeschlossen ist, lässt sich der Treuepflicht auch dann kein Verbot eines Zweitarbeitsverhältnisses entnehmen, wenn dieses im gleichen Geschäftszweig ausgeübt wird.

Das Wettbewerbsverbot ist im Hinblick auf das Arbeitszeitdeputat im jeweiligen Arbeitsverhältnis einzuschränken. Teilzeitarbeitnehmer bringen von vornherein nur einen Teil ihrer Arbeitskraft in das Arbeitsverhältnis ein. Sie sind zur dauerhaften Sicherung ihrer Existenzgrundlage darauf angewiesen, ihre übrige Arbeitskraft in Zweitarbeitsverhältnissen einsetzen zu können.

In zeitlicher Hinsicht gilt das Wettbewerbsverbot während des rechtlichen Bestands des Arbeitsverhältnisses. Erweist sich eine Kündigung als unwirksam, so ist danach zu differenzieren, welche Vertragspartei die Unwirksamkeit zu verantworten hat. Hat der Arbeitnehmer eine unwirksame Kündigung ausgesprochen, so muss er sich bis zur Beendigung des Arbeitsverhältnisses am Wettbewerbsverbot festhalten lassen. Hat umgekehrt der Arbeitgeber unwirksam gekündigt, so erlischt das Wettbewerbsverbot, wenn der Arbeitnehmer die Kündigung als Angebot zur Vertragsaufhebung akzeptiert. Im Übrigen erlischt es,

---

der Arbeitgeber auch gegenüber einem Handlungsgehilfen auf den Alternativanspruch des § 61 HGB, den Schadensersatzanspruch, beschränkt".

[254] BAG v. 17.10.1969 - 3 AZR 442/68, AP Nr. 7 zu § 611 BGB Treuepflicht; MünchArbR-*Blomeyer*, § 52 Rn. 46; *Buchner*, Rn. B 137; *Grunsky*, S. 54 f.

[255] Hierzu eingehend unter *§ 2 III. 3.*

wenn der Arbeitgeber während des Kündigungsschutzprozesses die Weiterbeschäftigung des Arbeitnehmers angeboten hat.
Der Verstoß gegen das Wettbewerbsverbot löst eine Schadensersatzverpflichtung des Arbeitnehmers aus. Ein Eintrittsrecht des Arbeitgebers ist im Rahmen von konkurrierenden Zweitarbeitsverhältnissen ausgeschlossen. Zudem kommen ein Unterlassungsanspruch sowie die Kündigung des Arbeitsverhältnisses in Betracht.

2. Wettbewerbsverbote nach § 826 BGB und §§ 1, 17 UWG

Wettbewerbliche Beschränkungen, die auf den Inhalt von Zweitarbeitsverhältnissen einwirken, folgen auch aus §§ 1, 17 UWG und § 826 BGB.[256] Arbeitnehmern sind solche Handlungen untersagt, die den Arbeitgeber vorsätzlich sittenwidrig schädigen oder einen Verrat von Geschäfts- und Betriebsgeheimnissen beinhalten. Nimmt ein Arbeitnehmer entsprechende schädigende Handlungen im Rahmen von Zweitarbeitsverhältnissen vor, so stellt dies einen unzulässigen Verstoß gegen das Wettbewerbsrecht dar. Zu denken ist hier beispielsweise an die Weitergabe von Kundenanschriften,[257] die Mitteilung im Rahmen einer Ausschreibung erlangter Angebotsunterlagen[258] oder die Weitergabe von Modellskizzen.[259]

3. Arbeitszeitgesetz

Wesentliches Anliegen des Arbeitszeitschutzes ist es, die Sicherheit und den Gesundheitsschutz der Arbeitnehmer bei der Arbeitszeitgestaltung zu gewährleisten und die Rahmenbedingungen für flexible Arbeitszeiten zu verbessern (§ 1 Nr. 1 ArbZG). Darüber hinaus bezweckt das Arbeitszeitgesetz den Schutz des Sonntags und der staatlich anerkannten Feiertage als Tage der Arbeitsruhe und der seelischen Erhebung (§ 1 Nr. 2 ArbZG).

Das Arbeitszeitgesetz dient zugleich der Umsetzung der EG-Richtlinie 93/104.[260] Sein Regelungsgehalt bedarf daher stets auch einer im Einklang mit der Richtlinie stehenden Auslegung.[261]

---

256 *Wertheimer/Krug*, BB 2000, 1462, 1463.
257 BGH v. 14.1.1999 - I ZR 2/97, WRP 1999, 912.
258 BGH v. 10.5.1995 - 1 StR 764/94, NJW 1995, 2301.
259 BGH v. 10.7.1963 - Ib ZR 21/62, GRUR 1964, 31.
260 Richtlinie 93/104 EG des Rates über bestimmte Aspekte der Arbeitszeitgestaltung vom 23.11.1993, ABl. EG Nr. L 307, S. 18. Einen Überblick über den Inhalt der Richtlinie gibt *Lörcher*, AuR 1994, 49 ff.

Das europäische Recht spricht, scheinbar weiter gehend als die nationale Umsetzung, von einer angestrebten „Verbesserung der Lebens- und Arbeitsbedingungen" bzw. einer „Verbesserung von Sicherheit, Arbeitshygiene und Gesundheitsschutz", welche auch bei der Gestaltung der Dauer und Lage der Arbeitszeit zu berücksichtigen seien.[262] Vereinzelt wird daher in der nationalen Regelung, die lediglich von einer „Gewährleistung" der Sicherheit und des Arbeitnehmerschutzes spricht, ein Widerspruch zu der weiten Fassung der Richtlinie gesehen.[263]

Diese Auffassung vermag nicht zu überzeugen.
Die Verbesserung bestehender Zustände ist Zweck und Beweggrund jeder gesetzlichen Regelung und somit auch der Schutzzweckbestimmung des Arbeitszeitgesetzes immanent. Die Verwendung des Ausdrucks „gewährleisten" durch den nationalen Gesetzgeber schließt eine Verbesserung nicht aus.[264]

Nach § 2 Abs. 2 ArbZG sind Arbeitnehmer im Sinne des Arbeitszeitrechts Arbeiter und Angestellte sowie die zu ihrer Berufsausbildung Beschäftigten.[265] Auf sie findet das Arbeitszeitgesetz mit den in § 18 ArbZG genannten Ausnahmen Anwendung.[266]
Der räumliche Geltungsbereich des Arbeitszeitgesetzes wird durch das Territorialitätsprinzip geprägt.[267] Unabhängig von der Staatsangehörigkeit des Arbeitnehmers oder Arbeitgebers ist also entscheidend, ob die Beschäftigung auf dem Gebiet der Bundesrepublik Deutschland ausgeübt wird.

---

261 ErfK-*Wank*, ArbZG, § 1 Rn. 4; *Buschmann/Ulber*, ArbZG, § 1 Rn. 6; *Junker*, ZfA 1998, 105, 107.

262 Vgl. Richtlinie 93/104 EG, ABl. EG Nr. L 307, S. 18, vor Art. 1.

263 *Buschmann/Ulber*, ArbZG, § 1 Rn. 6.

264 Ebenso ErfK-*Wank*, ArbZG, § 1 Rn. 7, der in diesem Zusammenhang von „sprachkosmetischen Gründen" des Gesetzgebers spricht.

265 Diese Begriffsbestimmung entspricht der Regelung in § 5 Abs. 1 BetrVG.

266 Gemäß § 18 Abs. 1 Nr. 1 ArbZG werden Angestellte im Sinne des § 5 Abs. 3 BetrVG sowie Chefärzte ausgenommen; das Gesetz findet ferner keine Anwendung auf Leiter öffentlicher Dienststellen und deren Vertreter sowie Arbeitnehmer im öffentlichen Dienst, die zu selbständigen Entscheidungen in Personalangelegenheiten befugt sind (§ 18 Abs. 1 Nr. 2 ArbZG); nach § 18 Abs. 1 Nr. 3 ArbZG werden auch Arbeitnehmer ausgeklammert, die in häuslicher Gemeinschaft mit den ihnen anvertrauten Personen zusammenleben und sie eigenverantwortlich erziehen, pflegen oder betreuen; das Arbeitszeitgesetz ist ferner nicht anwendbar auf den liturgischen Bereich der Kirchen und Religionsgemeinschaften (18 Abs. 1 Nr. 4 ArbZG) sowie auf Beschäftigte auf Kauffahrteischiffen (§ 18 Abs. 3 ArbZG). Für Personen unter 18 Jahren ist statt des Arbeitszeitgesetzes das Jugendarbeitsschutzgesetz anzuwenden (§ 18 Abs. 2 ArbZG). Hierzu näher unter *§ 2 II. 4.*

267 MünchArbR-*Anzinger*, § 218 Rn. 73.

a) Der Arbeitszeitbegriff des Arbeitszeitgesetzes

Das Gesetz enthält in § 2 Abs. 1 S. 1 ArbZG für die Arbeitszeit eine Legaldefinition. Danach ist Arbeitszeit die Zeit vom Beginn bis zum Ende der Arbeitszeit ohne Ruhepausen. Dieser Begriff definiert Arbeitszeit als Zeitraum, in dem der Arbeitnehmer dem Arbeitgeber seine Arbeitsleistung zur Verfügung zu stellen hat. Ob in dieser Zeitspanne tatsächlich Arbeitsleistungen erbracht werden, ist demgegenüber ohne Belang.[268] Die Arbeitszeit ist daher in Abhängigkeit von der vertraglich übernommenen Verpflichtung zur Erbringung von Arbeitsleistungen zu bestimmen.
Die Arbeitszeit beginnt, wenn der Arbeitnehmer seine Arbeit aufnimmt oder zumindest seine Arbeitsleistung dem Arbeitgeber in der vertragsgemäßen Weise anbietet, so dass dieser in der Lage ist, die Arbeitskraft zu verwerten.[269] Sie endet dementsprechend, wenn der Arbeitnehmer die Arbeitsverrichtung einstellt oder er seine Arbeitskraft nicht mehr vertragsgemäß anbietet.[270]

Einen Brennpunkt des Arbeitszeitbegriffs beinhaltet die Frage, ob Bereitschaftsdienste zur Arbeitszeit oder zur Ruhezeit von Arbeitnehmern zählen. Dieses Problemfeld ist aufgrund einer jüngeren Entscheidung des Europäischen Gerichtshofs zu Bereitschaftsdiensten spanischer Krankenhausärzte verstärkt in das Blickfeld gerückt.[271] Nach bisheriger Ansicht der nationalen Rechtsprechung und des überwiegenden Schrifttums galt Bereitschaftsdienst - also die Pflicht von Arbeitnehmern, sich an einer vom Arbeitgeber festgelegten Stelle innerhalb oder außerhalb des Betriebs aufzuhalten, um bei Bedarf die Arbeitstätigkeit unverzüglich aufzunehmen - nicht als Arbeitszeit, sondern als Ruhezeit nach § 5 ArbZG.[272]

---

[268] MünchArbR-*Blomeyer*, § 48 Rn. 101.

[269] *Zmarzlik/Anzinger*, ArbZG, § 2 Rn. 6; ErfK-*Wank*, ArbZG, § 2 Rn. 25.

[270] Vgl. *Baeck/Deutsch*, ArbZG, § 2 Rn. 13.

[271] EuGH v. 3.10.2000 – Rs. C 303/98 *(Sindicato de Médicos de Asisitencia Pública [Simap] / Conselleria de Sanidad y Consumo de la Generalidad Valenciana)*, NZA 2000, 1227 ff.

[272] So noch BAG v. 29.2.2000 - 1 ABR 15/99, AP Nr. 81 zu § 87 BetrVG 1972 Arbeitszeit, unter B. I. 2. a) der Gründe: "arbeitszeitrechtlich gehört der Bereitschaftsdienst als solcher zur Ruhezeit", BAG v. 19.6.1997 - 6 AZR 173/96, EzBAT SR 2a BAT Bereitschaftsdienst Nr. 3, unter 1. a) der Gründe: „Bereitschaftsdienst ist damit seinem Wesen nach nur eine Aufenthaltsbeschränkung"; *Baeck/Deutsch*, ArbZG, § 5 Rn. 7 ff.; *Kraegeloh*, ArbZG, § 2 Rn. 3; *Junker*, ZfA 1998, 105, 109; a.A. jedoch *Zmarzlik/Anzinger*, ArbZG, § 5 Rn. 8 ff.; *Buschmann/Ulber*, ArbZG, § 5 Rn. 4 f. Die sog. Rufbereitschaft, also die Pflicht des Arbeitnehmers an einem Ort seiner Wahl für den Arbeitgeber erreichbar zu sein, um bei Bedarf die Arbeitsleistung alsbald aufnehmen zu können, gilt hingegen im Einklang mit der nationalen Rechtsprechung und Lehre auch nach dem Urteil des EuGH - vorbehaltlich einer tatsächlichen Inanspruchnahme durch den Arbeitgeber - weiterhin nicht als Arbeitszeit: EuGH v. 3.10.2000 - Rs. C 303/98, NZA 2000, 1227, 1230.

Nach Auffassung des Europäischen Gerichtshofs stellen Bereitschaftsdienste, den spanische Ärzte von sog. Teams zur medizinischen Grundversorgung in Form persönlicher Anwesenheit in einer Gesundheitseinrichtung leisten, auch ohne tatsächliche Inanspruchnahme Arbeitszeit im Sinne der Richtlinie 93/104 dar. Hervorzuheben ist, dass die Richtlinie 93/104 gemäß Art. 2 Abs. 1 Anwendung auf alle privaten oder öffentlichen Tätigkeitsbereiche, insbesondere auf gewerbliche, landwirtschaftliche, kaufmännische, verwaltungsmäßige sowie dienstleistungs- oder ausbildungsbezogene, kulturelle und Freizeittätigkeiten findet. Die gebotene richtlinienkonforme Auslegung des Arbeitszeitgesetzes wird die Entscheidung des Europäischen Gerichtshofs daher umfassend berücksichtigen müssen und Bereitschaftsdienste von Arbeitnehmern in Form persönlicher Anwesenheitspflicht am Arbeitsplatz fortan nicht mehr der Ruhezeit, sondern der Arbeitszeit im Sinne von § 2 Abs. 1 ArbZG zuzuordnen haben.[273]

b) Zweitarbeitsverhältnisse nach dem Arbeitszeitgesetz

Kollisionsmöglichkeiten können bei der Ausübung von Zweitarbeitsverhältnissen vor allem dadurch entstehen, dass die verschiedenen Arbeitszeiten des Arbeitnehmers zusammenzurechnen sind (§ 2 Abs. 1 S. 1 Hs. 2 ArbZG). Hierdurch kann es zur Überschreitung der zulässigen Höchstarbeitszeit nach § 3 S. 1 ArbZG kommen, deren Rechtsfolgen im Einzelnen umstritten sind. Diese Problematik bildet den zentralen Fragenkreis für die nachfolgende Darstellung.

aa) Ein Arbeitsverhältnis unterfällt nicht dem Arbeitszeitgesetz

§ 18 Abs. 1 ArbZG enthält eine Einschränkung des Anwendungsbereichs des Arbeitszeitgesetzes für bestimmte Arbeitnehmergruppen wie leitende Angestellte, Chefärzte und Leiter öffentlicher Dienststellen. Dies kann bei Zweitarbeitsverhältnissen dazu führen, dass eines von mehreren Arbeitsverhältnissen vom Anwendungsbereich des Arbeitszeitgesetzes ausgeschlossen ist. Würde man das Arbeitszeitgesetz entsprechend seinem Wortlaut anwenden, so wäre auch die Zusammenrechnung der jeweiligen Arbeitszeiten in diesem Fall ausgeschlossen. Demgemäß könnte ein Arbeitnehmer in dem Arbeitsverhältnis, das nicht dem Arbeitszeitgesetz unterfällt, unbeschränkt Arbeitsleistungen erbringen. Zu diesem Streitpunkt werden in der Literatur verschiedene Auffassungen vertreten.

---

[273] Vgl. *Ohnesorg*, Anmerkung zu EuGH v. 3.10.2000 - Rs. C-303/98, AuR 2000, 467, 468; *Hergenröder*, RdA 2001, 346, 348 f.; *Neumann/Biebl*, ArbZG, § 7 Rn. 14; jetzt hierzu auch BAG v. 18.2.2003 - 1/ABR 2/02, Pressemitteilung BAG Nr. 15/03; ferner die bisher ergangene Rechtsprechung der Instanzgerichte, etwa ArbG Herne v. 11.12.2001 - 2 Ca 4373/00, AuR 2002, 114 (nicht rechtskräftig); ArbG Kiel v. 8.11.2001 - 1 Ca 2113d/01, DB 2001, 2655 ff.; ArbG Gotha v. 3.4.2001 - 3 BV 1/01, DB 2001, 1254.

Teilweise wird die Zusammenrechnung von Arbeitszeiten aus Arbeitsverhältnissen des § 18 ArbZG mit Arbeitszeiten aus sonstigen Arbeitsverhältnissen generell ausgeschlossen.[274] Der Gesetzgeber habe bei der Neuregelung des Arbeitszeitgesetzes im Jahre 1994 diese Problematik bewusst keiner anderweitigen Lösung im Sinne einer Zusammenrechnung der Arbeitszeiten zugeführt. Arbeitsverhältnisse nach § 18 ArbZG seien daher insgesamt vom Anwendungsbereich des Arbeitszeitgesetzes ausgeschlossen.
Eine Gegenposition in der Literatur unterstellt hingegen aus Gründen des Gesetzeszwecks jedes Zweitarbeitsverhältnis generell dem Arbeitszeitgesetz und damit auch der Zusammenrechnungspflicht in § 2 Abs. 1 ArbZG, sobald auch nur eines der Arbeitsverhältnisse in seinen Anwendungsbereich fällt.[275]
Mehrheitlich wird im Schrifttum eine vermittelnde Auffassung vertreten. Danach sind die Arbeitszeiten sämtlicher Arbeitsverhältnisse zusammenzurechnen, wenn sich die überwiegende Beschäftigung nach dem Arbeitszeitgesetz beurteilt.[276]

Der letztgenannten Auffassung ist zuzustimmen.

Sinn und Zweck des Arbeitszeitgesetzes ist die Sicherheit und der Gesundheitsschutz der Arbeitnehmer bei der Gestaltung der Arbeitszeit. Diesem Zweck wird nur die grundsätzliche Einbeziehung aller Arbeitszeiten des Arbeitnehmers gerecht. Die Außerachtlassung bestimmter Arbeitszeiten der in § 18 ArbZG genannten Arbeitnehmergruppen vermag im Fall von Zweitarbeitsverhältnissen dieses Ziel nicht hinreichend zu gewährleisten. Andererseits erscheint eine unreflektierte Anwendung des Arbeitszeitrechts auf alle Arbeitsverhältnisse des Arbeitnehmers als zu weitgehend. Liegt der Schwerpunkt der Arbeitsleistung außerhalb des Arbeitszeitgesetzes, so beruht dies auf einer autonomen Berufsentscheidung des Arbeitnehmers, welche die Schutzwürdigkeit im Hinblick auf die gesetzlichen Arbeitszeitgrenzen geringer erscheinen lässt. In diesen Fällen ist es sachgerecht, die Haupttätigkeit nicht in den Anwendungsbereich des Arbeitszeitgesetzes fallen zu lassen. In allen anderen Fällen, auch bei mehreren gleich bedeutenden Arbeitsverhältnissen, überwiegt jedoch der Gedanke des Arbeitnehmerschutzes, so dass die Arbeitszeitnormen insgesamt anzuwenden sind.

---

[274] *Bock*, S. 52.

[275] *Glöckner*, S. 58.

[276] MünchArbR-*Blomeyer*, § 55 Rn. 16; *Neumann/Biebl*, ArbZG, § 2 Rn. 18; *Meisel/Hiersemann*, AZO, § 2 Rn. 93; *Wank*, Nebentätigkeit, Rn. 149; *Barwasser*, DB 1978, 1884, 1885.

bb) Zusammenrechnung der Arbeitszeiten bei Zweitarbeitsverhältnissen

Die Zusammenrechnungspflicht von Arbeitszeiten bei mehreren Arbeitgebern ist von Art und Umfang der jeweiligen Arbeitsverhältnisse unabhängig. Es ist unerheblich, ob ein Arbeitnehmer mehrere Arbeitsverhältnisse mit geringer Wochenstundenanzahl ausübt - etwa mehrere geringfügige Beschäftigungen - oder ob er neben einem Vollzeitarbeitsverhältnis von 40 Wochenstunden einem Zweitarbeitsverhältnis mit nur wenigen Wochenstunden nachgeht. Genauso gut kann ein Arbeitnehmer mehrere Teilzeitarbeitsverhältnisse bei mehreren Arbeitgebern ausüben. Eine Befristung bleibt ebenso außer Betracht wie der Umstand, dass ein Arbeitsverhältnis lediglich zur Aushilfe aufgenommen wurde.[277]
Übt ein Arbeitnehmer mehrere Arbeitsverhältnisse bei demselben Arbeitgeber aus, so sind die dortigen Arbeitszeiten unabhängig von § 2 Abs. 1 S. 1 Hs. 2 ArbZG ebenfalls zusammenzurechnen.[278]

cc) Überschreitung der Höchstarbeitszeiten durch Zusammenrechnung

Nach § 3 S. 1 ArbZG beträgt die regelmäßige werktägliche Höchstarbeitszeit von Arbeitnehmern acht Stunden. Als Werktage gelten alle Tage außer Sonntagen und staatlich anerkannten Feiertagen, mithin auch der Samstag.[279] Daraus folgt, dass die regelmäßige wöchentliche Höchstarbeitszeit 48 Stunden betragen darf. § 3 S. 2 ArbZG ermöglicht eine Verlängerung der werktäglichen Höchstarbeitszeit auf bis zu zehn Stunden, wenn innerhalb eines Ausgleichszeitraums von sechs Kalendermonaten oder 24 Wochen im Durchschnitt acht Stunden werktäglich nicht überschritten werden. In diesem Fall beträgt die wöchentliche Höchstarbeitszeit 60 Stunden.

Im Folgenden werden die verschiedenen Fallgestaltungen und Rechtsfolgen einer Überschreitung der regelmäßigen Höchstarbeitszeit untersucht.

---

[277] Vgl. *Baeck/Deutsch*, ArbZG, § 2 Rn. 16 und 18. Zur Arbeitszeitordnung bereits BAG v. 14.12.1967 - 5 AZR 74/67, AP Nr. 2 zu § 1 AZO, unter 2. der Gründe. Abzulehnen ist die Annahme von *Buschmann/Ulber*, ArbZG, § 2 Rn. 14: aus dem Schutzzweck des Arbeitszeitgesetzes folge, dass andere Arbeitszeiten, etwa im Rahmen eines selbständigen Dienstvertrags, zu Arbeitszeiten bei einem Arbeitgeber hinzuzurechnen seien. Bereits anhand der Formulierung „mehrere Arbeitszeiten bei mehreren Arbeitgebern" in § 2 Abs. 1 S. 1 Hs. 2 ArbZG wird deutlich, dass die Zusammenrechnung nur bei Arbeitsverhältnissen stattfindet. Gegen *Buschmann/Ulber* auch *Hunold*, NZA 1995, 558.

[278] *Baeck/Deutsch*, ArbZG, § 2 Rn. 15.

[279] Der Werktagsbegriff entspricht inhaltlich der Regelung des § 3 Abs. 2 BUrlG; vgl. auch *Buschmann/Ulber*, ArbZG, § 3 Rn. 4; MünchArbR-*Anzinger*, § 218 Rn. 88.

(1) Überschreitung durch ein Einzelarbeitsverhältnis

Die Rechtsfolgen einer Überschreitung der regelmäßigen Höchstarbeitszeit sollen zunächst anhand einer Überschreitung durch ein Einzelarbeitsverhältnis dargestellt werden. Hierbei ist stets zu unterscheiden zwischen dem rechtlichen Schicksal einer arbeitsvertraglichen Regelung, die eine Überschreitung der regelmäßigen Höchstarbeitszeit vorsieht, und dem Beschäftigungsverbot des Arbeitgebers, der Arbeitsleistungen über die Höchstgrenze des Arbeitszeitgesetzes hinaus in Anspruch nimmt.

Arbeitnehmer dürfen nicht über die Höchstgrenzen des § 3 ArbZG hinaus beschäftigt werden. Kommt es im Rahmen eines Einzelarbeitsverhältnisses zur Überschreitung dieser Beschäftigungsdauer, so unterliegt der Arbeitgeber insofern einem Beschäftigungsverbot. Werden Arbeitnehmer über die Höchstzeit hinaus beschäftigt, so stellt dies nach § 22 Abs. 1 Nr. 1 ArbZG eine Ordnungswidrigkeit dar. Die vorsätzliche oder beharrlich wiederholte Beschäftigung unter Verstoß gegen § 3 ArbZG kann als Straftat geahndet werden (§ 23 ArbZG). Die genannten Straf- und Bußgeldbestimmungen treffen ausschließlich den Arbeitgeber.[280]

Rechtsprechung und Literatur erachten eine vertragliche Vereinbarung, welche die Höchstgrenzen der Arbeitszeit verletzt, für nichtig.[281] § 3 Abs. 1 ArbZG stelle ein zwingendes Schutzgesetz zugunsten des Arbeitnehmers dar. Eine Vereinbarung zwischen Arbeitgeber und Arbeitnehmer, nach der sich der Arbeitnehmer verpflichte, über die gesetzlich zulässige Arbeitszeit hinaus Arbeitsleistungen zu erbringen, verstoße gegen § 134 BGB.

Diese Auffassung ist zutreffend.

Die Nichtigkeitsfolge aus § 134 BGB entspricht dem Zweck des Arbeitszeitgesetzes, eine Beschäftigung im Interesse des Arbeitnehmers nur in bestimmten Grenzen zuzulassen und ihn so vor übermäßiger Ausnutzung seiner Arbeitskraft zu schützen. Es ist daher zweckmäßig und angemessen, jeden Erfüllungsanspruch aus der unzulässigen Abrede auszuschließen und die Nichtigkeitsfolge

---

[280] Deutlich hierzu LAG Baden-Württemberg v. 23.11.2000 - 4 Sa 81/00, AuR 2001, 512: „Für die Einhaltung der arbeitszeitrechtlichen Bestimmungen trägt der Kläger [Arbeitnehmer] nicht das Risiko, eine Ordnungswidrigkeit nach § 22 ArbZG zu begehen, da sich § 22 ArbZG nur an den Arbeitgeber richtet".

[281] *Schaub*, § 156 Rn. 28; *Neumann/Biebl*, ArbZG, § 2 Rn. 20; *Baeck/Deutsch*, ArbZG, § 3 Rn. 49 und Einführung Rn. 42; *Callam*, S. 53; *Oligmüller*, Nebentätigkeitsprobleme, S. 31; BGH v. 28.1.1986 - VI ZR 151/84, NJW 1986, 1486, 1487 (zu § 3 AZO); LAG Nürnberg v. 29.8.1995 - 2 Sa 429/94, AP Nr. 9 zu § 134 BGB, unter II. der Gründe.

anzunehmen.[282] Im Hinblick auf einen umfassenden Arbeitnehmerschutz erscheint es jedoch sachgerecht, von der Auslegungsregel des § 139 BGB, die im Zweifel zur umfassenden Nichtigkeit des Gesamtvertrags führt, grundsätzlich keinen Gebrauch zu machen.[283] Zunächst ist zu prüfen, ob unter Aufrechterhaltung des Arbeitsvertrags an die Stelle der nichtigen Arbeitszeitvereinbarung rückwirkend die Normen des Arbeitszeitgesetzes treten können.[284] Hat der Arbeitnehmer entgegen einer nichtigen Arbeitszeitvereinbarung bereits Arbeitsleistungen erbracht, so kann er für solche Leistungen, die über die zulässige Höchstzeit hinausreichen, Vergütung nach den Grundsätzen des fehlerhaften Arbeitsvertrags verlangen.[285] Wirtschaftlich entstehen dem Arbeitnehmer also für bereits erbrachte Arbeitsleistungen keine Entgelteinbußen.

(2) Überschreitung durch Ausübung von Zweitarbeitsverhältnissen

Kommt es durch Zusammenrechnung mehrerer Arbeitsverhältnisse bei verschiedenen Arbeitgebern zu einer Überschreitung der Höchstarbeitszeit, so besteht in Rechtsprechung und Literatur Uneinigkeit über die in diesem Fall eintretenden Rechtsfolgen. Die unterschiedlichen Auffassungen berühren sowohl die mögliche Nichtigkeit des Arbeitsvertrags als auch die Frage, welchen Arbeitgeber das Beschäftigungsverbot trifft. Dies ist nicht zuletzt darauf zurückzuführen, dass beide Problemkreise durch das Arbeitszeitgesetz nicht geregelt werden. Hervorzuheben ist an dieser Stelle, dass die Überschreitung sich gerade aus der Zusammenrechnung ergeben muss. Wird in einem Zweitarbeitsverhältnis bereits für sich genommen eine Überschreitung der regelmäßigen Höchstarbeitszeit vereinbart, so ist diese Vereinbarung entsprechend den oben dargestellten Grundsätzen nach § 134 BGB nichtig.

(a) Adressaten des Beschäftigungsverbots

Die Frage, in welchem Arbeitsverhältnis das Beschäftigungsverbot eintritt, wird im rechtswissenschaftlichen Schrifttum kontrovers diskutiert.

---

[282] BAG v. 19.6.1959 - 1 AZR 565/57, AP Nr. 1 zu § 611 BGB Doppelarbeitsverhältnis; *Zmarzlik/Anzinger*, ArbZG, § 1 Rn. 22.

[283] Zur grundsätzlichen Zurückhaltung bei der Anwendung des § 139 BGB im Zusammenhang mit Arbeitsschutzgesetzen *Schaub*, § 31 Rn. 12.

[284] BGH v. 28.1.1986 - VI ZR 151/94, NJW 1986, 1486, 1487; *Baeck/Deutsch*, ArbZG, Einführung Rn. 43; *Zmarzlik/Anzinger*, ArbZG, § 1 Rn. 22; MünchArbR-*Anzinger*, § 217 Rn. 17; a.A. *Buschmann/Ulber*, ArbZG, § 1 Rn. 12: Rückgriff auf tarifliche Regelungen, selbst ohne konkrete Tarifgebundenheit.

[285] *Neumann/Biebl*, ArbZG, § 2 Rn. 20; *Baeck/Deutsch*, ArbZG, Einführung Rn. 46; *Wertheimer/Krug*, BB 2000, 1462, 1463. Näher zum fehlerhaften Arbeitsverhältnis MünchArbR-*Richardi*, § 46 Rn. 1 ff., insbesondere Rn. 58 ff.

Nach einer Auffassung trifft das Beschäftigungsverbot aus § 3 ArbZG den Arbeitgeber des zeitlich später eingegangenen Arbeitsverhältnisses.[286] Hingegen solle die Haupttätigkeit vorgehen, wenn beide Arbeitsverhältnisse zur gleichen Zeit eingegangen wurden. Seien beide Tätigkeiten in etwa gleich bedeutsam, so treffe das Beschäftigungsverbot beide Arbeitsverhältnisse.[287]

Diese Auffassung hat den Vorteil einer klaren Abgrenzung für sich und dient damit der Rechtssicherheit. Problematisch erscheint jedoch, dass bei zeitlich versetzt eingegangenen Arbeitsverhältnissen auch ein nach Art und Umfang für den Arbeitnehmer wirtschaftlich wesentlich bedeutenderes Arbeitsverhältnis dem Beschäftigungsverbot ausgesetzt wäre, wenn ein wirtschaftlich weniger umfangreiches Nebenarbeitsverhältnis früher begründet wurde. Damit bliebe es letztlich dem Zufall überlassen, welches Arbeitsverhältnis betroffen ist. Diese Auffassung beachtet durch ihre schematische Betrachtungsweise nicht hinreichend, dass die Erwerbstätigkeit des Arbeitnehmers letztlich der Sicherung seiner Existenzgrundlage dient. Ein Nebenerwerb dient diesem Zweck jedoch in geringerem Maße als eine Haupterwerbsquelle. Die genannte Auffassung führt daher unter Umständen zu unangemessenen Ergebnissen und kann nicht in allgemeiner Form befürwortet werden. Die Ungereimtheit im Lösungsansatz verliert erst dann an Bedeutung, wenn die verschiedenen Arbeitsverhältnisse nach Art und Umfang annähernd gleichwertig sind. In diesen Fall macht es keinen Unterschied, ob das zeitlich früher oder später begründete Arbeitsverhältnis betroffen ist.

Eine zweite Auffassung wählt keinen chronologischen Ansatzpunkt, sondern richtet sich nach dem Schutzzweck des Arbeitszeitgesetzes. Ausgehend vom Schutz des Arbeitnehmers vor Überbeanspruchung und Ausnutzung abhängiger Arbeitskraft trete das Beschäftigungsverbot stets dann ein, wenn am Ende des Tages oder am Ende der Woche der Arbeitnehmer beschäftigt werde, nachdem die jeweiligen zeitlichen Höchstgrenzen ausgeschöpft seien. Dabei sei unerheblich, ob es sich in diesem Moment um das früher oder später eingegangene Arbeitsverhältnis handelt.[288]

Dieser Ansatz kann jedoch ebenfalls dazu führen, dass der Arbeitgeber des nach Art und Umfang weniger bedeutsamen Arbeitsverhältnisses nach Erreichen der täglichen Höchstarbeitsgrenze den Arbeitnehmer auffordern müsste, die Arbeit einzustellen. Dies wäre zumindest dann der Fall, wenn der Arbeitnehmer ein Zweitarbeitsverhältnis mit geringerem Umfang zeitlich früher am Tag oder früher in der Woche ausübt. Zusätzlich beruht diese Lösung noch auf der ehemali-

286 Prioritätsprinzip; *Meisel/Hiersemann*, AZO, § 2 Rn. 94.

287 *Meisel/Hiersemann*, AZO, § 2 Rn. 96.

288 Präventionsprinzip; *Zmarzlik*, AZO, § 2 Rn. 20; *v.Stebut*, NZA 1987, 257, 261; *Glöckner*, S. 59; *Bock*, S. 162.

gen Arbeitszeitordnung und ist mit dem Arbeitszeitgesetz nur schwerlich in Einklang zu bringen.[289] Denn bei der Erhöhung der werktäglichen Arbeitszeit auf zehn Stunden nach § 3 S. 2 ArbZG bedarf es zur Feststellung, ob die Erhöhung zulässig ist, stets einer Betrachtung der Ausgleichszeiträume im Nachhinein. Die Ad-hoc-Bewertung durch den Präventionsgrundsatz lässt jedoch eine spätere Betrachtungsweise nicht zu. Eine entsprechende Vorschrift zu § 3 S. 2 ArbZG war in der Arbeitszeitordnung noch nicht enthalten.

Eine dritte vermittelnde Ansicht stellt schließlich auf die jeweilige Bedeutung der konkreten Beschäftigung für die Existenzsicherung des Arbeitnehmers ab. Vom Beschäftigungsverbot werde dasjenige Arbeitsverhältnis erfasst, das für die Existenzsicherung des Arbeitnehmers weniger bedeutsam sei.[290] Im Konfliktfall gehe stets das Hauptarbeitsverhältnis vor einem weniger bedeutsamen Nebenarbeitsverhältnis vor.[291] Der Arbeitnehmer habe seine Arbeitskraft vorrangig in dem Arbeitsverhältnis einzusetzen, in dem der zeitliche und finanzielle Schwerpunkt liege.[292]

Diese Auffassung führt bei Arbeitsverhältnissen, die nach ihrer Bedeutung für den Arbeitnehmer in wirtschaftlicher Hinsicht unterschiedlich relevant sind, zu einem effektiven Schutz der Interessen des Arbeitnehmers. Sie ist daher grundsätzlich vorzuziehen. Im Hinblick auf seine Existenzsicherung ist das Arbeitsverhältnis mit dem höheren Zeit- und Einkommensumfang besonders schutzwürdig und schutzbedürftig.[293] Ihm sollte im Konfliktfall der Vorrang gewährt werden.
Handelt es sich hingegen um mehrere gleich bedeutsame Arbeitsverhältnisse, so müssen die aufgestellten Grundsätze außer Betracht bleiben, da auch die existenzsichernde Bedeutung für den Arbeitnehmer jeweils gleich ist. Dementsprechend erscheint es angemessen, in diesem Fall auf das Prioritätsprinzip zurückzugreifen und somit das Beschäftigungsverbot in dem zeitlich später eingegangenen Arbeitsverhältnis eintreten zu lassen.[294] Die Kombination aus Berücksich-

---

[289] So auch MünchArbR-*Blomeyer*, § 55 Rn. 19; *Wank*, Nebentätigkeit, Rn. 162 ff.

[290] *Wank*, Nebentätigkeit, Rn 160 ff.; *Oligmüller*, S. 36 f.

[291] So bereits *Sturn*, BB 1968, 1252.

[292] So auch *Wertheimer/Krug*, BB 2000, 1462, 1463; ähnlich BAG v. 26.8.1993 - 2 AZR 154/93, DB 1993, 2534, 2536: im Fall einer der erheblichen Beeinträchtigung seiner Arbeitsleistung durch eine Nebentätigkeit sei der Arbeitnehmer verpflichtet, seine „Restarbeitszeit" jedenfalls in seinem Hauptarbeitsverhältnis zu verwerten.

[293] Einen eigenständigen Lösungsansatz verfolgt MünchArbR-*Blomeyer*, § 55 Rn. 19: entscheidend solle sein, welches Arbeitsverhältnis der Arbeitnehmer zu seinem Hauptarbeitsverhältnis willentlich bestimmt habe. Hieran erscheint jedoch problematisch, dass der Wille unter Umständen erst durch Auslegung zu ermitteln ist. Praktisch dürfte eine solche Auslegung hingegen zu mit der hier vertretenen Auffassung vergleichbaren Ergebnissen führen.

[294] So ebenfalls *Wank*, Nebentätigkeit, Rn. 164.

tigung der wirtschaftlichen Bedeutung des Arbeitsverhältnisses einerseits und dem zeitlichen Beginn der Arbeitsverhältnisse andererseits führt hier zu einer interessengerechten Lösung.

(b) Rechtswirksamkeit des Arbeitsvertrags

Unabhängig von einem Beschäftigungsverbot vertritt die Rechtsprechung die Auffassung, der Vertrag über das Zweitarbeitsverhältnis sei nichtig im Sinne von § 134 BGB, sofern die Höchstarbeitszeit unter Berücksichtigung der im ersten Arbeitsverhältnis vereinbarten Arbeitszeit sehr erheblich überschritten werde.[295] Bei einer teilweisen oder weniger erheblichen Überschreitung scheide eine Nichtigkeit hingegen aus. In diesem Fall solle lediglich ein Beschäftigungsverbot und damit korrespondierend ein Leistungsverweigerungsrecht des Arbeitnehmers hinsichtlich der darüber hinaus geltenden Arbeitsleistung bestehen.[296] Nach der Rechtsprechung führt eine wesentliche Überschreitung der Höchstarbeitszeiten also zur Nichtigkeit des weiteren Arbeitsvertrags, während die Verpflichtung zu nur vorübergehender Überschreitung um wenige Stunden zwar wirksam begründet werden kann, aber nicht erfüllt werden darf. Diese Auffassung hat auch im Schrifttum Anklang gefunden.[297]

Die Lösung der Rechtsprechung lässt jedoch in zweierlei Hinsicht Schwächen erkennen:
Zum einen ist die schlagwortartige Formel der „sehr erheblichen" Überschreitung in der Praxis schwer handhabbar. Denn bei dieser Formulierung bleibt unklar, wann die Höchstarbeitszeit durch Zusammenrechnung sehr erheblich und wann nur weniger erheblich überschritten wird. Im ersten Fall wäre nach der Rechtsprechung die Nichtigkeit des Zweitarbeitsvertrags die Folge, im zweiten Fall läge lediglich ein Erfüllungshindernis vor.[298]

---

[295] BAG v. 19.6.1959 - 1 AZR 565/57, AP Nr. 1 zu § 611 BGB Doppelarbeitsverhältnis (Überschreitung „auf das Stärkste"); ebenso LAG Nürnberg v. 29.8.1995 - 2 Sa 429/94, AP Nr. 9 zu § 134 BGB. Ferner auch LAG Köln v. 8.11.1983 - 1 Sa 941/83 sowie LAG Bremen v. 7.6.1979 - 3 Sa 289/78 (beide unveröffentlicht).

[296] BAG v. 14.12.1967 - 5 AZR 74/67, AP Nr. 2 zu § 1 AZO, unter 4. der Gründe. Im Fall sollte ein Mechaniker mit einer Arbeitszeit von 41,25 Wochenstunden zusätzlich für vier Tage zur Karnevalszeit abends ein mehrstündiges Engagement als Musiker übernehmen; er hätte hierdurch für die zweite Woche die wöchentliche Höchstarbeitszeit um wenige Stunden überschritten.

[297] *Wertheimer/Krug*, BB 2000, 1462, 1463; *Zmarzlik/Anzinger*, ArbZG, § 3 Rn. 56; MünchArbR-*Anzinger*, § 217 Rn. 18; *Schaub*, § 43 Rn. 14; *Neumann/Biebl*, ArbZG, § 2 Rn. 20; *Meisel/Hiersemann*, AZO, § 2 Rn. 97; *Palme*, BlStSozArbR 1973, 137, 138.

[298] Im Fall BAG v. 19.6.1959 - 1 AZR 565/57, AP Nr. 1 zu § 611 BGB Doppelarbeitsverhältnis, betrug die wöchentliche Arbeitszeit des Arbeitnehmers im ersten Arbeitsverhältnis 45 Stunden, hinzu kam ein weiteres Arbeitsverhältnis mit einer durchschnittlichen täglichen

Zum anderen widerspricht die Auffassung der Rechtsprechung rechtsdogmatischen Gesichtspunkten. Es wird die Nichtigkeitsfolge des § 134 BGB für einen der einzelnen Arbeitsverträge aus der Zusammenrechnung der jeweiligen Arbeitszeiten abgeleitet, obwohl keiner dieser Arbeitsverträge isoliert betrachtet gegen § 3 ArbZG verstößt.[299] Aus § 134 BGB lässt sich jedoch nicht ableiten, dass Rechtsgeschäfte, die jedes für sich genommen wirksam sind, dann nichtig sein sollen, wenn der Gesetzesverstoß gerade durch die Gesamtbetrachtung eintritt.[300]

Es erscheint daher sachgerechter, abweichend von der Rechtsprechung für den Fall, dass erst und einzig die Zusammenrechnung der jeweiligen Arbeitszeiten zu einem Verstoß gegen § 3 ArbZG führt, keine Nichtigkeit des Zweitarbeitsvertrags anzunehmen, sondern es bei dem durch die Überschreitung eintretenden Beschäftigungsverbot zu belassen. Das Beschäftigungsverbot führt zu einem Fall der Unmöglichkeit der Erfüllung der Arbeitspflicht, soweit die Höchstarbeitszeit überschritten wird.[301] Die Annahme rechtlicher Unmöglichkeit beachtet die Rechtsdogmatik und führt zugleich zu einem hinreichenden Schutz des Arbeitnehmers. Damit wird auch dem Umstand Rechnung getragen, dass beide Rechtsverhältnisse ohne erkennbaren Zusammenhang geschlossen wurden. Die vorgeschlagene Lösung ergibt sich auch aus einem Vergleich mit dem mehrfachen Verkauf derselben Sache.[302] Wird ein Gegenstand mehrmals an verschiedene Personen verkauft, so kann der Verkäufer nur einmal leisten, im Übrigen ist ihm die Leistung unmöglich. Auf den rechtlichen Bestand der Kaufverträge als causa hat dies jedoch keinen Einfluss. Ebenso verhält es sich mit der mehrfachen Verpflichtung zur Erbringung von Arbeitsleistung, wenn der Arbeitnehmer hierdurch den gesetzlich zulässigen Arbeitszeitrahmen überschreitet.
Kommt es also gerade durch Zusammenrechnung mehrerer Arbeitszeiten zur Überschreitung der wöchentlichen Höchstarbeitszeit, so führt dies aufgrund des eintretenden Beschäftigungsverbots lediglich zur rechtlichen Unmöglichkeit der Erfüllung der Arbeitspflicht.

Arbeitszeit von sechs Stunden nachmittags und abends. Im Fall LAG Nürnberg v. 29.8.1995 - 2 Sa 429/94, AP Nr. 9 zu § 134 BGB, arbeitete eine Arbeitnehmerin abends 20 Wochenstunden als Datentypistin und zusätzlich in Vollzeit 40 Wochenstunden bei einer Spedition.

299 So auch *v.Stebut*, NZA 1987, 257, 259; *Glöckner*, S. 59; *Callam*, S. 56 f.

300 MünchArbR-*Blomeyer*, § 55 Rn. 20; *Wank*, Nebentätigkeit, Rn. 167.

301 MünchArbR-*Blomeyer*, § 55 Rn. 20; *Wank*, Nebentätigkeit, Rn. 167; *Gift*, BB 1959, 673; *Herschel*, RdA 1964, 44, 45.

302 Vgl. auch *v.Stebut*, NZA 1987, 257, 259.

dd) Weitere arbeitsfreie Zeiten nach dem Arbeitszeitgesetz

Neben der vorstehend erörterten Problematik wirken die Bestimmungen des Arbeitszeitgesetzes zur arbeitsfreien Zeit von Arbeitnehmern auf den Inhalt von Zweitarbeitsverhältnissen ein. Arbeitnehmer dürfen nicht unter Verstoß hiergegen beschäftigt werden. Die Schutznormen des Arbeitszeitgesetzes werden im Folgenden erläutert, soweit sie für Zweitarbeitsverhältnisse von Bedeutung sind.

Gemäß § 4 ArbZG ist die Arbeitszeit in jedem Arbeitsverhältnis, so auch im Zweitarbeitsverhältnis, durch im Voraus feststehende Ruhepausen zu unterbrechen. Ruhepausen sind im Voraus festliegende Unterbrechungen der Arbeitszeit für bestimmte Zeiten, in denen der Arbeitnehmer von der Pflicht zur Arbeitsleistung freigestellt ist. Arbeitnehmer dürfen in dieser Zeit nicht zur Arbeitsleistung herangezogen werden.[303] Ruhepausen sollen dem Arbeitnehmer Gelegenheit zur kurzzeitigen Erholung bieten, um damit Leistungsminderungen und Unfallgefahren vorzubeugen.[304] Länger als sechs Stunden dürfen Arbeitnehmer nach dem Arbeitszeitgesetz nicht ohne eine Ruhepause beschäftigt werden. Die Pausendauer beträgt bei einer Arbeitszeit von mehr als sechs und bis zu neun Stunden mindestens 30 Minuten. Überschreitet die Arbeitszeit eine Dauer von neun Stunden, so erhöht sich die Pausenzeit auf mindestens 45 Minuten. Die Ruhepausen können in Zeitabschnitte von jeweils mindestens 15 Minuten aufgeteilt werden.

Nach Beendigung der täglichen Arbeitszeit müssen Arbeitnehmer eine ununterbrochene Ruhezeit von mindestens 11 Stunden haben (vgl. § 5 Abs. 1 ArbZG). Ausnahmen sind nach § 5 Abs. 2 ArbZG beispielsweise in besonderen Gewerbezweigen wie Krankenhäusern und Gaststätten erlaubt, wenn jede Verkürzung der Ruhezeit innerhalb eines Kalendermonats oder innerhalb von vier Wochen durch Verlängerung einer Ruhezeit auf mindestens 12 Stunden ausgeglichen wird. Darüber hinaus können nach § 5 Abs. 3 ArbZG in Krankenhäusern und Pflegeeinrichtungen Kürzungen der Ruhezeiten durch Inanspruchnahmen während eines Bereitschaftsdienstes oder der Rufbereitschaft bis zu einer Grenze von maximal der Hälfte der Ruhezeit auch zu anderen Zeiten ausgeglichen werden.[305] Für Kraftfahrer und deren Beifahrer gelten nach § 5 Abs. 4 ArbZG iVm der EG-Verordnung Nr. 3820/85 abweichende Ruhezeiten.[306] Eine gesetzliche Definition der Ruhezeit enthält das Arbeitszeitgesetz nicht. Im Allgemeinen

---

303 *Neumann/Biebl*, ArbZG, § 4 Rn. 2.

304 *Baeck/Deutsch*, ArbZG, § 4 Rn. 8.

305 Näher zur Verkürzung der Ruhezeit *Neumann/Biebl*, ArbZG, § 5 Rn. 5 ff., insbesondere Rn. 7 bis 10.

306 Verordnung (EWG) Nr. 3280/85 des Rates vom 20.12.1985 über die Harmonisierung bestimmter Sozialvorschriften im Straßenverkehr vom 31.12.1985, ABl. EG Nr. L 370, S. 1, berichtigt Nr. 206, S. 36.

wird Ruhezeit als die Zeit zwischen dem Ende der Arbeitszeit eines Arbeitstages und ihrem Wiederbeginn am nächsten Arbeitstag bezeichnet.[307] Durch Gewährung einer Ruhezeit soll Arbeitnehmern nach der täglichen Arbeit die Möglichkeit gegeben werden, sich von den Belastungen der Arbeit zu erholen.[308]

Arbeitnehmern, die im Rahmen von Zweitarbeitsverhältnissen beschäftigt sind, ist die Ruhezeit in gleichem Maße zu gewähren. Keiner der Arbeitgeber darf den Arbeitnehmer daher unter Verstoß gegen § 5 ArbZG beschäftigen. Ein Arbeitnehmer, der an einem Tag mehrere Arbeitsverhältnisse ausübt - z.B. morgens für einen Verlag Zeitungen austrägt und nachmittags als Bürokraft tätig ist - darf also nach Beendigung der Büroarbeit von seinem anderen Arbeitgeber erst nach einer elfstündigen Ruhezeit wieder beschäftigt werden.[309]
Bei mehreren Arbeitsverhältnissen eines Arbeitnehmers ist grundsätzlich jeder Arbeitgeber für die Einhaltung der Ruhezeit verantwortlich.[310] Falls eine Verletzung der Ruhezeit durch Ausübung mehrerer Arbeitsverhältnisse droht, ist der Arbeitnehmer daher gehalten, das weitere Arbeitsverhältnis von sich aus mitzuteilen.[311] Damit werden die Arbeitgeber in die Lage versetzt, untereinander eine Abstimmung zu treffen.

Die werktägliche Arbeitszeit von Nachtarbeitnehmern darf acht Stunden nicht überschreiten (§ 6 Abs. 1 S. 1 ArbZG). Nachtarbeitnehmer sind solche Arbeitnehmer, die aufgrund ihrer Arbeitszeitgestaltung normalerweise Nachtarbeit in Wechselschicht verrichten oder Nachtarbeit an mindestens 48 Stunden im Kalenderjahr leisten (§ 2 Abs. 5 ArbZG). Nachtarbeit ist jede Arbeit, die mehr als zwei Stunden der Nachtzeit umfasst, also die Zeit von 23 bis 6 Uhr bzw. bei Bäckereien und Konditoreien die Zeit von 22 bis 5 Uhr (§ 2 Abs. 3, 4 ArbZG). Die werktägliche Arbeitszeit kann abweichend von § 3 S. 2 ArbZG auf bis zu zehn Stunden verlängert werden, wenn innerhalb von einem Kalendermonat oder innerhalb von vier Wochen im Durchschnitt werktäglich acht Stunden nicht überschritten werden. Diese Abweichung gilt hingegen nicht für Zeiträume, in denen Nachtarbeitnehmer nach § 2 Abs. 5 Nr. 2 ArbZG nicht zur Nachtarbeit herangezogen werden (§ 6 Abs. 2 S. 3 ArbZG).[312]

Arbeitnehmer dürfen auch in Zweitarbeitsverhältnissen grundsätzlich nicht an Sonn- und Feiertagen beschäftigt werden (§ 9 Abs. 1 ArbZG). Von diesem Verbot bestehen jedoch zahlreiche gesetzliche Ausnahmen für Arbeitnehmer in be-

---

[307] *Zmarzlik/Anzinger*, ArbZG, § 5 Rn. 5; MünchArbR-*Anzinger*, § 219 Rn. 1.
[308] ErfK-*Wank*, ArbZG, § 5 Rn. 2.
[309] *Baeck/Deutsch*, ArbZG, § 5 Rn. 10.
[310] *Zmarzlik/Anzinger*, ArbZG, § 5 Rn. 24.
[311] Vgl. hierzu bereits *§ 2 I. 1. a) aa).*
[312] Näher zum eingeschränkten Ausgleichszeitraum bei Nachtarbeit *Baeck/Deutsch*, ArbZG, § 6 Rn. 31 ff.

stimmten Wirtschaftszweigen, sofern die Arbeiten nicht an Werktagen vorgenommen werden können (§ 10 Abs. 1 ArbZG).[313] Daneben kann für Kraftfahrer und deren Beifahrer der Beginn der 24-stündigen Sonn- und Feiertagsruhe um bis zu zwei Stunden vorverlegt werden (§ 9 Abs. 3 ArbZG). Hervorzuheben sind schließlich Ausnahmen für Arbeitnehmer, die in bestimmten durchgehenden Produktionen beschäftigt werden, sowie für Arbeitnehmer in Bäckereien und Konditoreien, die bis zu drei Stunden zur Herstellung, Lieferung und Verkauf von Backwaren beschäftigt werden dürfen (§ 10 Abs. 2, 3 ArbZG).[314]

c) Ergebnis

Arbeitnehmer, die mehrere Arbeitsverhältnisse nebeneinander ausüben, dürfen insgesamt nicht über die Höchstgrenze der Arbeitszeit hinaus beschäftigt werden. Kommt es dennoch zur Überschreitung der Höchstarbeitszeit, so tritt das Beschäftigungsverbot primär in dem Arbeitsverhältnis ein, das für den Arbeitnehmer nach Art und Umfang die geringere Bedeutung im Hinblick auf seine Existenzsicherung aufweist. Bei gleich bedeutsamen Arbeitsverhältnissen ist das zeitlich später begründete Arbeitsverhältnis von dem Beschäftigungsverbot betroffen.

Wird in einem von mehreren Arbeitsverhältnissen eine Arbeitszeit vereinbart, die gerade durch die Zusammenrechnung der verschiedenen Arbeitszeiten zu einer Überschreitung der zulässigen Höchstarbeitszeit führt, so liegt auch bei erheblicher Überschreitung keine Nichtigkeit des Arbeitsvertrags vor. Das eintretende Beschäftigungsverbot führt zur rechtlichen Unmöglichkeit der Erfüllung der Arbeitspflicht.

Darüber hinaus ist bei Ausübung von Zweitarbeitsverhältnissen des Arbeitnehmers vor allem die Einhaltung der gesetzlichen Ruhezeit von mindestens elf Stunden je Arbeitstag zu beachten. Bei drohenden Verstößen gegen die Ruhezeit ist der Arbeitnehmer von sich aus zur Mitteilung weiterer Arbeitsverhältnisse verpflichtet.

4. Jugendarbeitsschutzgesetz

Für Beschäftigte unter 18 Jahren gelten an Stelle des Arbeitszeitgesetzes die Bestimmungen des Jugendarbeitsschutzgesetzes (§ 18 Abs. 2 ArbZG). Sie modifizieren das allgemeine Arbeitszeitrecht im Interesse einer erhöhten Schutzbedürftigkeit von Heranwachsenden.

---

[313] Zu den Ausnahmebeständen des § 10 Abs. 1 ArbZG im Einzelnen ErfK-*Wank*, ArbZG, § 10 Rn. 4 ff.

[314] Ausführlich zur Zulässigkeit von Sonn- und Feiertagsarbeit *Neumann/Biebl*, ArbZG, §§ 9, 10.

Das Jugendarbeitsschutzgesetz unterscheidet in seinem Anwendungsbereich zwischen Jugendlichen und Kindern. Jugendliche im Sinne des Jugendarbeitsschutzgesetzes sind Personen zwischen 15 und 18 Jahren (§ 2 Abs. 2 JArbSchG). Kinder sind Personen unter 15 Jahren (§ 2 Abs. 1 JArbSchG). Jugendliche, die noch der Vollzeitschulpflicht unterliegen, sind Kindern gleichgestellt (§ 2 Abs. 3 JArbSchG).[315]

a) Höchstarbeitszeit nach dem Jugendarbeitsschutzgesetz

Die zulässige Höchstarbeitszeit ist durch das Jugendarbeitsschutzgesetz strikter ausgestaltet als in § 3 ArbZG. Gemäß § 8 Abs. 1 JArbSchG dürfen Jugendliche nicht mehr als acht Stunden täglich und nicht mehr als 40 Stunden wöchentlich beschäftigt werden. Die Beschäftigung von Kindern ist grundsätzlich verboten (§ 5 Abs. 1 JArbSchG).[316]
Die Höchstdauer der zulässigen Arbeitszeit von Jugendlichen orientiert sich anders als nach § 3 ArbZG an der täglichen Arbeitszeit, nicht an der werktäglichen. Eine Verlängerungsmöglichkeit dieser Arbeitszeit im Zusammenhang mit einem Ausgleichszeitraum ist im Jugendarbeitsschutzgesetz nicht vorgesehen. Anders als nach dem Arbeitszeitgesetz ist die wöchentliche Arbeitszeit von Jugendlichen daher grundsätzlich auf 40 Stunden begrenzt.[317]
§ 8 Abs. 1 JArbSchG stellt zwingendes Schutzrecht zugunsten des jugendlichen Arbeitnehmers dar.[318] Abweichende privatvertragliche Bestimmungen zu Lasten des Jugendlichen sind gemäß § 134 BGB nichtig.[319] Die Beschäftigung Jugendlicher unter Verstoß gegen die zulässige Höchstarbeitszeit stellt zudem eine Ordnungswidrigkeit nach § 58 Abs. 1 Nr. 5 JArbSchG dar; tritt eine Gefährdung der Gesundheit oder Arbeitskraft des Jugendlichen hinzu, liegt ein Straftatbestand vor (§ 58 Abs. 5, 6 JArbSchG).

---

[315] Der Begriff der Vollzeitschulpflicht ergibt sich aus dem sog. Hamburger Abkommen - Hamburger Abkommen zwischen den Ländern der Bundesrepublik zur Vereinheitlichung auf dem Gebiet des Schulwesens vom 28.10.1964, BT-Drucks. 7/2305, S. 26 - in Verbindung mit den Schulpflichtgesetzen der Länder. Sie beträgt heute in der Mehrzahl der Bundesländer neun Schuljahre, in Berlin, Brandenburg, Bremen und Nordrhein-Westfalen zehn Schuljahre; weiterführend *Zmarzlik/Anzinger*, JArbSchG, § 2 Rn. 14 f.

[316] Zu den Ausnahmen des Beschäftigungsverbots von Kindern und vollzeitschulpflichtigen Jugendlichen ausführlich MünchArbR-*Zmarzlik*, § 231 Rn. 3 ff.

[317] Ausnahmen hierzu bestehen nach § 8 Abs. 2 bis 3 JArbSchG, etwa bei Arbeitsausfall in Verbindung mit Feiertagen oder bei Beschäftigung in der Landwirtschaft; im Einzelnen hierzu *Zmarzlik/Anzinger*, JArbSchG, § 8 Rn. 16 ff.

[318] ErfK-*Schlachter*, JArbSchG, § 8 Rn. 1; *Molitor/Volmer/Germelmann*, JArbSchG, § 8 Rn. 4.

[319] Vgl. nur *Oligmüller*, S. 49. Kollektivvertraglich sind jedoch nach § 21 a JArbSchG in begrenztem Umfang Abweichungen möglich, hierzu näher *Zmarzlik/Anzinger*, JArbSchG, § 21 a Rn. 20 f.

b) Zusammenrechnung der Arbeitszeiten bei Zweitarbeitsverhältnissen

Die Arbeitszeiten und die Arbeitstage eines Kindes oder Jugendlichen, der von mehreren Arbeitgebern beschäftigt wird, sind gemäß § 4 Abs. 5 JArbSchG zusammenzurechnen. Verfügt der Jugendliche daher über mehrere Arbeitsverhältnisse, so treten bei Überschreitung der Höchstarbeitszeiten durch Zusammenrechnung ähnliche Probleme auf, wie dies beim allgemeinen Arbeitszeitschutz der Fall ist.[320]

Die Frage nach dem Adressaten des Beschäftigungsverbots sowie der Rechtswirksamkeit des Arbeitsvertrags, der zu einer Überschreitung der Höchstarbeitszeiten des Jugendlichen führt, ist an dieser Stelle jedoch differenziert zu beantworten.

aa) Beschäftigungsverbot

Anders als volljährige Arbeitnehmer bestreiten Jugendliche ihren Lebensunterhalt zum überwiegenden Teil noch aus der finanziellen Unterstützung ihrer Eltern.[321] Sie schaffen daher in aller Regel mit der Aufnahme von Arbeitsverhältnissen keine Erwerbsquelle, die der Sicherung ihrer Existenz bestimmt ist. Abweichend von der zu § 3 ArbZG vertretenen Lösung ist es deshalb im Fall von Zweitarbeitsverhältnissen Jugendlicher sachgerechter, für die Frage nach dem Adressaten des Beschäftigungsverbots nicht nach der Existenzsicherungsfunktion des jeweiligen Arbeitsverhältnisses zu differenzieren. Vielmehr ist in diesem Fall darauf abzustellen, welches Arbeitsverhältnis der Jugendliche zeitlich später begründet hat.[322] Damit wird auch der Rechtssicherheit in erhöhtem Maße Rechnung getragen. Das Beschäftigungsverbot tritt bei Zweitarbeitsverhältnissen demnach in dem zeitlich später eingegangenen Arbeitsverhältnis ein.

bb) Rechtswirksamkeit des Arbeitsvertrags

Ein zweiter Arbeitsvertrag, der durch die Zusammenrechnung der jeweiligen Arbeitszeiten zu einer erheblichen Überschreitung der Höchstarbeitszeit führt, ist abweichend von der zu § 3 Abs. 1 S. 1 ArbZG vertretenen Lösung wegen Verstoßes gegen § 8 Abs. 1 JArbSchG nichtig.[323] Bei nur geringfügiger Über-

---

[320] Zur Problematik nach dem Arbeitszeitgesetz vgl. *§ 2 II. 3. b)*.

[321] So auch *Wank*, Nebentätigkeit, Rn. 178.

[322] *Zmarzlik/Anzinger*, JArbSchG, § 4 Rn. 38; *Schoden*, ArbZG, § 4 Rn. 29.

[323] *Wank*, Nebentätigkeit, Rn.177; *Oligmüller*, S. 49; *Zmarzlik/Anzinger*, JArbSchG, § 4 Rn. 38; *Molitor/Volmer/Germelmann*, JArbSchG, § 4 Rn. 43; für die Annahme rechtlicher Unmöglichkeit auch in diesen Fällen hingegen MünchArbR-*Blomeyer*, § 55 Rn. 21.

schreitung der Höchstarbeitszeit besteht hinsichtlich der über die Grenzen des Jugendarbeitsschutzgesetzes hinausgehenden Arbeitszeit ein Beschäftigungsverbot innerhalb des später begründeten Zweitarbeitsverhältnisses.[324]
Diese Lösung, die im Rahmen des allgemeinen Arbeitszeitrechts aufgrund der Rechtsdogmatik abzulehnen ist, erscheint aufgrund der besonderen Bedeutung des Jugendschutzes zwingend.[325] Der Jugendliche soll durch die Begrenzung seiner Arbeitszeit in seiner körperlichen Entwicklung geschützt werden. Hierzu bedarf er ausreichender Zeit zur Erholung und Entfaltung seiner Persönlichkeit.[326] Der jugendliche Körper, der noch im Werden begriffen ist, ist ungleich stärker der Gefahr einer Überbeanspruchung ausgesetzt als der Körper eines Erwachsenen. Um seelische und körperliche Schäden des Jugendlichen zu vermeiden, erscheint die Nichtigkeit solcher Vereinbarungen, die zu einem erheblichen Verstoß gegen § 8 Abs. 1 JArbSchG führen, unvermeidlich. Hiervon geht zugleich eine Signalfunktion für die Parteien eines gegen die Höchstarbeitszeit verstoßenden Arbeitsvertrags aus, die entsprechende Vertragsabschlüsse bereits von vornherein verhindern könnte. Für bereits erbrachte Arbeitsleistungen in einem nichtigen Zweitarbeitsverhältnis entsteht dem Jugendlichen schließlich auch bei Nichtigkeit des Arbeitsvertrags kein wirtschaftlicher Schaden, da er aufgrund der Grundsätze des fehlerhaften Vertrags für geleistete Arbeit Vergütung beanspruchen kann.[327]

c) Weitere Schutznormen des Jugendarbeitsschutzgesetzes

Im Folgenden wird eine Übersicht über weitere Normen des Jugendarbeitsschutzes gegeben, soweit sie gerade für die Ausübung von Zweitarbeitsverhältnissen von besonderer Bedeutung sind. Kollektivvertraglich kann nach § 21 a JArbSchG vereinzelt von den folgenden Bestimmungen abgewichen werden. Die Verletzung der folgenden Beschäftigungsverbote ist nach § 58 JArbSchG straf- bzw. bußgeldbewehrt.

Jugendliche Arbeitnehmer dürfen nicht länger als viereinhalb Stunden ohne Ruhepause beschäftigt werden (§ 11 Abs. 4 S. 2 JArbSchG). Nach § 11 Abs. 1 JArbSchG ist ihnen ab einer Arbeitszeit von viereinhalb bis sechs Stunden eine Pause von mindestens 30 Minuten zu gewähren; bei einer Arbeitszeit von mehr als sechs Stunden besteht Anspruch auf mindestens eine Stunde Ruhepause.

---

324 Dies entspricht der Rechtsprechung des BAG zur Problematik nach dem Arbeitszeitgesetz; vgl. BAG v. 19.6.1959 - 1 AZR 565/57, AP Nr. 1 zu § 611 BGB Doppelarbeitsverhältnis; BAG v. 14.12.1967 - 5 AZR 74/67, AP Nr. 2 zu § 1 AZO.

325 So auch *Oligmüller*, S. 49. Zur Problematik innerhalb des allgemeinen Arbeitszeitrechts *§ 2 II. 3. b) cc) (2).*

326 *Zmarzlik/Anzinger*, JArbSchG, § 8 Rn. 2.

327 *Molitor/Volmer/Germelmann*, JArbSchG, § 4 Rn. 44.

Ferner haben Jugendliche gemäß § 13 JArbSchG nach Beendigung ihrer täglichen Arbeitszeit Anspruch auf eine ununterbrochene tägliche Freizeit von mindestens zwölf Stunden.[328] In dieser Zeit sind sie von jeder Beschäftigung freizustellen. Ist der Jugendliche im Rahmen von Zweitarbeitsverhältnissen beschäftigt, so bedeutet dies, dass er vor Ablauf von zwölf Stunden in keinem der Arbeitsverhältnisse erneut beschäftigt werden darf.[329]
Jugendliche dürfen darüber hinaus nur in der Zeit von sechs bis 20 Uhr beschäftigt werden (§ 14 Abs. 1 JArbSchG). Zugunsten bestimmter Gewerbezweige, wie Bäckereien oder der Landwirtschaft, wird dieses Beschäftigungsverbot jedoch vielfach durchbrochen.[330]
Jugendliche dürfen zudem nur an fünf Tagen in der Woche beschäftigt werden; die beiden wöchentlichen Ruhetage sollen nach Möglichkeit aufeinander folgen (§ 15 JArbSchG). Jugendliche dürfen schließlich gemäß §§ 16, 17 JArbSchG an Samstagen und Sonntagen nicht beschäftigt werden.[331] Insgesamt führt dies dazu, dass die freien Tage der jugendlichen Arbeitnehmer grundsätzlich auf das Wochenende fallen.[332]

d) Ergebnis

Die im Vergleich zum Arbeitszeitgesetz stringentere Regelung der Höchstarbeitszeiten des Jugendlichen findet ihren Niederschlag auch bei den Rechtsfolgen einer Überschreitung.
Übt der Jugendliche mehrere Arbeitsverhältnisse aus, so sind die Arbeitszeiten aus den jeweiligen Arbeitsverhältnissen - ähnlich wie nach § 2 ArbZG - zusammenzurechnen. Die besondere Bedeutung des Jugendschutzes führt jedoch zu einer vom Arbeitzeitrecht der volljährigen Arbeitnehmer abweichenden Lösung, falls gerade die Zusammenrechnung eine Überschreitung der Höchstarbeitszeit bewirkt.
Im Fall einer erheblichen Überschreitung der Höchstarbeitszeit erweist sich das zeitlich später begründete Zweitarbeitsverhältnis als nichtig. Darüber hinaus tritt abweichend von der zum Arbeitszeitgesetz vertretenen Lösung bei Überschreitung der Höchstarbeitszeit auch das Beschäftigungsverbot im zeitlich später begründeten Arbeitsverhältnis ein.

---

[328] Als Ausnahme hiervon kann die Freizeit in der Binnenschifffahrt nach § 20 Nr. 1 JArbSchG auf zehn Stunden verkürzt werden. Wirken Jugendliche etwa bei Musikaufführungen bis 23 Uhr mit, so muss die Dauer der Freizeit nach § 14 Abs. 7 JArbSchG 14 Stunden betragen.

[329] ErfK-*Schlachter*, JArbSchG, § 13 Rn. 5.

[330] Hierzu ausführlich *Molitor/Volmer/Germelmann*, JArbSchG, § 14 Rn. 10 ff.

[331] Die Samstags- und Sonntagsruhe wird wiederum zugunsten zahlreicher Gewerbezweige durchbrochen; weiter gehend hierzu MünchArbR-*Anzinger*, § 232 Rn. 86 ff. und 91 ff.

[332] *Schoden*, JArbSchG, § 15 Rn. 1; *Molitor/Volmer/Germelmann*, JArbSchG, § 15 Rn. 5.

Die Möglichkeiten für Jugendliche, Zweitarbeitsverhältnisse auszuüben, sind eng begrenzt. Hierzu trägt einmal die wöchentliche Höchstarbeitszeit von 40 Stunden bei. Zusätzlich dürfen Jugendliche Zweitarbeitsverhältnisse auch nicht am Wochenende, an Feiertagen oder außerhalb der Zeit von 6 Uhr bis 20 Uhr ausüben. Ferner ist Jugendlichen eine tägliche ununterbrochene Freizeit von mindestens zwölf Stunden zwischen dem Ende der täglichen Arbeit und dem Beginn eines neues Arbeitstages zu gewähren. Zweitarbeitsverhältnisse können somit grundsätzlich nur montags bis freitags und nur unmittelbar vor oder nach einem anderen Arbeitsverhältnis ausgeübt werden.

5. Mutterschutzgesetz

a) Höchstarbeitszeit nach dem Mutterschutzgesetz

Werdende und stillende Mütter dürfen nach § 8 Abs. 1 MuSchG nicht mit Mehrarbeit beschäftigt werden. Das Mehrarbeitsverbot stellt gegenüber den Arbeitszeitregelungen des Arbeitszeitgesetzes und des Jugendarbeitsschutzgesetzes eine vorrangige Spezialregelung dar.[333]
Der Begriff der Mehrarbeit ist gemäß § 8 Abs. 2 MuSchG in Abhängigkeit vom Alter der Arbeitnehmerin definiert. Arbeitnehmerinnen unter 18 Jahren dürfen nicht mehr als 8 Stunden täglich oder 80 Stunden in der Doppelwoche beschäftigt werden. Bei sonstigen Arbeitnehmerinnen beträgt die Höchstdauer achteinhalb Stunden täglich oder 90 Stunden in der Doppelwoche. In die Doppelwoche werden jeweils die Sonntage eingerechnet. Das Mehrarbeitsverbot führt im Interesse des Schutzes von Mutter und Kind zu kürzeren Höchstarbeitszeiten als nach dem Arbeitszeitgesetz.[334] In Einzelfällen besteht nach § 8 Abs. 6 MuSchG die Möglichkeit, behördliche Ausnahmen zuzulassen. Im Übrigen können die Vertragsparteien nicht zu Lasten der Arbeitnehmerin auf die Einhaltung dieser Mindestbestimmung verzichten.[335] Das Mehrarbeitsverbot des § 8 Abs. 1 MuSchG stellt insofern zwingendes Recht dar. Der Arbeitgeber begeht nach § 21 Abs. 1 Nr. 3 MuSchG auch dann eine Ordnungswidrigkeit, wenn er die Arbeitnehmerin auf ihren ausdrücklichen Wunsch unter Verstoß gegen § 8 MuSchG beschäftigt.[336]
Darf eine werdende oder stillende Mutter aufgrund des Mehrarbeitsverbots nicht während der vertraglich vereinbarten Arbeitszeit beschäftigt werden, so hat sie nach § 11 Abs. 1 S. 1 MuSchG als Lohnersatzleistung Anspruch auf Mutterschutzlohn gegen ihren Arbeitgeber, soweit sie nicht nach § 200 RVO Mutter-

---

[333] *Zmarzlik/Zipperer/Viethen*, MuSchG, § 8 Rn. 11.
[334] Zur Arbeitszeit nach dem Arbeitszeitgesetz vgl. *§ 2 II. 3. a)*.
[335] *Buchner/Becker*, MuSchG, § 8 Rn. 6; *Oligmüller*, S. 52.
[336] *Zmarzlik/Zipperer/Viethen*, MuSchG, § 8 Rn. 8; *Buchner/Becker*, MuSchG, § 8 Rn. 6.

schaftsgeld beziehen kann.[337] Darüber hinaus gewährt § 11 MuSchG auch Entgeltschutz bei den anderen Beschäftigungsverboten des Mutterschutzgesetzes.[338] Hiermit soll verhindert werden, dass die werdende Mutter aus Sorge um Entgelteinbußen gesundheitsgefährdende Arbeiten übernimmt oder ihre Arbeit entgegen einem Beschäftigungsverbot unverändert fortsetzt.[339]

b) Zusammenrechnung der Arbeitszeiten bei Zweitarbeitsverhältnissen

Anders als nach § 2 Abs. 1 S. 1 Hs. 2 ArbZG und § 4 Abs. 5 JArbSchG enthält das Mutterschutzgesetz keine ausdrückliche Anordnung der Zusammenrechnung von Arbeitszeiten bei mehreren Arbeitgebern. Zu berücksichtigen ist jedoch, dass das Mutterschutzgesetz insofern lediglich eine spezielle Ausformung des allgemeinen Arbeitszeitschutzes darstellt.[340] Auch ohne eine ausdrückliche Anordnung innerhalb des Mutterschutzgesetzes ist die Zusammenrechnungspflicht des Arbeitszeitgesetzes auf Zweitarbeitsverhältnisse werdender oder stillender Mütter daher sinngemäß anwendbar.[341]

Übt eine Arbeitnehmerin mehrere Arbeitsverhältnisse aus und führt die Zusammenrechnung der jeweiligen Arbeitszeiten zur Überschreitung der Höchstarbeitszeit des § 8 Abs. 1 MuSchG, so kommt es zu einem Beschäftigungsverbot entsprechend den zum Arbeitszeitgesetz dargelegten Grundsätzen. Das Beschäftigungsverbot trifft daher grundsätzlich dasjenige Arbeitsverhältnis, das für die werdende oder stillende Mutter die geringere Bedeutung für ihre Existenzsicherung aufweist. Eine Durchbrechung dieses Grundsatzes zugunsten einer generellen Anwendung des Prioritätsprinzips ist bei dieser Personengruppe nicht angezeigt, da der Lebensunterhalt, anders als bei Jugendlichen, nicht mehr durch das Elternhaus unterstützt wird.[342]
Eine vertragliche Vereinbarung innerhalb des Zweitarbeitsverhältnisses, die aufgrund der Zusammenrechnung der Arbeitszeiten zu einer erheblichen Über-

---

[337] Anspruch auf Mutterschutzlohn besteht indes nur, wenn allein das mutterschutzrechtliche Beschäftigungsverbot dazu führt, dass die Schwangere mit der Arbeit aussetzt; vgl. BAG v. 22.3.1995 - 5 AZR 874/93, DB 1995, 2274. Zu § 11 MuSchG eingehend ErfK-*Schlachter*, MuSchG, § 11 Rn. 2 ff.; zum Mutterschaftsgeld weiterführend *Zmarzlik/Zipperer/Viethen*, RVO, § 200, insb. Rn. 12 ff.; MünchArbR-*Heenen*, § 226 Rn. 58 ff.

[338] Hierzu sogleich unter *§ 2 II. 5. c)*.

[339] BAG v. 28.6.1963 - 1 AZR 353/62, AP Nr. 2 zu § 10 MuSchG, unter 4. a) der Gründe (noch zur Vorläuferregelung des § 10 MuSchG a.F.); BAG v. 8.8.1990 - 5 AZR 584/89, NJW 1991, 62.

[340] *Zmarzlik/Zipperer/Viethen*, MuSchG, § 8 Rn. 11.

[341] Ebenso *Glöckner*, S. 60 f.; *Wank*, Nebentätigkeit, Rn. 181; *Oligmüller*, S. 52; *Gift*, BB 1959, 43, 44.

[342] *Wank*, Nebentätigkeit, Rn. 182.

schreitung der Höchstarbeitszeiten führt, ist gemäß § 134 BGB nichtig.[343] Entsprechenden Vereinbarungen ist aufgrund der überragenden Schutzgüter des Mutterschutzgesetzes von vornherein die Wirksamkeit zu versagen. Der Schutz des werdenden Lebens und der Gesundheit der Schwangeren machen eine Nichtigkeitsfolge erforderlich. Hierdurch wird zugleich eine Signalfunktion an den Arbeitgeber erzeugt, entsprechende Vereinbarungen zu unterlassen.[344] Dogmatische Bedenken müssen demgegenüber zurückstehen.[345]

c) Weitere Schutznormen des Mutterschutzgesetzes

Neben dem Verbot der Mehrarbeit sind in § 8 Abs. 1 MuSchG weitere Beschäftigungsverbote enthalten.
Werdende und stillende Mütter dürfen danach nicht in der Nacht zwischen 20 und 6 Uhr und nicht an Sonn- und Feiertagen beschäftigt werden.[346] Für beide Beschäftigungsverbote enthält § 8 Abs. 3 bzw. 4 MuSchG für bestimmte Gewerbezweige wie Gastronomie oder Hotellerie Ausnahmebestimmungen.[347] Eine Abweichung vom Nachtarbeitsverbot ist nach § 8 Abs. 3 MuSchG jedoch nur bei Schwangeren innerhalb der ersten vier Schwangerschaftsmonate oder bei stillenden Müttern möglich. Darüber hinaus können im Einzelfall auch behördliche Ausnahmen zugelassen werden (§ 8 Abs. 6 MuSchG).[348]
Schließlich sind weitere Beschäftigungsverbote zu beachten, insbesondere das Verbot der Beschäftigung mit schweren körperlichen oder gesundheitsgefährdenden Arbeiten (§ 4 MuSchG), das Verbot der Beschäftigung nach ärztlichem

---

343 *Wank*, Nebentätigkeit, Rn. 182; *Oligmüller*, S. 53.

344 Auch hier entsteht der Schwangeren für unter Verstoß gegen § 8 MuSchG bereits geleistete Arbeit kein wirtschaftlicher Schaden, da auf die Grundsätze des fehlerhaften Vertrages zurückgegriffen werden kann; vgl. hierzu bereits die Nachweise bei Fußnote 285.

345 Hierzu unter *§ 2 II. 3. b) cc) (2) (b)*.

346 Wird ein Arbeitsvertrag, der Nachtarbeit vorsieht, in beiderseitiger Unkenntnis der Vertragsparteien von einer bereits bestehenden Schwangerschaft auf unbestimmte Zeit geschlossen, so darf das Beschäftigungsverbot des § 8 Abs.1 MuSchG aufgrund der Richtlinie 76/207/EWG (Gleichbehandlungsrichtlinie) nicht zur Nichtigkeit des Vertrags führen; vgl. EuGH v. 5.5.1994 - Rs. C-421/92 (*Gabriele Habermann-Beltermann / Arbeiterwohlfahrt*), NZA 1994, 609 f.

347 Zu diesen Ausnahmen ausführlich *Buchner/Becker*, MuSchG, § 8 Rn. 23 ff. und 33 ff; zur uneingeschränkten Geltung der Ausnahmebestimmungen auch für Teilzeitbeschäftigte vgl. BAG v. 12.12.1990 - 5 AZR 16/90, AP Nr.3 zu § 8 MuSchG 1968, unter I. 3. der Gründe.

348 Zur Bedeutung behördlicher Ausnahmegenehmigungen für die rechtliche Beurteilung des Arbeitsvertrags, durch den sich die Schwangere zur Nachtarbeit verpflichtet, vgl. BAG v. 8.9.1988 - 2 AZR 102/88, NZA 1989, 178 ff.

Attest sowie in den letzten sechs Wochen vor der Entbindung (§ 3 MuSchG).[349] Sie stellen für hiergegen verstoßende Arbeitgeber bußgeldbewehrte Ordnungswidrigkeiten, im Einzelfall auch eine Straftat dar (§ 21 MuSchG).

d) Ergebnis

Das Mehrarbeitsverbot des § 8 MuSchG bildet eine vorrangige Spezialregelung für das Arbeitszeitrecht werdender und stillender Mütter.
Die Arbeitszeiten aus mehreren Arbeitsverhältnissen sind auch innerhalb des Mutterschutzgesetzes zusammenzurechnen.
Eine aus der Zusammenrechnung resultierende Überschreitung der Höchstarbeitszeiten führt zu einem Beschäftigungsverbot innerhalb desjenigen Arbeitsverhältnisses, das für die betroffene Arbeitnehmerin die für ihre Existenzsicherung geringere Bedeutung besitzt.
Eine vertragliche Vereinbarung im Rahmen des Zweitarbeitsverhältnisses, die infolge der Zusammenrechnung der verschiedenen Arbeitszeiten zu einer erheblichen Überschreitung der Höchstarbeitszeiten führt, ist nichtig.

6. Bundesurlaubsgesetz

Arbeitnehmer haben nach § 1 BUrlG in jedem Kalenderjahr Anspruch auf bezahlten Erholungsurlaub. Hierzu sind sie von ihrem Arbeitgeber für die gesetzliche Mindesturlaubszeit von 24 Werktagen unter Zahlung von Urlaubsentgelt von der Arbeitspflicht freizustellen (§§ 3 Abs. 1, 11 Abs. 1 BUrlG). Der Urlaub gibt Arbeitnehmern die Gelegenheit zur selbstbestimmten Erholung. Ein konkretes Erholungsbedürfnis setzt der Urlaubsanspruch nicht voraus.[350]

Sind Arbeitnehmer im Rahmen von Zweitarbeitsverhältnissen beschäftigt, so entstehen in jedem Arbeitsverhältnis gesonderte und voneinander unabhängige Urlaubsansprüche.[351]
Für die Ausübung von Zweitarbeitsverhältnissen ist in besonderem Maße relevant, welche Pflichten den Arbeitnehmer während einer Urlaubsfreistellung treffen und wie sich die Neuaufnahme oder die Fortführung eines Zweitarbeitsverhältnisses auf diesen Pflichtenkreis auswirken. Herausragende Bedeutung hat hierbei die Bestimmung des § 8 BUrlG, der die Zulässigkeit von Erwerbstätigkeiten des Arbeitnehmers während des Urlaubs regelt.

---

[349] Zum Beweiswert schriftlich erklärter Beschäftigungsverbote nach § 3 Abs. 1 MuSchG vgl. BAG v. 1.10.1997 - 5 AZR 685/96, DB 1998, 80 f.

[350] Allg. Meinung in Rechtsprechung und Schrifttum; vgl. nur BAG v. 20.6.2000 - 9 AZR 405/99, BB 2000, 2313, 2314; *Leinemann/Linck*, BUrlG, § 1 Rn. 5.

[351] ErfK-*Dörner*, BUrlG, § 1 Rn. 24; MünchArbR-*Schüren*, Ergänzungsband, § 162 Rn. 262.

a) Urlaubszweckwidrige Erwerbstätigkeit des Arbeitnehmers

Nach § 8 BUrlG ist es Arbeitnehmern untersagt, während der Dauer ihres Urlaubs eine „dem Urlaubszweck widersprechende Erwerbstätigkeit" auszuüben.

Zur näheren Betrachtung dieser Bestimmung sind zwei mögliche Fallgestaltungen zu differenzieren. Einmal kann es während des Urlaubs in einem Arbeitsverhältnis zur Aufnahme eines Zweitarbeitsverhältnisses kommen. Zum anderen ist die Fortführung bereits bestehender Zweitarbeitsverhältnisse auf ihre Übereinstimmung mit dem Urlaubszweck zu untersuchen. Dies macht eine Konkretisierung der urlaubszweckwidrigen Erwerbstätigkeit erforderlich.

aa) Konkretisierung der urlaubszweckwidrigen Erwerbstätigkeit

Eine Erwerbstätigkeit wird allgemein als Tätigkeit umschrieben, die auf den Erwerb von Gegenleistungen in Form von Geld oder geldwerten Leistungen gerichtet ist.[352] Auch Zweitarbeitsverhältnisse fallen daher unter den Begriff der Erwerbstätigkeit. Anders sind Tätigkeiten zu beurteilen, die nur dem eigenen Nutzen dienen. Die Arbeit am eigenen Haus beispielsweise oder Gefälligkeitsarbeiten für Nachbarn oder Verwandte werden von § 8 BUrlG nicht erfasst, da sie nicht um einer Geldleistung willen erfolgen.[353] Auch Tätigkeiten zum Zweck der Aus- und Fortbildung fallen nicht unter § 8 BUrlG.[354]

Eine Erwerbstätigkeit widerspricht dem Urlaubszweck, wenn sich der Arbeitnehmer hierdurch die mit der Arbeitsbefreiung gegebene Möglichkeit nimmt, das angestrebte Ziel einer selbstbestimmten Erholung zu verwirklichen.[355] Andererseits begründet das Bundesurlaubsgesetz keine Pflicht zur Erholung oder stellt sonst eine allgemeine Reglementierung der Urlaubsgestaltung dar.[356] Die Urlaubszweckwidrigkeit einer Erwerbstätigkeit kann deshalb nicht pauschal be-

---

[352] Vgl. BAG v. 20.10.1983 - 6 AZR 590/80, AP Nr. 5 zu § 47 BAT; *Leinemann/Linck*, BUrlG, § 8 Rn. 2; *Bachmann* in GK-BUrlG, § 8 Rn. 3; *Boldt/Röhsler*, BUrlG, § 8 Rn. 9; *Natzel*, BUrlG, § 8 Rn. 10; weiter gehend *Dersch/Neumann*, BUrlG, § 8 Rn. 4: Erwerbstätigkeit könne auch im Erwerb ideeller Leistungen liegen.

[353] *Leinemann/Linck*, BUrlG, § 8 Rn. 3 f.; *Boldt/Röhsler*, BUrlG, § 8 Rn. 11; *Natzel*, BUrlG, § 8 Rn. 18.

[354] BAG v. 20.10.1983 - 6 AZR 590/80, AP Nr. 5 zu 3 47 BAT; *Leinemann/Linck*, BUrlG, § 8 Rn. 3; ErfK-*Dörner*, BUrlG, § 8 Rn. 3.

[355] MünchArbR-*Leinemann*, § 91 Rn. 50; ErfK-*Dörner*, BUrlG, § 8 Rn. 5; *Leinemann/Linck*, BUrlG, § 8 Rn. 6.

[356] *Bachmann* in GK-BUrlG, § 8 Rn. 1.

urteilt werden, sondern unterliegt stets einer sorgfältigen Prüfung im Einzelfall.[357]
Zunächst bilden Art und Dauer der Erwerbstätigkeit Indizien für eine Zweckwidrigkeit.[358] So deutet eine Erwerbstätigkeit auf eine Zweckwidrigkeit hin, wenn sie die volle tägliche Arbeitszeit beansprucht. Andererseits bestehen gegen eine stundenweise Aushilfe an wenigen Tagen kaum Bedenken.[359]
Ist die Erwerbstätigkeit zugleich Gegenstand des Hauptarbeitsverhältnisses, so liegt ein weiterer Anhaltspunkt für eine dem Urlaubszweck widersprechende Tätigkeit vor.[360] So wird etwa ein angestellter Fliesenleger, der seinen Urlaub dazu nutzt, seine Arbeitskraft in gleicher Weise für ein anderes Unternehmen zu verwenden, in tatsächlicher Hinsicht keinen Urlaub machen. Allgemein kann hierzu gesagt werden, dass der Urlaubszweck durch die Erwerbstätigkeit des Arbeitnehmers umso eher vereitelt wird, je mehr sich die jeweiligen Tätigkeiten nach Art und Umfang ähneln.[361]
Eine letzte typische Fallgruppe mit Indizwirkung für eine Zweckwidrigkeit kann darin gesehen werden, dass der Arbeitnehmer Erwerbstätigkeiten ausübt, die ihn in erheblichem Umfang körperlich, geistig oder seelisch belasten.[362] In diesem Fall liegt eine Gefährdung der Arbeitskraft des Arbeitnehmers im Hauptarbeitsverhältnis nahe, die dem Erholungszweck des Urlaubs widerspricht. Auch hier kann jedoch nur eine Einzelfallbetrachtung den Ausschlag geben. Eine anstrengende Arbeit kann beispielsweise einem Büroangestellten zugleich einen notwendigen körperlichen Ausgleich bieten. In diesem Fall wird man nicht ohne Weiteres auf eine Zweckwidrigkeit schließen können.[363]

bb) Bestehende Zweitarbeitsverhältnisse während des Urlaubs

Übt ein Arbeitnehmer bereits vor Urlaubsantritt berechtigterweise ein Zweitarbeitsverhältnis aus, so ist diese Erwerbstätigkeit auch für die Dauer des Urlaubs nicht urlaubszweckwidrig.[364] Anderenfalls wäre es Arbeitnehmern faktisch unmöglich, Zweitarbeitsverhältnisse auszuüben, wenn es ihnen nicht

---

357 *Boldt/Röhsler*, BUrlG, § 8 Rn. 12; ErfK-*Dörner*, BUrlG, § 8 Rn. 5; *Dersch/Neumann*, BUrlG, § 8 Rn. 6.

358 *Natzel*, BUrlG, § 8 Rn. 25.

359 ErfK-*Dörner*, BUrlG, § 8 Rn. 6.

360 *Wank*, Nebentätigkeit, Rn. 199 ff.

361 Ähnlich *Glöckner*, S. 64; *Kuhn*, S. 72.

362 *Bachmann* in GK-BUrlG, § 8 Rn. 8; *Wank*, Nebentätigkeit, Rn. 204.

363 Etwa kann die Erntehilfe auf einem Bauernhof für die Dauer des Urlaubs trotz körperlicher Anstrengung eine Erholung bedeuten, wenn der Arbeitnehmer hierin einen Ausgleich für eine rein geistige Tätigkeit findet; vgl. auch *Leinemann/Linck*, BUrlG, § 8 Rn. 7; *Glöckner*, S. 63.

364 ArbG Kassel v. 9.1.1980 - 4 Ca 539/79, DB 1980, 599; ErfK-*Dörner*, BUrlG, § 8 Rn. 3; *Boldt/Röhsler*, BUrlG, § 8 Rn. 30; *Dersch/Neumann*, BUrlG, § 8 Rn. 3; *Bachmann* in GK-

möglich, Zweitarbeitsverhältnisse auszuüben, wenn es ihnen nicht auch gelänge, in allen Arbeitsverhältnissen gleichzeitig Urlaub zu erhalten.[365]
Nutzt ein Arbeitnehmer seinen Urlaub jedoch dazu, eine bereits bestehende Erwerbstätigkeit in einem Zweitarbeitsverhältnis erheblich auszuweiten, so ergibt sich ein anderes Bild.[366] Ein Arbeitnehmer, der in einem Arbeitsverhältnis 35 Wochenstunden arbeitet und nun während seines Urlaubs sein Arbeitspensum in einem Zweitarbeitsverhältnis von zehn auf 35 Stunden erhöht, wird dies in aller Regel entgegen dem Urlaubszweck tun. Freilich wird dies auf geringfügige Erhöhungen, etwa von zehn auf zwölf Stunden, nicht per se übertragbar sein. In diesem Fall wird vielmehr erneut auf die allgemeinen Kriterien der Urlaubszweckwidrigkeit abzustellen sein und eine sorgfältige Abwägung erfolgen müssen.

cc) Neuaufnahme von Zweitarbeitsverhältnissen während des Urlaubs

Nimmt ein Arbeitnehmer für die Dauer seines Urlaubs ein Zweitarbeitsverhältnis auf, so wird dies teilweise für urlaubszweckwidrig gehalten.[367] In diesem Fall liege es nahe, dass der Urlaub aus Anlass des Zweitarbeitsverhältnisses aufgenommen wurde.

Dieser allgemeinen Betrachtungsweise kann nicht gefolgt werden.

Auch hier ist zu berücksichtigen, welcher Art das Zweitarbeitsverhältnis ist, welchen zeitlichen Umfang es hat und welche körperlichen Belastungen für den Arbeitnehmer damit verbunden sind. Die genannte Auffassung übersieht, dass eine stundenweise Aushilfstätigkeit oder auch eine zum körperlichen Ausgleich eines Büroangestellten vorgenommene anstrengende Tätigkeit durchaus mit dem Urlaubszweck vereinbar sein können. Es kommt also auch hier stets auf den Einzelfall an.

Handelt es sich bei dem neu begründeten Zweitarbeitsverhältnis um eine auf Dauer angelegte Tätigkeit, so ist danach zu differenzieren, ob die Zweiterwerbstätigkeit auch nach Beendigung des Urlaubs weiterhin mit dem anderen Arbeitsverhältnis vereinbar ist.[368] Sind Beeinträchtigungen der Arbeitsleistung oder ein Verstoß gegen Arbeitnehmerschutzvorschriften durch Ausübung des Zweitarbeitsverhältnisses nicht zu befürchten, so spricht dies für eine Gewährleistung

---

BUrlG, § 8 Rn. 8; *Leinemann/Linck*, BUrlG, § 8 Rn. 8; *Natzel*, BUrlG, § 8 Rn. 9; *Callam*, S. 156 f.

[365] *Wank*, Nebentätigkeit, Rn. 206; *Glöckner*, S. 64.

[366] Ebenso *Leinemann/Linck*, BUrlG, § 8 Rn. 8.

[367] *Boldt/Röhsler*, BUrlG, § 8 Rn. 30; *Palme*, BlStSozArbR 1973, 140.

[368] *Glöckner*, S. 64.

des Erholungszwecks, auch wenn das Zweitarbeitsverhältnis während des Urlaubs begründet wird. Dies wird etwa der Fall sein, wenn es sich um ein Zweitarbeitsverhältnis mit geringem zeitlichen Umfang handelt.
Bei Neuaufnahme eines Zweitarbeitsverhältnisses während des Urlaubs ist somit die Frage der Zweckwidrigkeit differenziert zu beantworten. Eine pauschale Beurteilung der Zweittätigkeit als urlaubszweckwidrig ist abzulehnen.

b) Rechtsfolgen eines Verstoßes gegen § 8 BUrlG

Verstößt ein Arbeitnehmer durch die Ausweitung oder Neuaufnahme eines Zweitarbeitsverhältnisses gegen § 8 BUrlG, so kann der Arbeitgeber, der den Urlaub gewährt, Unterlassung dieser Erwerbstätigkeit verlangen.[369] Das Verhalten des Arbeitnehmers stellt eine Verletzung des Arbeitsvertrags dar, die einen Schadensersatzanspruch auslösen kann.[370] Weiterhin kommt eine ordentliche Kündigung in Betracht, der grundsätzlich eine Abmahnung vorauszugehen hat. Im Einzelfall kann auch ein außerordentlicher Kündigungsgrund vorliegen.[371]

§ 8 BUrlG stellt nach heute vorherrschender Auffassung kein Verbotsgesetz im Sinne von § 134 BGB dar.[372] Der entgegen § 8 BUrlG abgeschlossene Arbeitsvertrag des Zweitarbeitsverhältnisses ist daher wirksam. Die Ablehnung der Nichtigkeitsfolge ist darauf zurückzuführen, dass das Verbot des § 8 BUrlG nicht den Vertragsschluss selbst untersagt, sondern lediglich die Erwerbstätigkeit während des Urlaubs.[373]

Auch wenn der Arbeitnehmer entgegen § 8 BUrlG eine dem Urlaubszweck widersprechende Erwerbstätigkeit ausübt, entfällt damit nicht der Urlaubsanspruch oder die Grundlage für den Entgeltanspruch.[374] Bereits nach § 11 Abs. 2 BUrlG ausbezahltes Urlaubsentgelt kann der Arbeitgeber somit nicht nach den Grundsätzen der Zweckverfehlungskondiktion (§ 812 Abs. 1 S. 2 Alt. 2 BGB)

---

[369] BAG v. 25.2.1988 - 6 AZR 590/80, AP Nr. 3 zu § 8 BUrlG, unter 3. der Gründe; *Bachmann* in GK-BUrlG, § 8 Rn. 11; ErfK-*Dörner*, BUrlG, § 8 Rn. 13.

[370] BAG v. 25.2.1988 - 6 AZR 590/80, AP Nr. 3 zu § 8 BUrlG; MünchArbR-*Leinemann*, § 91 Rn. 51 mwN.

[371] ErfK-*Dörner*, BUrlG, § 8 Rn. 13; *Bachmann* in GK-BUrlG, § 8 Rn.13.

[372] BAG v. 25.2.1988 - 6 AZR 590/80, AP Nr. 3 zu § 8 BUrlG; MünchArbR-*Leinemann*, § 91 Rn. 49; *Leinemann/Linck*, BUrlG, § 8 Rn. 11; *Bachmann* in GK-BUrlG, § 8 Rn. 26; ErfK-*Dörner*, BUrlG, § 8 Rn. 10; a.A. ohne Begründung *Dersch/Neumann*, BUrlG, § 8 Rn. 7; *Natzel*, BUrlG, § 8 Rn. 32; *Boldt/Röhsler*, BUrlG, § 8 Rn. 15.

[373] Dies verkennen die Befürworter einer Nichtigkeit nach § 134 BGB. Wie hier beispielsweise *Leinemann/Linck*, BUrlG, § 8 Rn. 12 mwN.

[374] BAG v. 25.2.1988 - 6 AZR 590/80, AP Nr. 3 zu § 8 BUrlG - ausdrückliche Aufgabe der vorherigen Rechtsprechung in BAG v. 19.7.1973 - 5 AZR 73/73, AP Nr. 1 zu § 8 BUrlG, unter 2. der Gründe.

zurückfordern. Darüber hinaus ist der Urlaubszweck von den Parteien auch nicht übereinstimmend vorausgesetzt. Eine entsprechende übereinstimmende Erfolgserwartung ist jedoch Voraussetzung für eine Zweckverfehlungskondiktion.[375]

c) Zurückbehaltungsrecht des Arbeitnehmers

Arbeitnehmer, die im Rahmen von Zweitarbeitsverhältnissen beschäftigt sind, werden oftmals daran interessiert sein, in den jeweiligen Arbeitsverhältnissen zur gleichen Zeit Urlaub zu erhalten. Beispielsweise lässt sich nur auf diese Weise eine längere Urlaubsreise durchführen. Erhält ein Arbeitnehmer hingegen nur in einem seiner Arbeitsverhältnisse Urlaub, so ist fraglich, ob er sich dem ablehnenden Arbeitgeber gegenüber zumindest auf die Freistellung von seiner Arbeitspflicht im anderen Arbeitsverhältnis berufen darf. Aufgeworfen ist damit die Frage nach einem Zurückbehaltungsrecht des Arbeitnehmers an seiner Pflicht zur Arbeitsleistung.
Zur Verdeutlichung dieses Problemfeldes ist zunächst zu trennen zwischen Arbeitnehmern, die lediglich in einem Einzelarbeitsverhältnis stehen, und solchen, die mehr als ein Arbeitsverhältnis ausüben.

Bei einem Einzelarbeitsverhältnis lehnt die weit überwiegende Ansicht in Rechtsprechung und Literatur ein Zurückbehaltungsrecht des Arbeitnehmers an seiner Arbeitsleistung ab.[376] Die Erteilung des Urlaubs nach § 7 Abs. 1 BUrlG bleibe das Recht des Arbeitgebers. Selbst wenn dieser sich grundlos weigere, Urlaub zu erteilen, dürfe der Urlaub nicht eigenmächtig angetreten werden. Es bestehe kein „Recht auf Selbstbeurlaubung“. Der Arbeitnehmer sei stattdessen gehalten, seinen Urlaubsanspruch gerichtlich durchzusetzen.

Dieser Auffassung ist beizupflichten.

Der Arbeitnehmer ist angesichts des umfassenden Systems gerichtlichen Rechtsschutzes durch Leistungsklage und gegebenenfalls Antrag auf Erlass einer einstweiligen Verfügung ausreichend geschützt. Ein originäres Recht auf

---

[375] Zutreffend spricht *Bachmann* in GK-BUrlG, § 8 Rn. 25, in diesem Zusammenhang von einer reinen Fiktion. Wie hier auch MünchArbR-*Leinemann*, § 91 Rn. 54; *Leinemann/Linck*, BUrlG, § 8 Rn. 18; ErfK-*Dörner*, BUrlG, § 8 Rn. 13; a.A. *Boldt/Röhsler*, BUrlG, § 8 Rn. 20; *Natzel*, BUrlG, § 8 Rn. 38; *Dersch/Neumann*, BUrlG, § 8 Rn. 9.

[376] BAG v. 20.1.1994 - 2 AZR 521/93, AP Nr. 115 zu § 626 BGB, unter 2. a) der Gründe; BAG v. 25.10.1994 - 9 AZR 339/93, AP Nr. 20 zu § 7 BUrlG, unter 2. der Gründe; *Leinemann/Linck*, BUrlG, § 7 Rn. 19; *Bachmann* in GK-BUrlG, § 7 Rn. 70; a.A. *Dersch/Neumann*, BUrlG, § 7 Rn. 43: in Fällen grundloser Verweigerung habe der Arbeitnehmer ein „Selbstverwirklichungsrecht“, welches sich aus der Mussvorschrift des § 7 BUrlG ergebe. Dagegen zutreffend *Leinemann/Linck*, BUrlG, § 7 Rn. 23, 24.

Selbstbeurlaubung ist § 7 BUrlG nicht zu entnehmen.[377] Ein Zurückbehaltungsrecht würde zudem zu einer Übersicherung des Arbeitnehmers führen, die der Rechtsdogmatik widerspricht. Zurückbehaltungsrechte dienen der vorläufigen Sicherung von Ansprüchen.[378] Ein Zurückbehaltungsrecht an der Arbeitsleistung im Zusammenhang mit der Nichtgewährung von Urlaub bedeutete aber nicht mehr lediglich die Sicherung des Urlaubsanspruchs, sondern bereits seine Erfüllung. Ein Erfüllungszweck ist § 273 BGB indes nicht zu entnehmen.[379]

Die Übertragung dieser Überlegungen auf Zweitarbeitsverhältnisse ergibt ein vergleichbares Bild:
Ein Zurückbehaltungsrecht des Arbeitnehmers im Rahmen des zweiten Arbeitsverhältnisses führte ebenfalls zur Erfüllung des Urlaubsanspruchs. Zwar ist nicht zu verkennen, dass der Arbeitnehmer zumeist ein Interesse daran hat, den Urlaub innerhalb mehrerer Arbeitsverhältnisse zur gleichen Zeit zu erhalten. Daraus kann jedoch dogmatisch kein Recht abgeleitet werden, den Urlaub notfalls eigenmächtig herbeizuführen. Wird dem Arbeitnehmer in einem Arbeitsverhältnis Urlaub gewährt, in einem zweiten Arbeitsverhältnis hingegen nicht, so ist dies eine Konsequenz der Relativität der unterschiedlichen Schuldverhältnisse. Der Urlaubsanspruch ist jeweils nur an das einzelne Arbeitsverhältnis gebunden.[380] Die Arbeitsverhältnisse können nicht künstlich miteinander verknüpft werden, um auf diese Weise ein „übergreifendes" Leistungsverweigerungsrecht des Arbeitnehmers zu begründen. Bei weiteren Arbeitsverhältnissen bestehen zwischen den jeweiligen Arbeitgebern keine Rechtsbeziehungen.[381]

Die Ablehnung eines Zurückbehaltungsrechts führt andererseits nicht zur Schutzlosigkeit des Arbeitnehmers. Verweigert ein Arbeitgeber grundlos die Urlaubsgewährung, so kann der Arbeitnehmer gerichtlichen Rechtsschutz suchen. Die Rechtsposition des Arbeitnehmers wird dadurch gestärkt, dass seine Wünsche bei der Urlaubserteilung zu berücksichtigen sind (§ 7 Abs. 1 S. 1 BUrlG). Ferner gebietet auch die Ratio des Urlaubsanspruchs ausreichenden Schutz. Der gesetzliche Urlaubsanspruch, so wie er in § 1 BUrlG niedergelegt ist, soll einen hinreichenden, zusammenhängenden Erholungsurlaub sichern. Dieses Ziel wird durch die Regelungen des § 7 Abs. 2 BUrlG und des § 8 BUrlG unterstrichen, wonach der Urlaub „zusammenhängend zu gewähren" ist und eine „dem Urlaubszweck widersprechende Erwerbstätigkeit" unzulässig ist. Die ge-

---

377 Nach § 7 Abs. 1 S. 1 BUrlG sind die Urlaubswünsche des Arbeitnehmers bei der zeitlichen Festlegung des Urlaubs „zu berücksichtigen". An der Urlaubserteilung durch den Arbeitgeber ändert dies jedoch nichts. Die Rücksichtnahme steht darüber hinaus unter dem Vorbehalt dringender betrieblicher Belange oder Urlaubswünschen anderer Arbeitnehmer, die sozial vorrangig zu berücksichtigen sind.

378 Vgl. nur Palandt-*Heinrichs*, BGB, § 273 Rn. 1.

379 BAG v. 20.1.1994 - 2 AZR 521/93, AP Nr. 115 zu § 626 BGB, unter 2. b) der Gründe.

380 Vgl. MünchArbR-*Schüren*, Ergänzungsband, § 162 Rn. 262.

381 Insoweit zutreffend *Dersch/Neumann*, BUrlG, § 7 Rn. 18.

setzliche Wertung des Urlaubsrechts kann sich zu einer Mitwirkungsverpflichtung der Arbeitgeber in dem Sinne verdichten, dass bei Zweitarbeitsverhältnissen wenn möglich eine Koordination der Urlaubserteilung zu erfolgen hat.[382] Die Initiative hierzu wird in der Praxis vom Arbeitnehmer auszugehen haben. Denkbar ist auch eine Absprache der Arbeitgeber untereinander. Auf diese Weise ist bei Zweitarbeitsverhältnissen in hinreichendem Maße gewährleistet, dass der Arbeitnehmer während seines Urlaubs gänzlich mit der Arbeitsleistung aussetzen kann.

d) Ergebnis

Arbeitnehmer dürfen während des Urlaubs keine dem Urlaubszweck widersprechende Erwerbstätigkeit ausüben. Wann eine Erwerbstätigkeit dem Urlaubszweck widerspricht, ist stets anhand der konkreten Umstände des Einzelfalls zu ermitteln.
Zweitarbeitsverhältnisse, die berechtigterweise bereits bei Antritt des Urlaubs ausgeübt werden, werden von § 8 BUrlG nicht erfasst, sofern es während des Urlaubs nicht zu einer erheblichen Ausweitung der Arbeitszeit im Zweitarbeitsverhältnis kommt.
Die Neuaufnahme von Zweitarbeitsverhältnissen während des Urlaubs ist nicht schon für sich genommen urlaubszweckwidrig. Wird das Zweitarbeitsverhältnis lediglich für die Dauer des Urlaubs eingegangen, so deutet dies auf eine Vereitelung des Urlaubszwecks hin. Im Einzelfall kann eine Zweckwidrigkeit aufgrund des Stundenumfangs oder der konkreten Art der Tätigkeit auch verneint werden. Ist das Zweitarbeitsverhältnis von vornherein auf unbestimmte Dauer angelegt, so ist anhand der Frage abzugrenzen, ob das Zweitarbeitsverhältnis auch nach Beendigung des Urlaubs weiterhin mit dem anderen Arbeitsverhältnis vereinbar wäre.
Ein Verstoß gegen § 8 BUrlG löst Unterlassungs- und Schadensersatzansprüche aus. Auch eine Kündigung des Arbeitsverhältnisses kommt in Betracht. Bereits ausbezahltes Urlaubsentgelt kann der Arbeitgeber nicht nach den Grundsätzen der Zweckverfehlungskondiktion zurückfordern. Der Verstoß gegen § 8 BUrlG führt nicht zur Nichtigkeit des Arbeitsvertrags, auf welchem das Zweitarbeitsverhältnis beruht.
Erhält ein Arbeitnehmer mit Zweitarbeitsverhältnissen nur in einem der Arbeitsverhältnisse Urlaub, so kann er deswegen seine Leistungspflicht nicht in dem anderen Arbeitsverhältnis zurückhalten. Neben der Möglichkeit gerichtlichen Rechtsschutzes folgt aus der gesetzlichen Intention eines zusammenhängenden Erholungsurlaubs jedoch im Einzelfall die Verpflichtung der verschiedenen Arbeitgeber, die Urlaubsgewährung so zu koordinieren, dass der Arbeitnehmer insgesamt von der Arbeitsleistung freigestellt wird.

---

[382] *Schaub*, § 44 Rn. 57; MünchArbR-*Schüren*, Ergänzungsband, § 162 Rn. 263.

7. Entgeltfortzahlungsgesetz

§ 3 Abs. 1 S. 1 EFZG gewährt Arbeitnehmern, die durch Arbeitsunfähigkeit infolge Krankheit an ihrer Arbeitsleistung verhindert sind, für die Dauer von bis zu sechs Wochen einen Anspruch auf Entgeltfortzahlung gegen ihren Arbeitgeber. Das Arbeitsverhältnis muss hierzu zumindest vier Wochen ohne Unterbrechung bestanden haben (§ 3 Abs. 3 EFZG).

Für Arbeitnehmer, die im Rahmen von Zweitarbeitsverhältnissen beschäftigt sind, ist von besonderem Interesse, ob sie, wenn sie in einem der Arbeitsverhältnisse infolge Krankheit arbeitsunfähig werden, gegen jeden der Arbeitgeber einen Entgeltfortzahlungsanspruch haben. Gegebenenfalls ist klärungsbedürftig, ob der Anspruch gegen den Arbeitgeber, in dessen Arbeitsverhältnis das zur Arbeitsunfähigkeit führende Ereignis nicht auftritt, vorbehaltlos garantiert wird. Daneben werden Kürzungsmöglichkeiten des Entgeltfortzahlungsanspruchs bei Neuaufnahme eines Zweitarbeitsverhältnisses während der Arbeitsunfähigkeit untersucht. Schließlich soll im Rahmen dieser Arbeit beleuchtet werden, ob Arbeitnehmer trotz Arbeitsunfähigkeit in einem der Arbeitsverhältnisse weiterhin in einem Zweitarbeitsverhältnis tätig bleiben können, oder ob sie hierdurch ihren Entgeltfortzahlungsanspruch gefährden.

a) Entgeltfortzahlung bei Arbeitsunfällen im Zweitarbeitsverhältnis

Erkrankt ein Arbeitnehmer, so richtet sich sein Entgeltfortzahlungsanspruch allgemein nach den §§ 1 ff. EFZG. Tritt das zur Arbeitsunfähigkeit führende Ereignis in einem Zweitarbeitsverhältnis auf, so kann der Anspruch auf Entgeltfortzahlung in einem anderen Arbeitsverhältnis auf Unverständnis stoßen.[383] Neben dem Problem des Arbeitskraftausfalls für die Dauer der Krankheit sieht sich der dortige Arbeitgeber zusätzlich mit einem Entgeltfortzahlungsbegehren konfrontiert, obwohl die Ursache der Arbeitsunfähigkeit an anderer Stelle aufgetreten ist. Diese Einschätzung wird noch verstärkt, wenn es sich um ein Zweitarbeitsverhältnis handelt, das der Arbeitnehmer entgegen einer Anzeigepflicht nicht mitgeteilt hat.[384]

Die Berechtigung des Entgeltfortzahlungsverlangens gegen beide (oder mehrere andere) Arbeitgeber wird im Folgenden untersucht. Dabei wird aus Gründen der Übersichtlichkeit zwischen den jeweiligen Arbeitsverhältnissen getrennt.

---

[383] Vgl. *Boecken*, NZA 2001, 233.

[384] Zu den Mitteilungspflichten des Arbeitnehmers vgl. bereits oben *§ 2 I. 1.*

aa) Entgeltfortzahlung innerhalb desselben Arbeitsverhältnisses

Ist der zur Arbeitsunfähigkeit führende Unfall im Rahmen desjenigen Arbeitsverhältnisses aufgetreten, in dem auch die Fortzahlung des Entgelts beansprucht wird, so bereitet die Entgeltfortzahlung keine besonderen rechtlichen Probleme. Der Anspruch des Arbeitnehmers richtet sich allgemein nach den §§ 1 ff. EFZG.[385]

bb) Entgeltfortzahlung in weiteren Arbeitsverhältnissen

Tritt der Unfall in einem zweiten Arbeitsverhältnis auf, so stellt sich die Frage, ob auch die übrigen Arbeitgeber zur Fortzahlung des Entgelts verpflichtet sind.

Nach § 3 Abs. 1 S. 1 EFZG hängt der Entgeltfortzahlungsanspruch davon ab, dass der Arbeitnehmer „infolge Krankheit" arbeitsunfähig ist. Es muss also zunächst eine Krankheit des Arbeitnehmers vorliegen. Die Krankheit löst für sich genommen noch keinen Entgeltfortzahlungsanspruch aus. Hinzukommen muss, dass die Krankheit zur Arbeitsunfähigkeit des Arbeitnehmers führt und die krankheitsbedingte Arbeitsunfähigkeit die alleinige und ausschließliche Ursache für die Arbeitsverhinderung bildet.[386]
Die Begriffe Krankheit und Arbeitsunfähigkeit werden vom Recht der Entgeltfortzahlung nicht definiert. Allgemein besteht Einigkeit darüber, Krankheit im medizinischen Sinne als einen regelwidrigen körperlichen oder geistigen Zustand zu verstehen.[387] Arbeitsunfähigkeit liegt vor, wenn ein Krankheitsgeschehen den Arbeitnehmer außerstande setzt, die ihm nach dem Arbeits-

---

[385] Im früheren Lohnfortzahlungsgesetz hatten Arbeiter, die in kurzfristigen Beschäftigungsverhältnissen von bis zu vier Wochen standen bzw. nicht mehr als 10 Stunden wöchentlich oder 45 Stunden monatlich beschäftigt waren, keinen Anspruch auf Entgeltfortzahlung (§ 1 Abs. 3 Nr. 1 und Nr. 2 LFZG a.F.). Diese Vorschrift hätte auch für entsprechende Zweitarbeitsverhältnisse Bedeutung erlangen können. Sie ist indes ist nicht in das Entgeltfortzahlungsgesetz übernommen worden. Aufgrund einer nicht zu rechtfertigenden Diskriminierung solcher Arbeiter und vor allem von Frauen, die überproportional im Rahmen solcher Arbeitsverhältnisse beschäftigt waren, war sie verfassungsrechtlich und EG-rechtlich nicht haltbar. Vgl. hierzu BAG v. 9.1.1991 - 5 AZR 598/90, AP Nr. 95 zu § 1 LohnFG; EuGH v. 13.7.1989 - Rs. 171/99, AP Nr. 16 zu Art. 119 EWG-Vertrag; MünchArbR-*Boecken*, § 83 Rn. 13.

[386] *Dunkl* in Kaiser/Dunkl/Hold/Kleinsorge, EFZG, § 3 Rn. 56; *Geyer/Knorr/Krasney*, EFZG, § 3 Rn. 62; *Schmitt*, EFZG, § 3 Rn. 58.

[387] BAG v. 5.4.1976 - 5 AZR 397/75, AP Nr. 40 zu § 1 LohnFG; BAG v. 9.1.1985 - 5 AZR 415/82, AP Nr. 62 zu § 1 LohnFG, unter I. 1. der Gründe; BAG v. 26.7.1989 - 5 AZR 301/88, AP Nr. 86 zu § 1 LohnFG, unter II. 1. der Gründe; MünchArbR-*Boecken*, § 83 Rn. 25; *Geyer/Knorr/Krasney*, EFZG, § 3 Rn. 42.

vertrag obliegende Arbeit zu verrichten oder er die Arbeit nur unter der Gefahr fortsetzen könnte, in absehbar naher Zeit seinen Zustand zu verschlimmern.[388]
Die eigentliche Krankheitsursache ist nach allgemeiner Ansicht für den Anspruch auf Entgeltfortzahlung grundsätzlich ohne Bedeutung.[389] Ob der Arbeitnehmer sich in der Freizeit verletzt oder bei Erledigung von Arbeiten im eigenen Haus, bleibt daher ohne Einfluss auf den Entgeltfortzahlungsanspruch.[390] Aus diesem Grunde können auch Unfälle, die ein Arbeitnehmer in einem zweiten Arbeitsverhältnis erleidet, grundsätzlich einen Entgeltfortzahlungsanspruch gegen weitere Arbeitgeber auslösen.[391] Dies ist auch eine notwendige Folge der Zielsetzung des Anspruchs auf Entgeltfortzahlung. Mit der Entgeltsicherung im Krankheitsfall soll der Lebensstandard des Arbeitnehmers sichergestellt werden, um ihm auf diese Weise die Möglichkeit einzuräumen, seine Krankheit auszukurieren und seine Arbeitskraft wiederherzustellen.[392] Wer mehrere Arbeitsverhältnisse ausübt, sichert seinen Lebensstandard in der Regel aus mehreren Erwerbsquellen. Insofern ist es sachgerecht, dem Arbeitnehmer grundsätzlich gegen jeden Arbeitgeber einen Anspruch auf Entgeltfortzahlung zu gewähren.[393]

(1) Verschulden des Arbeitnehmers

Der Anspruch auf Entgeltfortzahlung steht unter dem Vorbehalt, dass den Arbeitnehmer an seiner Arbeitsunfähigkeit kein Verschulden trifft.[394]
Verschulden im Sinne des Entgeltfortzahlungsrechts wird allgemein definiert als gröblicher Verstoß gegen das von einem verständigen Menschen im eigenen Interesse gebotene Verhalten, dessen Folgen auf den Arbeitgeber abzuwälzen unbillig wäre.[395] Die subjektive Komponente des „gröblichen Verstoßes gegen das

---

[388] Ständige Rechtsprechung; vgl. BAG v. 9.1.1985 - 5 AZR 415/82, AP Nr. 62 zu § 1 LohnFG, unter I. 1. der Gründe; BAG v. 26.7.1989 - 5 AZR 301/88, AP Nr. 86 zu § 1 LohnFG, unter II. 1. der Gründe; *Kunz/Wedde*, EFZG, § 3 Rn. 45; *Dunkl* in Kaiser/Dunkl/Hold/Kleinsorge, EFZG, § 3 Rn. 34.

[389] Etwa kann das Krankheitsgeschehen auf Veranlagung, Sucht, Unfall, Ansteckung oder Ähnlichem beruhen; vgl. *Dunkl* in Kaiser/Dunkl/Hold/Kleinsorge, EFZG, § 3 Rn. 34, mit weiteren Nachweisen auch aus der Rechtsprechung.

[390] Ebenso ErfK-*Dörner*, EFZG, § 3 Rn. 63.

[391] BAG v. 7.11.1975 - 5 AZR 459/74, AP Nr. 38 zu § 1 LohnFG, unter 4. a) der Gründe; MünchArbR-*Boecken*, § 83 Rn. 113; *Brecht*, EFZG, § 3 Rn. 64.

[392] BAG v. 21.1.1960 - 2 AZR 523/58, AP Nr. 13 zu § 1 ArbKrankhG; BAG v. 7.11.1975 - 5 AZR 459/74, AP Nr. 38 zu § 1 LohnFG, unter 4. b) der Gründe; *Geyer/Knorr/Krasney*, EFZG, § 3 Rn. 249; *Dunkl* in Kaiser/Dunkl/Hold/Kleinsorge, EFZG, § 3 Rn. 207.

[393] BAG v. 7.11.1975 - 5 AZR 459/74, AP Nr. 38 zu § 1 LohnFG; Schmitt, EFZG, § 3 Rn. 101; *Dunkl* in Kaiser/Dunkl/Hold/Kleinsorge, EFZG, § 3 Rn. 207; *Marburger*, S. 31.

[394] Vgl. § 3 Abs. 1 S. 1 EFZG.

[395] Ständige Rechtsprechung des BAG; vgl. BAG v. 21.1.1960 - 2 AZR 523/58, AP Nr. 13 zu § 1 ArbKrankhG; BAG v. 23.11.1971 - 1 AZR 388/70, AP Nr. 8 zu § 1 LohnFG; BAG v.

von einem verständigen Menschen im eigenen Interesse gebotene Verhalten" setzt ein Verschulden gegen sich selbst voraus.[396]

Tritt die Arbeitsunfähigkeit in einem nach der Rechtsordnung zulässigen Zweitarbeitsverhältnis auf, so kann allein in seiner Ausübung kein den Entgeltfortzahlungsanspruch ausschließendes Verschulden erblickt werden. Die Zulässigkeit eines Zweitarbeitsverhältnisses beinhaltet zugleich auch die Wertung, dass der Arbeitnehmer keiner Gefährdung durch dessen Ausübung unterliegt.[397]

Umgekehrt kann jedoch nicht von einem unzulässigen Zweitarbeitsverhältnis zugleich darauf geschlossen werden, der Arbeitnehmer habe die Arbeitsunfähigkeit verschuldet. Der Verstoß etwa gegen eine Vertragsklausel, welche die Aufnahme von Zweitarbeitsverhältnissen wirksam untersagt, stellt zwar eine Pflichtverletzung innerhalb des anderen Arbeitsverhältnisses dar; diese steht jedoch regelmäßig in keinem Zusammenhang mit der Krankheit. Der zur Unzulässigkeit des Zweitarbeitsverhältnisses führende Verstoß muss sich in der Arbeitsunfähigkeit realisieren. Anderenfalls wird er nicht ursächlich für die Arbeitsunfähigkeit.[398] Auch soweit ein Arbeitnehmer eine verbotene Konkurrenztätigkeit ausübt, steht ein solcher Verstoß grundsätzlich in keinem kausalen Zusammenhang mit der Arbeitsunfähigkeit.[399] Anders gewendet: ein Verstoß des Arbeitnehmers, mag er auch für sich betrachtet schuldhaft sein, wirkt sich nicht auf die eingetretene Arbeitsunfähigkeit aus. Die Arbeitsunfähigkeit muss sich gerade als Folge des schuldhaften Verhaltens darstellen.[400] Es ist somit auch bei unzulässigen Zweitarbeitsverhältnissen stets im Einzelfall zu prüfen, ob das mit dem vorgeworfenen Verhalten verbundene Unfallrisiko sich tatsächlich in der eingetretenen Arbeitsunfähigkeit realisiert hat.

Ein Verschulden, welches den Entgeltfortzahlungsanspruch gegen andere Arbeitgeber ausschließt, kommt in Betracht, wenn der Arbeitnehmer sich durch das

---

19.10.1983 - 5 AZR 195/81, NJW 1984, 1706, 1707; vgl. auch LAG Baden-Württemberg v. 30.3.2000 - 4 Sa 108/99, NZA-RR 2000, 349; *Schaub*, § 98 Rn. 31.

[396] BAG v. 7.10.1981 - 5 AZR 1113/79, AP Nr. 46 zu § 1 LohnFG, unter 1. der Gründe.

[397] *Wank*, Nebentätigkeit, Rn. 423; *Becker-Schaffner*, BlStSozArbR 1980, 321, 324.

[398] ErfK-*Dörner*, EFZG, § 3 Rn. 63; *Boecken*, NZA 2001, 233, 235; *Callam*, S. 176; *Oligmüller*, Nebentätigkeitsprobleme, S. 161; a.A. hingegen *Knevels*, DB 1961, 168, 169: jede unzulässige Nebentätigkeit bilde zugleich ein anspruchsausschließendes Verschulden. Hiergegen ist jedoch einzuwenden, dass der Verschuldensbegriff des Entgeltfortzahlungsrechts an die Treuepflicht des Arbeitnehmers anknüpft. Nur ein hierzu als widersprüchlich zu wertendes Verhalten kann schuldhaft im Sinne des Entgeltfortzahlungsrechts sein. Wie hier auch *Wank*, Nebentätigkeit, Rn. 425.

[399] *Wank*, Nebentätigkeit, Rn. 424; *Glöckner*, S. 204.

[400] BAG v. 21.4.1982 - 5 AZR 1019/79, AP Nr. 49 zu § 1 LohnFG, unter 2. b) der Gründe; *Gitter*, Anmerkung zu BAG v. 21.4.1982 - 5 AZR 1019/79, AP Nr. 49 zu § 1 LohnFG, unter 2.a); *Kunz/Wedde*, EFZG, § 3 Rn. 96.

Zweitarbeitsverhältnis in einer seine Kräfte übersteigenden Art und Weise betätigt hat und der die Arbeitsunfähigkeit auslösende Arbeitsunfall darauf zurückzuführen ist.[401] In einem möglichen Prozess ist der Arbeitgeber für diese Tatsachen darlegungs- und beweispflichtig.[402] Um diesen im Einzelfall schwierigen Beweis führen zu können, hat die Rechtsprechung als Richtwert für eine Überanstrengung des Arbeitnehmers die Maßgaben des Arbeitszeitgesetzes herangezogen.[403] Dies ist insofern sachgerecht, als aus einer Überschreitung der Höchstarbeitszeiten des Arbeitszeitgesetzes Rückschlüsse darauf gezogen werden können, dass Unfälle, die nach Ablauf der zulässigen Höchstarbeitszeit eintreten, auf einen übermäßigen Verschleiß des Arbeitnehmers zurückzuführen sind. Ein Arbeitnehmer, der sich nicht an die wöchentliche und tägliche Höchstarbeitszeit hält, wird aufgrund seines Verhaltens das ohnehin latent vorhandene Unfallrisiko am Arbeitsplatz nach der allgemeinen Lebenserfahrung noch erhöhen.[404] Es ist in einem solchen Fall Sache des Arbeitnehmers, Tatsachen dazulegen und zu beweisen, die einen solchen Rückschluss widerlegen.[405]
Liegt kein Verstoß gegen das Arbeitszeitgesetz vor, so bedarf es weiterhin einer einzelfallabhängigen Prüfung, ob sich der Arbeitnehmer in einer seine Kräfte übersteigenden Art und Weise betätigt hat und dadurch der Arbeitsunfall eingetreten ist. Ein vergleichbarer Rückschluss auf ein solches Verhalten erscheint jedoch auch dann sachgerecht, wenn sich der Unfall im Zweitarbeitsverhältnis aufgrund einer Tätigkeit ereignet, für die der Arbeitnehmer fachlich nicht geeignet ist.[406] Auch in dieser Fallgestaltung kann es nach der Lebenserfahrung zu einer Überanstrengung des Arbeitnehmers kommen, die zu einem anspruchsausschließenden Verschulden führt, falls sich in ihr das Risiko eines Arbeitsunfalls realisiert.

Weiterhin kann ein Verschulden angenommen werden, wenn der Arbeitnehmer im Rahmen des Zweitarbeitsverhältnisses gegen Arbeitsschutzvorschriften verstößt und die durch den Arbeitsunfall herbeigeführte Arbeitsunfähigkeit hierauf beruht.[407] Neben den Vorschriften des Arbeitszeitgesetzes kommen auch sonstige Arbeitsschutzvorschriften und Maßnahmen des Arbeitgebers zur Unfallver-

---

[401] BAG v. 7.11.1975 - 5 AZR 459/74, AP Nr. 38 zu § 1 LohnFG, unter 5. c) der Gründe; BAG v. 19.10.1983 - 5 AZR 195/81, NJW 1984, 1706, 1707; *Schmitt*, EFZG, § 3 Rn. 121; *Marburger*, S. 31; *Dunkl* in Kaiser/Dunkl/Hold/Kleinsorge, EFZG, § 3 Rn. 117.

[402] *Schmitt*, EFZG, § 3 Rn. 92; *Boecken*, NZA 2001, 233, 235.

[403] BAG v. 21.4.1982 - 5 AZR 1019/79, AP Nr. 49 zu § 1 LohnFG.

[404] Wie hier *Brecht*, EFZG, § 3 Rn. 66; *Glöckner*, S. 204.

[405] Im Fall BAG v. 21.4.1982 - 5 AZR 1019/79, AP Nr. 49 zu § 1 LohnFG, führte die Aufnahme eines Zweitarbeitsverhältnisses zur Überschreitung der täglichen Höchstarbeitszeit. Der dort eingetretene Unfall ereignete sich jedoch unmittelbar im Anschluss an eine ausreichende Ruhezeit (§ 5 ArbZG), weshalb das Gericht ein Verschulden zutreffend verneinte.

[406] *Boecken*, NZA 2001, 233, 235.

[407] BAG v. 21.4.1982 - 5 AZR 1019/79, AP Nr. 49 zu § 1 LohnFG.

hütung in Betracht.[408] Auch ein solcher Verstoß muss jedoch für die auf dem Arbeitsunfall beruhende Arbeitsunfähigkeit kausal geworden sein.
Schließlich wird die Arbeitsunfähigkeit verschuldet sein, wenn es sich um eine besonders gefährliche Tätigkeit im Rahmen des Zweitarbeitsverhältnisses handelt und sich das besondere Risiko dieser Tätigkeit in der eingetretenen Arbeitsunfähigkeit realisiert.[409]

(2) Einwand unzulässiger Rechtsausübung

Das Verlangen von Entgeltfortzahlung gegenüber weiteren Arbeitgebern könnte darüber hinaus im Einzelfall eine unzulässige Rechtsausübung im Sinne von § 242 BGB bedeuten. Dafür spricht grundsätzlich, dass auch der Anspruch auf Entgeltfortzahlung, wie jedes andere Recht. unter dem Vorbehalt steht, dass seine Ausübung sich nicht als treuwidrig oder rechtsmissbräuchlich erweist.[410]

Nach Auffassung des Bundesarbeitsgerichts lassen solche Umstände, die bereits kein Verschulden des Arbeitnehmers begründen, ein Entgeltfortzahlungsverlangen nicht als rechtsmissbräuchlich erscheinen.[411]

Dem ist beizupflichten, da anderenfalls die strenge Verschuldensprüfung innerhalb des Entgeltfortzahlungsanspruchs wieder entwertet und die vom Gesetz beabsichtigte Risikoabgrenzung aufgeben würde.[412] Umstände, die bereits kein Verschulden darstellen, sind daher nicht geeignet, ein rechtsmissbräuchliches Verhalten zu begründen. Somit kann die Ausübung eines zulässigen Zweitarbeitsverhältnisses die Annahme eines Rechtsmissbrauches nicht rechtfertigen.[413] Umgekehrt folgt aus einem unzulässigen Zweitarbeitsverhältnis nicht bereits eine rechtsmissbräuchliche Geltendmachung. Hierzu wird auf die Darstellung zum Verschuldensbegriff verwiesen.[414]

Die Auffassung des Bundesarbeitsgerichts ist nicht unbestritten. In der Instanzrechtsprechung ist unzulässige Rechtsausübung vereinzelt schon dann bejaht

---

408 Wie etwa das Nichttragen von Schutzhelmen oder Sicherheitsschuhen; vgl. LAG Frankfurt/M. v. 6.9.1965 - 1 Sa 273/65, BB 1966, 497; LAG Baden-Württemberg v. 26.9.1978 - 7 Sa 18/78, DB 1979, 1044.

409 BAG v. 7.11.1975 - 5 AZR 459/74, AP Nr. 38 zu § 1 LohnFG, unter 5. c) der Gründe; BAG v. 19.10.1983 - 5 AZR 195/81, NJW 1984, 1706, 1707; *Schmitt*, EFZG, § 3 Rn. 100.

410 *Schmitt*, EFZG, § 3 Rn. 119; *Marienhagen*, EFZG, § 3 Rn. 68; *Dunkl* in Kaiser/Dunkl/Hold/Kleinsorge, EFZG, § 3 Rn. 199.

411 BAG v. 21.4.1982 - 5 AZR 1019/79, AP Nr. 49 zu § 1 LohnFG, unter 3. b) der Gründe.

412 *Glöckner*, S. 205; *Gitter*, Anmerkung zu BAG vom 21.4.1982 - 5 AZR 1019/79, AP Nr. 49 zu § 1 LohnFG; *Dunkl* in Kaiser/Dunkl/Hold/Kleinsorge, EFZG, § 3 Rn. 200.

413 *Dunkl* in Kaiser/Dunkl/Hold/Kleinsorge, EFZG, § 3 Rn. 199; *Schmitt*, EFZG, § 3 Rn. 121.

414 S. oben *§ 2 II. 7. a) bb) (1).*

worden, wenn mit der Ausübung des Zweitarbeitsverhältnisses ein formaler Gesetzesverstoß des Arbeitnehmers verbunden war.[415]

Dieser pauschalen Bewertung kann jedoch nicht gefolgt werden.

Auch im Falle eines Gesetzesverstoßes ist eine Prüfung vorzunehmen, die sich nicht lediglich am formellen Verstoß orientiert, sondern stets auch einen unmittelbaren Zusammenhang der Pflichtverletzung mit der Erkrankung voraussetzt.[416] Anderenfalls würden die durch eine strenge Verschuldensprüfung gewonnenen Ergebnisse an anderer Stelle wieder bedeutungslos. Geht der Arbeitnehmer beispielsweise einem Zweitarbeitsverhältnis unter Verstoß gegen die Höchstarbeitszeit nach und erleidet er bei dieser Tätigkeit einen Arbeitsunfall, so ist stets auch zu prüfen, ob der Arbeitszeitverstoß sich auf den Unfall ausgewirkt hat. Gelingt es dem Arbeitnehmer, Umstände darzutun und gegebenenfalls zu beweisen, die ihn in dieser Hinsicht entlasten (etwa: der Unfall ereignete sich gerade zu Beginn der werktäglichen Arbeitszeit und nach ausreichender Ruhezeit), so stellt sich das Entgeltfortzahlungsverlangen gegenüber weiteren Arbeitgebern nicht als rechtsmissbräuchlich dar. Eine pauschale Bewertung, die lediglich an einen Pflichtenverstoß anknüpft, verbietet sich.[417]
Ein Entgeltfortzahlungsverlangen kann somit erst dann die Annahme von Rechtsmissbrauch begründen, wenn dem Arbeitnehmer ein über das eigentliche Verschulden der Arbeitsunfähigkeit hinausgehender Vorwurf gemacht werden kann. Hinzukommen muss, dass das mit dem Verhalten des Arbeitnehmers verbundene Risiko der Arbeitsunfähigkeit sich tatsächlich realisiert hat. Zumeist wird jedoch bereits ein Verschulden bejaht werden können. Der Anwendungsbereich dieses Einwands ist somit als gering zu bewerten.

b) Ausübung von Zweitarbeitsverhältnissen während der Entgeltfortzahlung

Problematisch ist zunächst, inwiefern der Arbeitgeber die Entgeltfortzahlung verweigern kann, wenn der Arbeitnehmer während seiner Arbeitsunfähigkeit ein

---

415 LAG Frankfurt/M. v. 12.4.1976 - 1 Sa 1143/75, DB 1976, 1488 (Fall einer Nichteinhaltung der Ruhezeit nach der Arbeitszeitordnung); ArbG Dortmund v. 10.3.1977 - 5 Ca 231/77, BB 1977, 698 (Fall einer verbotenen Erwerbstätigkeit während des Urlaubs). Vgl. aus der Literatur auch *Callam*, S. 187, am Beispiel arbeitszeitrechtlicher Verstöße.

416 BAG v. 21.4.1982 - 5 AZR 1019/79, AP Nr. 49 zu § 1 LohnFG, unter 3. a) der Gründe; *Brecht*, EFZG, § 3 Rn. 65 mwN (am Beispiel von Verstoßes gegen das SchwarzarbG); *Glöckner*, S. 206; unzutreffend hingegen *Oligmüller*, S. 162 f.: die Annahme von Rechtsmissbrauch im Falle rechtlich missbilliger Nebentätigkeit sei „heute allgemein anerkannt".

417 Zur zurückhaltenden Anwendung von § 242 BGB im Rahmen des Entgeltfortzahlungsanspruchs vgl. auch *Geyer/Knorr/Krasney*, EFZG, § 3 Rn. 174; *Schmitt*, EFZG, § 3 Rn. 119.

bereits bestehendes Zweitarbeitsverhältnis fortsetzt. Es erscheint bei unbefangener Betrachtung nicht ohne Widerspruch, wenn ein Arbeitnehmer in einem seiner Arbeitsverhältnisse infolge Arbeitsunfähigkeit an der Arbeitsleistung gehindert ist, in einem anderen Arbeitsverhältnis jedoch weiterhin einer Erwerbstätigkeit nachgeht.

Aus dieser allgemeinen Erwägung kann jedoch noch nicht abgeleitet werden, dass sich ein Arbeitnehmer während der Arbeitsunfähigkeit in einem Arbeitsverhältnis auch jeder anderen Erwerbstätigkeit zu enthalten hat. Sachgerechter erscheint es, an die jeweiligen Vertragsverhältnisse des Arbeitnehmers anzuknüpfen, die den Entgeltfortzahlungsansprüchen zu Grunde liegen. Der Arbeitnehmer ist arbeitsunfähig, wenn ein Krankheitsgeschehen ihn außerstande setzt, die ihm *nach dem Arbeitsvertrag* obliegende Arbeit zu verrichten, oder wenn er die Arbeit nur unter der Gefahr fortsetzen könnte, in absehbar naher Zeit seinen Zustand zu verschlimmern.[418] Für den Begriff der Arbeitsunfähigkeit ist der Bezug zur jeweiligen vertraglich geschuldeten Leistung des Arbeitnehmers von wesentlicher Bedeutung.[419] Ein Maurer etwa, der seinen Beruf aufgrund eines Beinbruchs derzeit nicht ausüben kann, ist möglicherweise dennoch in der Lage, in einem Zweitarbeitsverhältnis eine sitzende Tätigkeit auszuüben. Hierfür können insbesondere Art und Umfang der körperlichen Belastung innerhalb der jeweiligen Arbeitsverhältnisse sprechen. Unterscheidet sich die Belastung durch die fortgeführte Erwerbstätigkeit signifikant von der Tätigkeit des Arbeitsverhältnisses, in dem der Arbeitnehmer arbeitsunfähig ist, so kann dies für die Zulässigkeit der fortgesetzten Tätigkeit sprechen.[420] Dies muss jedenfalls dann gelten, wenn und soweit ein zulässiges Zweitarbeitsverhältnis die Genesung des Arbeitnehmers nicht gefährdet.[421] In diesem Fall berührt die anderweitige Erwerbstätigkeit den Entgeltfortzahlungsanspruch nicht.

Die Neuaufnahme eines Zweitarbeitsverhältnisses während der Arbeitsunfähigkeit ist entsprechend zu bewerten. Der Arbeitgeber bleibt zur Entgeltfortzahlung verpflichtet, soweit es sich um ein zulässiges Zweitarbeitsverhältnis des Arbeitnehmers handelt, welches die Wiederherstellung seiner Arbeitsunfähigkeit nicht gefährdet.[422] Führt die Aufnahme des Zweitarbeitsverhältnisses hingegen zu einer Gefährdung der Genesung oder verzögert sie diese, so liegt darin ein Ver-

[418] Ständige Rechtsprechung des BAG; vgl. BAG v. 9.1.1985 - 5 AZR 415/82, AP Nr. 62 zu § 1 LohnFG, unter I. 1. der Gründe; BAG v. 26.7.1989 - 5 AZR 301/88, AP Nr. 86 zu § 1 LohnFG, unter II. 1. der Gründe; ferner *Kunz/Wedde*, EFZG, § 3 Rn. 45; *Dunkl* in Kaiser/Dunkl/Hold/Kleinsorge, EFZG, § 3 Rn. 34.

[419] BAG v. 25.6.1981 - 6 AZR 940/78, AP Nr. 52 zu § 616 BGB, unter II. 4. der Gründe.

[420] Ebenso *Wertheimer/Krug*, BB 2000, 1462, 1463.

[421] BAG v. 26.8.1993 - 2 AZR 154/93, AP Nr. 112 zu § 626 BGB, unter B. I. 3. b) der Gründe; BAG v. 13.11.1979 - 6 AZR 934/77, AP Nr. 5 zu § 1 KSchG 1969 Krankheit, unter III. 2. a) der Gründe; *Wank*, Nebentätigkeit, Rn. 126.

[422] BAG v. 19.10.1983 - 5 AZR 195/81, NJW 1984, 1706, 1708; *Schmitt*, EFZG, § 3 Rn. 122.

schulden der weiteren Arbeitsunfähigkeit, welches zum Anspruchsausschluss führt.[423] Die Fortzahlung des Entgelts soll den Arbeitnehmer in die Lage versetzen, seine Arbeitskraft wiederherzustellen, ohne dabei Entgelteinbußen befürchten zu müssen.[424] Ein Arbeitnehmer ist zwar nicht verpflichtet, sich in besonderem Maße gesundheitsfördernd zu verhalten, er darf aber auch nicht dem Arbeitgeber durch unnötige Verzögerung der Heilung Schaden zufügen. Er hat die Pflicht, alles zu unterlassen, was die Wiederherstellung seiner Arbeitsfähigkeit beeinträchtigt.[425] Der arbeitsunfähige Lagerarbeiter, der sich über ein ärztliches Verbot, schwere Lasten zu tragen, hinwegsetzt und während seiner Arbeitsunfähigkeit als Umzugshelfer arbeitet, verursacht durch Verlängerung seiner Arbeitsverhinderung einen nicht hinnehmbaren Schaden, der den Entgeltfortzahlungsanspruch entfallen lässt.[426]

Für eine darüber hinausgehende Annahme von Rechtsmissbrauch verbleibt demgegenüber kaum ein praktisches Bedürfnis.[427] Ein Rückgriff auf die Grundsätze von Treu und Glauben ist in aller Regel nicht angezeigt, da die Gefahr einer Verzögerung des Heilungsprozesses bereits mittels des Verschuldens des Arbeitnehmers zum Anspruchsausschluss führt.

c) Möglichkeit einer Kürzung des Anspruchs auf Entgeltfortzahlung

Für den Fall der Neuaufnahme eines Zweitarbeitsverhältnisses während der Dauer der Arbeitsunfähigkeit wird im Schrifttum vereinzelt erörtert, ob der Arbeitgeber zur Kürzung der Entgeltfortzahlung berechtigt ist.[428] Hintergrund der Diskussion ist der Umstand, dass der Arbeitnehmer oftmals durch die Arbeitsunfähigkeit erst in die Lage versetzt wird, ein Zweitarbeitsverhältnis aufzunehmen. Eine Möglichkeit zur anteiligen Kürzung des Entgeltfortzahlungsanspruchs soll sich für den Arbeitgeber aus einer analogen Anwendung des § 615 S. 2 BGB

---

[423] Ebenso *Schmitt*, EFZG, § 3 Rn. 122.

[424] Zum Zweck des Entgeltfortzahlungsanspruchs s. bereits *§ 2 II. 7. a) bb).*

[425] BAG v. 26.8.1993 - 2 AZR 154/93, AP Nr. 112 zu § 626 BGB, unter B. I. 3. a) der Gründe. Das Gericht leitet eine entsprechende Verpflichtung des Arbeitnehmers aus der Treuepflicht ab. Ebenso bereits BAG v. 13.11.1979 - 6 AZR 934/77, AP Nr. 5 zu § 1 KSchG 1969 Krankheit, unter III. 2. b) der Gründe.

[426] Vgl. auch LAG München v. 9.9.1982 - 6 Sa 96/82, DB 1983, 1931: Es stelle „einen für den Arbeitgeber nicht mehr erträglichen Missbrauch der Krankschreibungsmöglichkeit dar, solche Arbeitsleistungen zu erbringen, die durch die Krankschreibung erst ermöglicht wurden".

[427] Ähnlich *Marienhagen*, EFZG, § 3 Rn. 69.

[428] *Berning*, Anmerkung zu BAG vom 26.8.1993 - 2 AZR 154/93, AP Nr. 112 zu § 626 BGB; ihm folgend *Wank*, Nebentätigkeit, Rn. 432 ff.; ähnlich *Herrschel*, Anmerkung zu BAG vom 13.11.1979 - 6 AZR 934/77, AP Nr. 5 zu § 1 KSchG 1969 Krankheit, jedoch mit Bezug auf den inzwischen aufgehobenen § 63 HGB.

ergeben. Ausgehend von dem das Entgeltfortzahlungsrecht prägenden Lohnausfallprinzip sei die Verhinderung wirtschaftlicher Nachteile für den Arbeitnehmer im Fall seiner Arbeitsunfähigkeit maßgebend. Werde der Arbeitnehmer jedoch durch die Arbeitsunfähigkeit erst in die Lage versetzt, anderweitig eine Erwerbstätigkeit während der Dauer der Entgeltfortzahlung aufzunehmen, so werde das Lohnausfallprinzip unterlaufen.[429] In diesem Fall stelle der zusätzliche Erwerb zugleich eine Bereicherung des Arbeitnehmers dar, die durch eine Anrechnung des Einkommens auf den Entgeltfortzahlungsanspruch analog § 615 S. 2 BGB auszugleichen sei.

Dieser Auffassung kann nicht gefolgt werden.

Die Aufnahme eines Zweitarbeitsverhältnisses während der Dauer der Arbeitsunfähigkeit ist zulässig, wenn durch sie die Genesung nicht gefährdet wird.[430] Dieser Grundsatz darf nicht dadurch entwertet werden, dass der Arbeitnehmer den Anspruch auf Entgeltfortzahlung in Höhe seines anderweitig erzielten Verdienstes verliert. Zudem fehlt es an einer planwidrigen Regelungslücke als Voraussetzung für eine Analogie. Der Gesetzgeber hat die Voraussetzungen und die Höhe der Entgeltfortzahlung ausführlich in den §§ 3, 4 und 7 EFZG geregelt, ohne eine Anrechnung weiterer Erwerbseinkünfte vorzusehen. Für eine planwidrige Lückenhaftigkeit der vorhandenen Regelungen ergibt sich weder im Gesetz selbst noch in den Gesetzesmaterialien ein Anhaltspunkt. Der Arbeitnehmer macht darüber hinaus im Fall der Aufnahme eines Zweitarbeitsverhältnisses von seiner verfassungsrechtlich garantierten Berufsfreiheit Gebrauch. Es bedürfte einer ausdrücklichen gesetzlichen Regelung zur Abschöpfung von Einkünften aus einer weiteren beruflichen Tätigkeit, die indes erkennbar nicht vorliegt.[431]

d) Ergebnis

Wird ein Arbeitnehmer infolge Krankheit arbeitsunfähig, so steht ihm grundsätzlich gegen jeden seiner Arbeitgeber ein Entgeltfortzahlungsanspruch zu, auch wenn die Arbeitsunfähigkeit im Rahmen eines Zweitarbeitsverhältnisses auftritt.
Ein Anspruch gegen weitere Arbeitgeber ist nur unter engen Voraussetzungen ausgeschlossen. Der Verschuldensbegriff des § 3 EFZG ist restriktiv zu interpretieren.

---

[429] *Berning*, Anmerkung zu BAG vom 26.8.1993 - 2 AZR 154/93, AP Nr. 112 zu § 626 BGB.

[430] BAG v. 26.8.1993 - 2 AZR 154/93, AP Nr. 112 zu § 626 BGB, unter B. I. 3. b) der Gründe; BAG v. 13.11.1979 - 6 AZR 934/77, AP Nr. 5 zu § 1 KSchG 1969 Krankheit, unter III. 2. a) der Gründe

[431] Im Ergebnis übereinstimmend *Bock*, S. 183 f.

Tritt die Arbeitsunfähigkeit im Rahmen eines rechtlich zulässigen Zweitarbeitsverhältnisses auf, so kann allein in der Ausübung dieser Tätigkeit kein anspruchsausschließendes Verschulden gesehen werden.
Die Unzulässigkeit des Zweitarbeitsverhältnis führt nicht zugleich zu einer verschuldeten Arbeitsunfähigkeit. Es ist jeweils im Einzelfall zu prüfen, ob sich der Pflichtverstoß des Arbeitnehmers als Folge der eingetretenen Arbeitsunfähigkeit darstellt. Ein Verschulden kommt in Betracht, wenn sich der Arbeitnehmer durch das Zweitarbeitsverhältnis in einer seine Kräfte übersteigenden Art und Weise betätigt hat, wenn er gegen Arbeitsschutzvorschriften verstößt oder sich die Tätigkeit im Rahmen des Zweitarbeitsverhältnisses als besonders gefährlich erweist. Stets ist ein unmittelbarer Zusammenhang von pflichtwidrigem Verhalten und krankheitsbedingter Arbeitsunfähigkeit notwendig.
Die Geltendmachung von Entgeltfortzahlungsansprüchen gegen weitere Arbeitgeber ist nicht bereits dann rechtsmissbräuchlich, wenn dem Arbeitnehmer mit der Ausübung des Zweitarbeitsverhältnisses ein formaler Pflichtverstoß zur Last gelegt werden kann. Eine Pflichtverletzung muss stets in einem unmittelbaren Zusammenhang mit der Krankheit stehen. Umstände, die bereits kein Verschulden begründen, können auch die Annahme eines Rechtsmissbrauchs nicht rechtfertigen. Umgekehrt wird bei Fallgestaltungen, die eine unzulässige Rechtsausübung nahe legen, in aller Regel zugleich ein Verschulden bejaht werden können. Insgesamt ist der Anwendungsbereich dieses Einwands daher als gering zu bewerten.
Die Ausübung von Zweitarbeitsverhältnissen bei einem anderen Arbeitgeber während der Arbeitsunfähigkeit berührt für sich genommen noch nicht den Entgeltfortzahlungsanspruch. Der Begriff der Arbeitsunfähigkeit ist in Abhängigkeit von der im jeweiligen Arbeitsverhältnis bestehenden Leistungspflicht zu beurteilen.
Die Fortsetzung eines zulässigen Zweitarbeitsverhältnisses berührt den Entgeltfortzahlungsanspruch nicht, wenn hierdurch die Genesung des Arbeitnehmers nicht gefährdet wird.
Ebenso ist die Neuaufnahme eines Zweitarbeitsverhältnisses während der Dauer der Arbeitsunfähigkeit zu bewerten. Soweit das Zweitarbeitsarbeitsverhältnis den Heilungsprozess verzögert, liegt ein Verschulden des Arbeitnehmers im Hinblick auf die weitere Arbeitsunfähigkeit vor. Der Arbeitnehmer hat die Pflicht, während der Arbeitsunfähigkeit alles zu unterlassen, was seine Genesung beeinträchtigt. Er darf seinem Arbeitgeber durch die Aufnahme des Zweitarbeitsverhältnisses keinen Schaden zuführen. Für die Annahme von Rechtsmissbrauch besteht darüber hinaus kaum ein praktisches Bedürfnis.
Der Arbeitgeber ist nicht berechtigt, im Fall der Aufnahme eines Zweitarbeitsverhältnisses während der Arbeitsunfähigkeit den Entgeltfortzahlungsanspruch anteilig zu kürzen. Die teilweise befürwortete analoge Anwendung des § 615 S. 2 BGB scheidet bereits wegen Fehlens einer planwidrigen Regelungslücke aus.

8. Bundeserziehungsgeldgesetz

a) Begriff der Elternzeit

Das Bundeserziehungsgeldgesetz regelt neben dem Anspruch auf Erziehungsgeld (§§ 1 ff. BErzGG) in den §§ 15 ff. BErzGG den Anspruch von Arbeitnehmern auf Elternzeit.[432] Die Elternzeit gibt Arbeitnehmern, die mit einem Kind in einem Haushalt leben und dieses selbst betreuen und erziehen, unter bestimmten Voraussetzungen die Möglichkeit, sich von der Arbeitspflicht ganz oder teilweise freistellen zu lassen.[433]

Seit dem 1.1.2001 sind insbesondere die Möglichkeiten, während der Elternzeit eine Teilzeitbeschäftigung auszuüben, erheblich ausgeweitet worden.[434] Arbeitsrechtliches Kernstück der Neuregelungen ist die Neufassung der §§ 15 und 16 BErzGG, welche die Voraussetzungen der Elternzeit festlegen. Das Bundeserziehungsgeldgesetz ermöglicht erstmalig die gleichzeitige Inanspruchnahme von Elternzeit durch beide Elternteile (§ 15 Abs. 3 S. 1 BErzGG).[435] Während der Elternzeit kann jeder Elternteil eine Erwerbstätigkeit von bis zu 30 Wochenstunden ausüben (§ 15 Abs. 4 S. 1 BErzGG).[436] Die Möglichkeit einer gemeinsamen Elternzeit soll gewährleisten, dass die Betreuung des Kindes trotz einer Erhöhung der Wochenstundenanzahl pro Elternteil auf 30 Wochenstunden nicht gefährdet wird.[437] Die Neuregelungen sind auf Kinder anwendbar, die seit dem 1.1.2001 geboren wurden (§ 24 Abs. 1 BErzGG).

---

[432] Der Begriff „Elternzeit" wurde mit Wirkung vom 2.1.2001 eingeführt; vgl. Gesetz zur Änderung des Begriffs „Erziehungsurlaub" vom 30.11.2000, BGBl. I, S. 1638; hierzu *Leßmann*, DB 2001, 94.

[433] Ausführlich zu den einzelnen Anspruchsvoraussetzungen *Hönsch*, Rn. 218 ff.

[434] Die Änderungen beruhen auf dem Dritten Gesetz zur Änderung des Bundeserziehungsgeldgesetzes vom 12.10.2000, BGBl. I, 1426. Zur bis zum 31.12.2000 gültigen Rechtslage vgl. *Zmarzlik/Zipperer/Viethen*, BErzGG, §§ 15, 16, insb. § 15 Rn. 37 ff.

[435] In der rechtswissenschaftlichen Literatur besteht Uneinigkeit, ob die gleichzeitige Inanspruchnahme durch beide Elternteile zu einer Aufteilung des Anspruchszeitraums von drei Jahren führt (so *Peters-Lange/Rolfs*, NZA 2000, 682, 684; *Heise* in Worzalla u.a., A. 4.3.1, S. 165) oder ob bis zur Vollendung des dritten Lebensjahres jeder Elternteil für sich die volle Elternzeit beanspruchen kann (so MünchArbR-*Heenen*, Ergänzungsband, § 228 Rn. 38; *Stevens-Bartol* in Buschmann/Dieball/Stevens-Bartol, BErzGG, §§ 15-16 Rn. 6; *Sowka*, NZA 2000, 1185, 1186 und 1187; *Pietrzyk/Schulz/Sprenger*, A. 2.2.2., S. 78; *Lindemann/Simon*, NJW 2001, 258, 259). Der Wortlaut des § 15 Abs. 3 S. 1 BErzGG ist insoweit nicht eindeutig. Nach dem Gesetzeszweck, der Verbesserung der Vereinbarkeit von Beruf und Familie, wird jedoch allein die letztgenannte Lösung diesem Ziel gerecht.

[436] Nach § 15 Abs. 4 S. 1 BErzGG a.F. betrug die wöchentliche Arbeitszeit 19 Stunden.

[437] Begr. zum RegE, BT-Drucks. 14/3553, S. 20.

Neben dem Anspruch auf völlige Freistellung von der Arbeitspflicht haben Arbeitnehmer Anspruch auf Verringerung ihrer Arbeitszeit während der Elternzeit (§ 15 Abs. 6 BErzGG). Dieser Teilzeitanspruch ist parallel zur Regelung des § 8 TzBfG[438] in Kraft getreten. Er gewährt Arbeitnehmern ein erzwingbares Recht zur Verringerung der Arbeitszeit, falls die Vertragsparteien hierüber keine Einigung erzielen können und der Teilzeitarbeit keine dringenden betrieblichen Gründe entgegenstehen.

Die folgende Untersuchung berücksichtigt insbesondere die Möglichkeit der Teilzeitarbeit bei einem anderen Arbeitgeber. § 15 Abs. 4 S. 2 BErzGG sieht für diesen Fall eine Zustimmungspflicht des Arbeitgebers der Elternzeit vor, deren Reichweite und Umfang zu prüfen ist. Hierbei wird zwischen solchen Zweitarbeitsverhältnissen differenziert, die bereits vor Inanspruchnahme der Elternzeit bestanden haben, und solchen, die während der Elternzeit aufgenommen werden. Zum besseren Verständnis soll zuvor die Teilzeitarbeit innerhalb desjenigen Arbeitsverhältnisses dargestellt werden, in dem die Elternzeit in Anspruch genommen wurde.

b) Teilzeitarbeit während der Elternzeit

aa) Teilzeitarbeit bei dem Arbeitgeber der Elternzeit

Möchte ein Arbeitnehmer im Rahmen der Elternzeit nicht völlig mit der Arbeit aussetzen, sondern in Teilzeit weiterarbeiten, so kann er hierzu die Verringerung seiner Arbeitszeit beanspruchen. Der gewünschte Umfang der Teilzeittätigkeit darf je Elternteil 30 Wochenstunden nicht überschreiten (§ 15 Abs. 4 S. 1 BErzGG).[439] Ähnlich wie im Rahmen des Teilzeitanspruchs nach § 8 TzBfG ist eine Einigung der Arbeitsvertragsparteien über die Verringerung der Arbeitszeit und ihre Ausgestaltung vorrangiges Gesetzesziel (§ 15 Abs. 5 S. 1 BErzGG).[440]

Der Teilzeitanspruch ist in § 15 Abs. 7 BErzGG an weitere Voraussetzungen gekoppelt:
Kleinbetriebe, in denen in der Regel nicht mehr als 15 Arbeitnehmer beschäftigt werden, sind von einer Verringerung der Arbeitszeit ausgenommen. Der An-

---

[438] Hierzu oben *§ 2 I. 4.* Der Teilzeitanspruch nach § 15 BErzGG geht für die Dauer der Elternzeit dem allgemeinen Teilzeitanspruch nach dem TzBfG vor (§ 23 TzBfG); vgl. *Hönsch*, Rn. 209; MünchArbR-*Heenen*, Ergänzungsband, § 229 Rn. 27.

[439] Somit können beide Elternteile gemeinsam während ihrer Elternzeit 60 Wochenstunden Teilzeitarbeit leisten. Eine Aufteilung, wonach etwa ein Elternteil 35 und der andere 25 Stunden leistet, ist jedoch unzulässig; vgl. Begr. zum RegE, BT-Drucks. 14/3553, S. 21; *Pietrzyk/Schulz/Sieben/Sprenger*, A. 2.1, S. 77.

[440] Hierzu unter *§ 2 I. 4. a) bb).*

spruch kann erstmals nach Erfüllung einer sechsmonatigen Wartezeit geltend gemacht werden. Der Arbeitnehmer hat den Anspruch wenigstens acht Wochen vorher schriftlich mitzuteilen.[441] Die vertraglich vereinbarte regelmäßige Arbeitszeit muss ferner für zumindest drei Monate auf einen Umfang zwischen 15 und 30 Wochenstunden verringert werden. Will der Arbeitgeber die beabsichtigte Verringerung der Arbeitszeit nicht hinnehmen, so hat er seine Ablehnung innerhalb von vier Wochen schriftlich zu begründen. Er kann sie nur darauf stützen, dass dem Anspruch dringende betriebliche Gründe entgegenstehen. Stimmt der Arbeitgeber der Verringerung der Arbeitszeit nicht oder nicht rechtzeitig zu, so kann der Arbeitnehmer vor dem Arbeitsgericht Klage auf Zustimmung zur Verringerung erheben.
Unbenommen bleibt es dem Arbeitnehmer, eine bereits vor Inanspruchnahme der Elternzeit bei demselben Arbeitgeber ausgeübte Teilzeitarbeit fortzusetzen, soweit ihr zeitlicher Umfang 30 Wochenstunden nicht übersteigt (§ 15 Abs. 5 S. 2 iVm Abs. 4 BErzGG).[442]

bb) Teilzeitarbeit im Rahmen von Zweitarbeitsverhältnissen

Während der Elternzeit kann Teilzeitarbeit auch in einem Zweitarbeitsverhältnis ausgeübt werden, wenn der Arbeitgeber dem zustimmt (§ 15 Abs. 4 S. 2 BErzGG).[443] Der Arbeitnehmer kann somit grundsätzlich die völlige Freistellung in seinem Arbeitsverhältnis beanspruchen und stattdessen eine bis zu 30 Wochenstunden umfassende Teilzeittätigkeit bei einem zweiten Arbeitgeber ausüben.

(1) Fortsetzung bestehender Zweitarbeitsverhältnisse

Fraglich ist, ob ein bereits vor der Inanspruchnahme von Elternzeit bestehendes Teilzeitarbeitsverhältnis bei einem weiteren Arbeitgeber infolge der Elternzeit zustimmungspflichtig werden kann.

Zunächst scheint diese Frage hinreichend durch die Bestimmung des § 15 Abs. 5 S. 2 BErzGG geregelt zu sein. Danach ist es dem Arbeitnehmer unbenommen, „seine vor der Elternzeit bestehende Teilzeitarbeit unverändert während der Elternzeit fortzusetzen“. Diese Vorschrift dient der Klarstellung, dass der Arbeitnehmer sich nicht mit dem Arbeitgeber über die Fortführung bereits bestehender

---

[441] Hier besteht ein signifikanter Unterschied zu § 8 TzBfG, wonach die Geltendmachung keiner Schriftform bedarf.

[442] *Pietrzyk/Schulz/Sieben/Sprenger*, A. 2.2.13.1., S. 88.

[443] Die weitere Möglichkeit einer Teilzeitarbeit als Selbständiger (§ 15 Abs. 4 S. 2 Alt. 2 BErzGG) soll hier außer Betracht bleiben.

Teilzeitarbeit einigen muss. Sie steht jedoch zugleich unter dem Vorbehalt, dass die bereits bestehende Teilzeitarbeit nicht mehr als 30 Wochenstunden umfasst.[444] Des Weiteren ist aus gesetzessystematischer Erwägung heraus die genannte Bestimmung auf die Verringerung der Arbeitszeit und deren Ausgestaltung bei demselben Arbeitgeber zugeschnitten. Dies zeigt sich anhand von § 15 Abs. 5 S. 1 BErzGG, der die Einigung von Arbeitnehmer und Arbeitgeber zum vorrangigen Prinzip einer verringerten Arbeitszeit macht.
Die Problematik soll durch ein Beispiel verdeutlicht werden:
Eine Arbeitnehmerin arbeitet samstags sechs Stunden als Verkäuferin in einem Warenhaus. Daneben ist sie von montags bis freitags in einem Industriebetrieb wöchentlich 35 Stunden als Näherin beschäftigt. Nach der Geburt ihres Kindes nimmt sie in ihrem Arbeitsverhältnis als Verkäuferin Elternzeit, um sich zumindest am Wochenende ganz ihrem Kind widmen zu können.

Möglicherweise wird nun das Arbeitsverhältnis als Näherin nach § 15 Abs. 4 S. 2 BErzGG zustimmungspflichtig. Zunächst könnte problematisch sein, ob eine Tätigkeit von 35 Wochenstunden innerhalb eines Zweitarbeitsverhältnisses während der Elternzeit überhaupt zulässig ist. Denn nach § 15 Abs. 4 S. 1 BErzGG darf ein Elternteil, der Elternzeit nimmt, nicht mehr als 30 Stunden in der Woche erwerbstätig sein. Eine Lösung soll jedoch nicht allein an der Überschreitung von 30 Wochenstunden gemessen werden. Arbeitet die Arbeitnehmerin lediglich 30 Wochenstunden als Näherin, demnach innerhalb der Zeitspanne des § 15 Abs. 4 S. 1 BErzGG, so könnte dies nach § 15 Abs. 4 S. 2 BErzGG die Zustimmungspflicht auslösen. Die Bestimmung des § 15 Abs. 5 S. 2 BErzGG hilft in diesem Fall, wie bereits gesehen, nicht weiter, da die Teilzeitarbeit bei einem anderen Arbeitgeber ausgeübt wird. Im Übrigen wäre ein Zweitarbeitsverhältnis mit 35 Wochenstunden kaum noch als Teilzeitarbeit in diesem Sinne zu begreifen und schon deshalb die Bestimmung nicht anwendbar.

Die Lösung ist mit Hilfe des Gesetzeszwecks zu suchen. Die Elternzeit soll es erziehenden Eltern und Elternteilen ermöglichen, die Betreuung ihres Kindes mit ihrem Berufsleben zu vereinbaren.[445] Das Bundeserziehungsgeldgesetz unterstützt Teilzeitarbeit, um Arbeitnehmern in Elternzeit eine anschließende Wiedereingliederung in den Beruf und die Rückkehr zur ursprünglichen Arbeitszeit zu erleichtern.[446] Dieses gesetzgeberische Ziel würde jedoch in sein Gegenteil verkehrt, wenn bereits bestehende Zweitarbeitsverhältnisse durch die Inanspruchnahme von Elternzeit in einem anderen Arbeitsverhältnis zustimmungspflichtig oder gar unzulässig würden. Die Folge wäre oftmals ein Verzicht auf die Elternzeit. Zweitarbeitsverhältnisse, die bereits vor Inanspruchnahme der

---

444 Begr. zum RegE, BT-Drucks. 14/3553, S. 21.

445 Begr. zum RegE, BT-Drucks. 14/3553, S. 21; vgl. auch *Peters-Lange/Rolfs*, NZA 2000, 682, 684.

446 *Hönsch*, Rn. 311.

Elternzeit bestanden haben, bleiben daher ohne Einfluss auf ein anderes Arbeitsverhältnis. Es entsteht keine gesetzliche Zustimmungspflicht für die Fortsetzung solcher Zweitarbeitsverhältnisse.[447] Die Fortsetzung eines Zweitarbeitsverhältnisses mit einem Arbeitszeitumfang von mehr als 30 Wochenstunden bleibt dem Arbeitnehmer unbenommen. Arbeitnehmer sind also frei darin, nur in einem von mehreren Arbeitsverhältnissen Elternzeit zu nehmen.[448]

(2) Neuaufnahme von Zweitarbeitsverhältnissen während der Elternzeit

Die Aufnahme einer Teilzeitarbeit bei einem anderen Arbeitgeber während der Elternzeit bedarf nach § 15 Abs. 4 S. 2 BErzGG der Zustimmung des Arbeitgebers der Elternzeit. Zusätzlich darf die neu aufgenommene Teilzeitarbeit nur in einem Umfang von bis zu 30 Wochenstunden ausgeübt werden (§ 15 Abs. 4 S. 1 BErzGG). Der Arbeitgeber der Elternzeit kann die Zustimmung zur Aufnahme der Teilzeittätigkeit in einem Zweitarbeitsverhältnis innerhalb von vier Wochen schriftlich verweigern. Die Ablehnung kann nur auf dringende betriebliche Gründe gestützt werden (§ 15 Abs. 4 S. 3 BErzGG).[449]

Die Zustimmungspflicht gilt für alle Teilzeitbeschäftigungen, die ein Arbeitnehmer während der Elternzeit aufnehmen will.[450] Der Arbeitgeber der Elternzeit hält bei völliger Freistellung den Arbeitsplatz des Arbeitnehmers frei. Im Gegenzug muss er die Aufnahme anderweitiger Teilzeitarbeitsverhältnisse mittels einer Zustimmungspflicht kontrollieren können.
Verstreicht die vierwöchige Ablehnungsfrist, so entfällt das Zustimmungserfordernis, wenn der Arbeitnehmer die Zustimmung zuvor ordnungsgemäß beantragt hat.[451] Hierfür ist auch erforderlich, dass der Arbeitnehmer den zeitlichen Umfang der Teilzeitarbeit, den Arbeitgeber des Zweitarbeitsverhältnisses und die Art der dortigen Tätigkeit mitgeteilt hat.[452]
Will der Arbeitnehmer eine erfolgte Ablehnung nicht hinnehmen, so muss er vor den Arbeitsgerichten auf Erteilung der Zustimmung klagen. Tritt er die Teilzeittätigkeit dennoch an, so berechtigt dies den Arbeitgeber zur Abmahnung und gegebenenfalls in den Grenzen des § 18 BErzGG auch zur Kündigung.[453] Ein

---

[447] Wie hier MünchArbR-*Heenen*, Ergänzungsband, § 229 Rn. 28.

[448] *Hönsch*, Rn. 227.

[449] § 15 Abs. 4 BErzGG a.F. sah hierzu noch „entgegenstehende betriebliche Interessen“ vor. Allgemein zur Ablehnung aus dringenden betrieblichen Gründen nach § 15 BErzGG *Reiserer/Penner*, BB 2002, 1962 ff.

[450] *Stevens-Bartol* in Buschmann/Dieball/Stevens-Bartol, BErzGG, §§ 15, 16 Rn. 12.

[451] *Stevens-Bartol* in Buschmann/Dieball/Stevens-Bartol, BErzGG, §§ 15, 16 Rn. 12; MünchArbR-*Heenen*, Ergänzungsband, § 229 Rn. 28.

[452] BAG v. 26.6.1997 - 8 AZR 506/95, DB 1997, 2128, 2129 (noch zur vormaligen Rechtslage); *Pietrzyk/Schulz/Sieben/Sprenger*, A. 2.2.12., S. 86.

[453] *Heise* in Worzalla u.a., A. 4.4.3.1, S. 172 f.

Verstoß führt jedoch nicht zur Nichtigkeit des Zweitarbeitsverhältnisses, da § 15 Abs. 4 BErzGG kein Verbotsgesetz im Sinne von § 134 BGB darstellt.[454]

Ob ein dringender betrieblicher Grund zur Versagung der Zustimmung vorliegt, ist stets nach den konkreten Umständen des Einzelfalls zu entscheiden. Ein Ablehnungsgrund kommt jedoch in Betracht, wenn der Arbeitgeber der Elternzeit zugleich bereit ist, dem Arbeitnehmer die gewünschte Teilzeitstelle im eigenen Betrieb anzubieten.[455] Die noch zur vormaligen Rechtslage eines „entgegenstehenden betrieblichen Interesses" des Arbeitgebers ergangene Rechtsprechung dürfte auch nach der Novellierung aufrechtzuerhalten sein.[456] Es besteht insoweit kein Grund für eine größere Flexibilisierung der Berufstätigkeit während der Elternzeit. Im Übrigen wird ein dringender betrieblicher Grund auch im Fall der Aufnahme einer verbotenen Konkurrenztätigkeit anzunehmen sein. Ferner kann die konkrete Gefahr einer Verletzung von Geschäfts- oder Betriebsgeheimnissen eine Ablehnung rechtfertigen.[457]

c) Ergebnis

Zur Fortführung von Zweitarbeitsverhältnissen, die bereits vor Inanspruchnahme der Elternzeit bestanden haben, bedarf der Arbeitnehmer keiner Zustimmung des Arbeitgebers. Arbeitnehmer, die im Rahmen von Zweitarbeitsverhältnissen beschäftigt sind, können Elternzeit in den jeweiligen Arbeitsverhältnissen getrennt voneinander beanspruchen.

Wird der Arbeitnehmer im Rahmen der Elternzeit von seiner Arbeitspflicht freigestellt, so bedarf die Neuaufnahme einer Teilzeittätigkeit in einem Zweitarbeitsverhältnis der Zustimmung des Arbeitgebers der Elternzeit. Der Arbeitgeber kann seine Zustimmung nur aus dringenden betrieblichen Gründen verweigern.

---

[454] MünchArbR-*Heenen*, Ergänzungsband, § 229 Rn. 30; *Buchner/Becker*, BErzGG, § 15 Rn. 40; *Meisel/Sowka*, BErzGG, § 15 Rn. 30; a.A. *Hönsch*, Rn. 334: die Vorschrift stelle zwar ein Verbotsgesetz iSv § 134 BGB dar, ein Verstoß ziehe jedoch keine Nichtigkeit nach sich.

[455] BAG v. 26.6.1997 - 8 AZR 506/95, DB 1997, 2128, 2129.

[456] *Lindemann/Simon*, NJW 2001, 258, 263; *Peters-Lange/Rolfs*, NZA 2000, 682, 686.

[457] OLG Düsseldorf v. 2.7.1999 - 14 Sa 487/99, NZA-RR 2000, 232, 234 (zur vormaligen Rechtslage); vgl. auch MünchArbR-*Heenen*, Ergänzungsband, § 229 Rn. 29; *Stevens-Bartol* in Buschmann/Dieball/Stevens-Bartol, BErzGG, §§ 15-16 Rn. 12; *Becker/Buchner*, BErzGG, § 15 Rn. 38; *Lindemann/Simon*, NJW 2001, 258, 263; weiter gehend *Heise* in Worzalla u.a., A. 4.4.3.1, S. 172: auch ein nicht aufzufangender Arbeits- oder Produktionsausfall genüge. Dem ist entgegenzuhalten, dass der Arbeitnehmer auch die völlige Freistellung beanspruchen könnte, ohne dass der Arbeitgeber dies unter Berufung auf ein wirtschaftliches Risiko verhindern kann. Zur Bedeutung von Konkurrenztätigkeiten im Rahmen des Teilzeitanspruchs nach dem Teilzeit- und Befristungsgesetz s. oben *§ 2 I. 4. a) cc)*.

Ein dringender betrieblicher Grund kann je nach den Umständen des Einzelfalls darin liegen, dass der Arbeitgeber die gewünschte Teilzeittätigkeit auch in seinem Betrieb anbietet. Weiterhin kommen auch die beabsichtigte Tätigkeit bei einem Konkurrenzunternehmen oder die konkrete Gefahr der Verletzung von Betriebs- oder Geschäftsgeheimnissen als dringende betriebliche Gründe in Betracht.

9. Altersteilzeitgesetz

Das Altersteilzeitgesetz sieht vor, älteren Arbeitnehmern einen finanziellen Anreiz zur Verringerung ihrer Arbeitszeit zu gewähren, um somit den Arbeitsmarkt zu entlasten. Im Gegenzug wird ein Teil des Lohn- und des Beitragsausfalls zur gesetzlichen Rentenversicherung durch Zuschüsse des Arbeitgebers getragen. Die Bundesanstalt für Arbeit wiederum erstattet dem Arbeitgeber finanzielle Mehrbelastungen, wenn dieser auf dem frei gewordenen Arbeitsplatz einen Arbeitslosen oder Ausgebildeten einstellt. Das Altersteilzeitgesetz baut folglich auf einem Dreieckssystem zwischen Arbeitnehmer, Arbeitgeber und Bundesanstalt für Arbeit auf.

Im Einzelnen setzt die Anwendung des Altersteilzeitgesetzes Folgendes voraus:[458]
Der Arbeitnehmer muss das 55. Lebensjahr vollendet haben. Arbeitnehmer und Arbeitgeber müssen darüber hinaus eine Vereinbarung über die Verkürzung der wöchentlichen Arbeitszeit auf grundsätzlich die Hälfte der bisherigen wöchentlichen Arbeitszeit treffen und es muss Versicherungspflicht in der gesetzlichen Arbeitslosenversicherung bestehen.[459] Keine Partei des Arbeitsvertrags kann somit einseitig zum Wechsel in die Altersteilzeitarbeit gezwungen werden. Des Weiteren ist eine Vorversicherungszeit in der gesetzlichen Arbeitslosenversicherung von wenigstens 1080 Kalendertagen erforderlich. Der Arbeitgeber muss sich dazu verpflichten, das Arbeitsentgelt für die Altersteilzeittätigkeit um wenigstens 20 % dieses Entgelts, jedoch auf mindestens 70 % des um die gewöhnlichen gesetzlichen Abzüge verminderten Vollzeitarbeitsentgelts aufzustocken sowie die Beiträge zur gesetzlichen Rentenversicherung bis zur Höhe von 90 % der auf das Vollzeitarbeitsverhältnis entfallenden Rentenversicherungsbeiträge

---

[458] Ausführlich zu den Anspruchsvoraussetzungen nach den §§ 2, 3 ATZG MünchArbR-*Schüren*, § 163, Ergänzungsband, Rn. 8 ff.

[459] Zur Reduzierung der Arbeitszeit ist auch das sog. Blockmodell zulässig (§ 2 Abs. 2 S. 1 Nr. 1 ATZG). Danach ist es ausreichend, wenn die Arbeitszeit im Durchschnitt von drei Jahren bzw. bei kollektivvertraglicher Regelung von sechs Jahren halbiert wird. Das bedeutet, dass in der ersten Hälfte dieses Zeitraums in der Regel noch die volle Arbeitsleistung erbracht wird, in der zweiten Hälfte hingegen keine Arbeitsleistung mehr. Ausführlich hierzu *Stevens-Bartol* in Buschmann/Dieball/Stevens-Bartol, ATZG, §§ 1-6 Rn. 23 f.; ErfK-*Rolfs*, ATZG, § 2 Rn. 9 ff.

zu tragen. Aus Anlass des Übergangs des Arbeitnehmers zur Altersteilzeitarbeit ist schließlich ein Arbeitsloser auf dem freigewordenen Arbeitsplatz einzustellen bzw. ein Ausgebildeter zu übernehmen.

Bei Vorliegen dieser Voraussetzungen fördert die Bundesanstalt für Arbeit die Altersteilzeitarbeit durch Erstattung der Aufstockungsbeträge sowie des überschießenden Anteils der Beiträge zur gesetzlichen Rentenversicherung an den Arbeitgeber für die Dauer von längstens sechs Jahren (§ 4 Abs. 1 ATZG).

Bedeutsam sind die Erlöschens- bzw. Ruhenstatbestände des § 5 ATZG, die mit dem Erstattungsanspruch des Arbeitgebers gegen die Bundesanstalt für Arbeit verknüpft sind. Der Erstattungsanspruch erlischt insbesondere bei Beendigung der Altersteilzeitarbeit bzw. bei Vollendung des 65. Lebensjahres. Ferner führt der Eintritt der Voraussetzungen für den gesetzlichen Rentenbezug oder die Inanspruchnahme der gesetzlichen Rente zum Erlöschen der Förderung.[460] Daneben besteht grundsätzlich keine Erstattungsverpflichtung, solange auf dem frei gewordenen Arbeitsplatz keine Person mehr beschäftigt wird, die zuvor als Arbeitsloser oder Ausgebildeter eingestellt worden war.

Für die folgende Untersuchung ist der Ruhenstatbestand des § 5 Abs. 3 ATZG von zentraler Bedeutung.[461] Danach ruht der Erstattungsanspruch, wenn der Arbeitnehmer während der Altersteilzeitarbeit Beschäftigungen oder selbständige Tätigkeiten ausübt, welche die Geringfügigkeitsgrenze nach § 8 SGB IV überschreiten oder er aufgrund solcher Beschäftigungen eine Entgeltersatzleistung erhält. Ein Ruhen von mindestens 150 Kalendertagen führt zum Erlöschen des Anspruchs. Arbeitgeber von solchen Beschäftigten, die während der Dauer ihrer Altersteilzeit Zweitarbeitsverhältnisse in mehr als geringfügigem Umfang ausüben, verlieren daher unter Umständen den Anspruch auf Ausgleich der finanziellen Mehrbelastungen, die durch die Altersteilzeitarbeit entstehen.

Im Folgenden werden die Voraussetzungen des § 5 Abs. 3 ATZG näher erörtert. Es wird sodann untersucht, ob der Arbeitgeber seine Aufstockungsleistungen unter Umständen an die Bedingung knüpfen kann, dass keine weiteren Beschäftigungsverhältnisse ausgeübt werden, welche die staatliche Förderung gefährden. In diesem Zusammenhang ist auch zu prüfen, ob der Arbeitgeber im Rahmen der Altersteilzeit ein Verbot entsprechender Beschäftigungen vereinbaren kann.

---

[460] Im Einzelnen zu diesen Erlöschenstatbeständen *Rittweger* in *Rittweger/Petri/Schweikert*, ATZG, § 5 Rn. 2 ff.

[461] Einen Überblick über die übrigen Ruhenstatbestände des § 5 ATZG gibt *Schaub*, § 44 Rn. 140.

a) Erstattungsanspruch des Arbeitgebers und Zweitarbeitsverhältnisse

aa) Ruhen des Erstattungsanspruchs gegen die Bundesanstalt für Arbeit

Übt der Arbeitnehmer während der Altersteilzeitarbeit weitere Beschäftigungen in mehr als geringfügigem Umfang aus (§ 8 SGB IV), so ordnet § 5 Abs. 3 S. 1 ATZG das Ruhen des Erstattungsanspruchs des Arbeitgebers gegen die Bundesanstalt für Arbeit an.[462]
Das Ruhen der Förderung dient dazu, den arbeitsmarktpolitischen Zweck der Altersteilzeit nicht zu gefährden. Zweck des Altersteilzeitgesetzes ist es, Arbeitnehmern nach Vollendung des 55. Lebensjahres einen gleitenden Übergang vom Erwerbsleben in den Ruhestand zu ermöglichen, ohne das gesetzliche Sozialversicherungssystem über Gebühr zu belasten. Zugleich soll durch die Pflicht zur Einstellung eines Arbeitslosen oder die Übernahme eines Auszubildenden eine Entlastung des Arbeitsmarkts herbeigeführt werden.[463]
Ruht der Anspruch für mindestens 150 Kalendertage, so erlischt er schließlich (§ 5 Abs. 3 S. 2 ATZG). Bei der Berechnung der Ruhezeit sind mehrere Ruhezeiträume zusammenzurechnen (§ 5 Abs. 3 S. 3 ATZG).
Arbeitnehmer, die bereits vor der Altersteilzeitarbeit einer weiteren Beschäftigung nachgegangen sind, werden durch die Regelung des § 5 Abs. 3 S. 4 ATZG privilegiert. Beschäftigungen, die der Arbeitnehmer bereits innerhalb der letzten fünf Jahre vor Beginn der Altersteilzeitarbeit ständig ausgeübt hat, beeinflussen die Förderung durch die Bundesanstalt für Arbeit nicht.

Zweitarbeitsverhältnisse des Arbeitnehmers, die über das Maß der Geringfügigkeit hinausgehen und auch im Übrigen nicht privilegiert sind, führen dazu, dass der Arbeitgeber die staatliche Förderung einbüßt.[464] Der Arbeitnehmer hat zwar gemäß § 11 Abs. 1 S. 1 ATZG die Aufnahme solcher Zweitarbeitsverhältnisse unverzüglich mitzuteilen. Die gesetzliche Mitteilungspflicht erweist sich jedoch für den Arbeitgeber als wenig hilfreich, da die eigentliche Vereinbarung von Altersteilzeitarbeit durch die Aufnahme entsprechender Zweitarbeitsverhältnisse nicht berührt wird. Der Arbeitgeber ist weiterhin zur Aufstockung des Lohnes und der Rentenversicherungsbeiträge verpflichtet. Andererseits ist die Bundesanstalt für Arbeit in diesem Fall berechtigt, die Erstattung der Mehrbeträge an den Arbeitgeber einzustellen. Ihr gegenüber besteht für den Arbeitnehmer eine Erstattungspflicht für bereits erbrachte Leistungen nur dann, wenn er vorsätzlich oder grob fahrlässig seiner Meldepflicht nicht nachgekommen ist oder unzutreffende Angaben gemacht hat (§ 11 Abs. 2 S. 1 ATZG). Eine Erstattungspflicht

---

[462] Zu den Voraussetzungen der geringfügigen Beschäftigung nach § 8 SGB IV ausführlich unter *§ 3 I.*

[463] Begr. zum RegE, BT-Drucks. 13/4336, S. 14 ff.

[464] Vgl. hierzu hierzu etwa LAG Rheinland-Pfalz v. 7.6.2002 - 2 Sa 1141/01, DB 2002, 2387.

des Arbeitnehmers gegenüber dem Arbeitgeber für geleistete Aufstockungszahlungen ist gesetzlich nicht vorgesehen.
Der Arbeitgeber befindet sich daher in einer unsicheren Lage, zumal er keine Kontrolle über das tatsächliche Verhalten des Arbeitnehmers hat.

bb) Bedingte Zahlung der Aufstockungsbeträge

Im Schrifttum wird zur Absicherung der staatlichen Förderung vorgeschlagen, die Zahlung der Aufstockungsbeträge an den Arbeitnehmer zugleich mit der auflösenden Bedingung zu versehen, dass dieser keine weiteren über die Geringfügigkeitsgrenze hinausgehenden Beschäftigungen ausübt.[465]
Folgt man dieser Auffassung, so kommt es mit der Ausübung solcher Zweitarbeitsverhältnisse nicht nur zum Ruhen der staatlichen Förderung, sondern auch zum Fortfall des arbeitnehmerseitigen Anspruchs auf Zahlung der Aufstockungsbeträge.

Indes ist zu beachten, dass § 8 Abs. 2 ATZG ein Koppelungsverbot beinhaltet. Danach darf der Arbeitgeber seine Verpflichtung zur Zahlung der Aufstockungsbeiträge grundsätzlich nicht von der Förderung durch die Bundesanstalt für Arbeit abhängig machen. § 8 Abs. 2 ATZG stellt ein gesetzliches Verbot im Sinne von § 134 BGB dar.[466] Eine hiergegen verstoßende Vereinbarung ist daher nichtig. Das Koppelungsverbot greift dann, wenn der Arbeitgeber den Arbeitsplatz nicht ordnungsgemäß wiederbesetzt hat und aus diesem Grund keinen Zuschuss von der Bundesanstalt für Arbeit erhält (§ 8 Abs. 2 S. 1 ATZG). Dasselbe gilt, wenn der Zuschuss deshalb ausbleibt, weil der Arbeitgeber seine Mitwirkungspflichten im Zusammenhang mit der hierfür erforderlichen Antragstellung nicht erfüllt hat (§ 8 Abs. 2 S. 2 iVm § 12 ATZG).
Aus dieser Aufzählung wird im Schrifttum im Umkehrschluss abgeleitet, der Arbeitgeber könne in allen anderen Fällen die Zahlung der Aufstockungsbeiträge ausschließen.[467]

Dem kann so nicht gefolgt werden.

Kündigt beispielsweise der auf dem frei gewordenen Arbeitsplatz neu eingestellte Arbeitnehmer, so liegt dies außerhalb des Verantwortungsbereichs des Altersteilzeiters. Er selbst hat keine Einflussmöglichkeit auf die Beendigung des Arbeitsverhältnisses durch die neue Arbeitskraft. Der Arbeitgeber hingegen wird

---

465 *Rittweger* in *Rittweger/Petri/Schweikert*, ATZG, § 8 Rn. 13; Andresen-*Neise*, Rn. 525; MünchArbR-*Schüren*, Ergänzungsband, § 163 Rn. 75; *Bauer*, NZA 1997, 401, 405; *Diller*, NZA 1996, 847, 851; *Boecken*, NJW 1996, 3386, 3391.

466 Begr. zum RegE, BT-Drucks. 13/4336, S. 20.

467 *Bauer*, NZA 1997, 401, 405; *Diller*, NZA 1996, 847, 851; *Leisbrock*, S. 103.

nur dann die Wiederbesetzung der erneut frei gewordenen Stelle forcieren, wenn er das finanzielle Risiko des Förderungsausfalls nicht einseitig dem Arbeitnehmer aufbürden kann. Wenn der Arbeitgeber somit die Kontrolle darüber besitzt, die staatliche Förderung auf Dauer sicherzustellen, erscheint es unbillig, das Risiko des Wegfalls der Zuschüsse auf den Arbeitnehmer abwälzen zu können.[468]

Eine angemessene Lösung bietet eine Verteilung des Ausfallrisikos nach Einflussbereichen.[469] Hat es der Arbeitnehmer in der Hand, die staatliche Förderung zu beeinflussen, so ist es ihm auch zuzumuten, den Wegfall des Anspruchs auf Zahlung der Aufstockungsbeträge hinzunehmen.[470] So liegt es bei der Aufnahme förderungsschädlicher Zweitarbeitsverhältnisse. Sie ist allein dem Arbeitnehmer zurechenbar. Für diesen Fall erscheint es zulässig, die Zahlung der Aufstockungsbeiträge an die Bedingung zu knüpfen, dass keine weiteren Beschäftigungen aufgenommen werden, die das Maß der Geringfügigkeit überschreiten. Das Koppelungsverbot des § 8 Abs. 2 ATZG steht dem weder nach dem Wortlaut noch nach seiner Ratio entgegen. Es dient lediglich dazu, dem Arbeitnehmer die Nichtgewährung von Fördermitteln dann nicht aufzubürden, wenn dies ausschließlich der Arbeitgeber zu vertreten hat.[471] Eine Bedingung, die allein an den Verantwortungsbereich des Arbeitnehmer anknüpft, erscheint hingegen unbedenklich.

cc) Vertragliches Verbot förderungsschädlicher Zweitarbeitsverhältnisse

Zur weiteren Absicherung des Arbeitgebers wird in der Literatur teilweise befürwortet, der Arbeitgeber könne in die Altersteilzeitvereinbarung ein Verbot weiterer nicht nur geringfügiger Beschäftigungen aufnehmen und dieses mit einer Schadensersatzverpflichtung bewehren.[472]
Ein Verbot entsprechender Zweitarbeitsverhältnisse ist jedoch nicht unbegrenzt zulässig, da derartige Ausschlussklauseln zugleich einen Eingriff in die Berufsfreiheit des Arbeitnehmers bedeuten. Wie bereits an anderer Stelle erläutert, kann der Arbeitgeber die Aufnahme von Zweitarbeitsverhältnissen nur dann vertraglich ausschließen, wenn er an ihrer Untersagung ein berechtigtes Interesse

---

468 *Rittweger* in *Rittweger/Petri/Schweikert*, ATZG, § 8 Rn. 13; MünchArbR-*Schüren*, Ergänzungsband, § 163 Rn. 75; *Boecken*, NJW 1996, 3386, 3391.

469 Ebenso *Rittweger* in *Rittweger/Petri/Schweikert*, ATZG, § 8 Rn. 13.

470 Ähnlich Andresen-*Neise*, Rn. 525: Der Arbeitgeber dürfe eine Abhängigkeit der Zahlung der Aufstockungsleistungen von der Zahlung der Erstattungsleistungen festlegen, wenn das Ruhen des Anspruchs gegen die Bundesanstalt für Arbeit ausschließlich auf das Verhalten des Arbeitnehmers zurückgehe.

471 *Rittweger* in *Rittweger/Petri/Schweikert*, ATZG, § 8 Rn. 11.

472 *Winkelmann* in Kittner/Zwanziger, Arbeitsrecht, § 130 Rn. 92; *Reichling/Wolf*, NZA 1997, 422, 426; *Gussone/Voelzke*, S. 193.

nachweist.[473] Anderenfalls stellt ein entsprechendes Verbot einen unverhältnismäßigen Eingriff in das Grundrecht des Arbeitnehmers aus Art. 12 Abs. 1 GG dar.

Fraglich ist, ob ein berechtigtes Interesse des Arbeitgebers besteht, im Rahmen der Altersteilzeitvereinbarung zugleich die Aufnahme förderungsschädlicher Zweitarbeitsverhältnisse ausschließen zu können.

Der Verlust der staatlichen Förderung birgt für den Arbeitgeber vor allem ein wirtschaftliches Risiko. Die Vereinbarung von Altersteilzeit wird sich für ihn ohne die Förderung durch die Bundesanstalt für Arbeit häufig nicht rechnen.[474] Darüber hinaus kann der Arbeitgeber das tatsächliche Verhalten des Altersteilzeiters außerhalb des Arbeitsverhältnisses nicht hinreichend kontrollieren. Dies spricht zunächst für ein berechtigtes Interesse am Ausschluss förderungsschädlicher Zweitarbeitsverhältnisse.
Andererseits ist fraglich, ob wirtschaftliche Gesichtspunkte allein die Untersagung rechtfertigen können. Das Bundesarbeitsgericht hat hierzu in einer Entscheidung, welche geringfügige Beschäftigungen betraf, Stellung bezogen.[475] Danach ist das wirtschaftliche Interesse des Arbeitgebers an der Aufrechterhaltung der Sozialversicherungsfreiheit des Arbeitnehmers kein den Ausschluss weiterer Beschäftigungsverhältnisse rechtfertigender Gesichtspunkt. Die - zum damaligen Zeitpunkt bestehende - Beitragsfreiheit für geringfügige Beschäftigungsverhältnisse[476] stelle kein spezifisches Arbeitgeberinteresse dar, das eine Beschränkung der Berufsfreiheit des Arbeitnehmers rechtfertigen könne. Es bilde lediglich den gesetzlichen Rahmen des Arbeitsvertrags. Ein vertragliches Verbot zur Aufnahme weiterer - geringfügiger - Beschäftigungen hielt das Bundesarbeitsgericht folglich für nichtig.[477]
Die zitierte Entscheidung kann indes nicht allgemein auf das Interesse des Arbeitgebers an der Aufrechterhaltung der staatlichen Förderung übertragen werden. Einerseits stellen die Zuschüsse der Bundesanstalt für Arbeit nicht lediglich eine Rahmenbedingung der Teilzeitvereinbarung dar, sondern vielmehr den entscheidende Anreiz für den Arbeitgeber, die Altersteilzeit zu vereinbaren. Andererseits trägt das Urteil des Bundesarbeitsgerichts dem besonderen Umstand Rechnung, dass geringfügig beschäftigte Arbeitnehmer häufig in Branchen arbeiten, die ausschließlich sozialversicherungsfreie Beschäftigungsverhältnisse vergeben. Arbeitnehmer, die durch eine weitere Erwerbstätigkeit in derselben

---

473 Hierzu eingehend *§ 2 I. 2.*
474 ErfK-*Rolfs*, ATZG, § 1 Rn. 5.
475 BAG v. 18.11.1988 - 8 AZR 12/86, AP Nr. 3 zu § 611 Doppelarbeitsverhältnis, unter II. 2. der Gründe.
476 Zur Beitragspflicht des Arbeitgebers in der gesetzlichen Kranken- und Rentenversicherung seit 1.4.1999 ausführlich unter *§ 3 I. 1.*
477 Zu dieser Entscheidung ausführlich unter *§ 2 I. 2. b) dd).*

Branche hinzuverdienen wollen, würden unverhältnismäßig in der Ausübung ihrer Berufsfreiheit beeinträchtigt, wenn der Arbeitgeber solche Tätigkeiten allein aufgrund der Beibehaltung der Sozialversicherungsfreiheit verbieten könnte.[478]
Im Rahmen der Altersteilzeitarbeit besteht die Besonderheit, dass der Arbeitnehmer sich freiwillig zur Reduzierung der Arbeitszeit entschlossen hat. Die Subventionierung des Arbeitnehmerentgelts ist dem Arbeitgeber nur dann zumutbar, wenn er darauf vertrauen kann, dass der staatlichen Förderung nicht einseitig durch den Arbeitnehmer die Grundlage entzogen wird. Dies wird erst recht zu gelten haben, wenn der Altersteilzeitvereinbarung eine Arbeitszeitreduzierung im Rahmen des Blockmodells zu Grunde liegt.[479] Hier besteht in der ersten Phase einer fortdauernden Vollzeitarbeit eine besondere Gefahr, dass die in § 11 Abs. 2 ATZG vorgesehene Sanktion bei Ausübung förderungsschädlicher Zweitarbeitsverhältnisse nicht greift. Die Erstattungspflicht des Arbeitnehmers gegenüber der Bundesanstalt für Arbeit geht in der Regel ins Leere, da es in der ersten Phase des Blockmodells noch nicht zur Wiederbesetzung der Stelle und damit auch nicht zur staatlichen Förderung gekommen ist.[480]

Es ist daher mit Art. 12 Abs. 1 GG vereinbar, das Interesse des Arbeitgebers an der Untersagung förderungsschädlicher Erwerbstätigkeiten höher zu bewerten als das Interesse des Arbeitnehmers an der Ausübung solcher Zweitarbeitsverhältnisse, die die Geringfügigkeitsgrenze überschreiten. Der Arbeitgeber hat ein berechtigtes Interesse, im Rahmen der Vereinbarung von Altersteilzeitarbeit zugleich die Aufnahme weiterer nicht nur geringfügiger Arbeitsverhältnisse des Arbeitnehmers zu untersagen. Ein entsprechendes vertragliches Verbot ist wirksam begründbar. Wird das Verbot durch den Arbeitnehmer verletzt, so stellt dies eine zum Schadensersatz berechtigende Pflichtverletzung des Arbeitsvertrags dar. Folglich ist der Arbeitgeber auch berechtigt, in die Altersteilzeitvereinbarung zugleich eine Schadensersatzpflicht für den Fall eines Verstoßes aufzunehmen.[481]

---

[478] Hierzu auch die Einschätzung von *Gitter*, Anmerkung zu BAG v. 18.11.1988 - 8 AZR 12/86, AP Nr. 3 zu § 611 Doppelarbeitsverhältnis: in bestimmten Berufszweigen - in der genannten Entscheidung waren es Gebäudereinigungsunternehmen - komme es bevorzugt zur Einstellung geringfügig Beschäftigter, obwohl dies vielfach nicht dem Willen der betroffenen Arbeitnehmer entspreche.

[479] Zum Blockmodell vgl. bereits die Hinweise in Fußnote 459.

[480] Vgl. zur Wiederbesetzung als Anspruchsvoraussetzung für eine staatliche Förderung § 3 Abs. 1 Nr. 2 ATZG.

[481] *Winkelmann* in Kittner/Zwanziger, Arbeitsrecht, § 130 Rn. 92; *Reichling/Wolf*, NZA 1997, 422, 426; *Gussone/Voelzke*, S. 193; ähnlich ErfK-*Rolfs*, ATZG, § 8 Rn. 6.

b) Ergebnis

Der Arbeitgeber kann die Zahlung der Aufstockungsbeträge innerhalb der Altersteilzeitvereinbarung an die Bedingung knüpfen, dass der Arbeitnehmer keine Zweitarbeitsverhältnisse ausübt, welche die Förderung durch die Bundesanstalt für Arbeit gefährden. Das Koppelungsverbot des § 8 Abs. 2 ATZG wird hiervon nicht berührt. Die Ausübung entsprechender Zweitarbeitsverhältnisse ist allein dem Verantwortungsbereich des Arbeitnehmers zuzurechnen.
Darüber hinaus können die Vertragsparteien ein Verbot förderungsschädlicher Zweitarbeitsverhältnisse in die Altersteilzeitvereinbarung aufnehmen und dieses mit einer Schadensersatzpflicht für den Fall des Verstoßes versehen. Entsprechende Verbote sind mit Art. 12 Abs. 1 GG vereinbar.

III. Beendigung des Zweitarbeitsverhältnisses

Zweitarbeitsverhältnisse unterliegen auch hinsichtlich ihrer Beendigung den Bestimmungen des Arbeitsrechts. Die folgende Darstellung konzentriert sich auf die in Betracht kommenden Kündigungstatbestände und untersucht die Bedeutung weiterer Arbeitsverhältnisse für die Kündigung des Zweitarbeitsverhältnisses.

Die Kündigung des Zweitarbeitsverhältnisses ist an den Bestimmungen der §§ 622 ff. BGB sowie an §§ 1 ff. KSchG zu messen, soweit das Kündigungsschutzgesetz Anwendung findet. Es gelten daher insbesondere die ordentlichen Kündigungsfristen des § 622 BGB und die Regelungen zur außerordentlichen Kündigung (§ 626 BGB). Ferner bedarf die Kündigungserklärung auch im Zweitarbeitsverhältnis gemäß § 623 BGB der Schriftform.[482] Besteht ein Betriebsrat, so ist dieser vor Ausspruch der Kündigung des Arbeitgebers zu hören (§ 102 Abs. 1 S. 1 BetrVG).
Im Rahmen des Kündigungsschutzgesetzes ist die Wirksamkeit einer Kündigung gegen den Arbeitnehmer daran zu messen, ob sie sozial ungerechtfertigt ist (§ 1 Abs. 1 KSchG).[483]

1. Anwendbarkeit des Kündigungsschutzgesetzes auf Zweitarbeitsverhältnisse

Die Anwendbarkeit des Kündigungsschutzgesetzes bestimmt sich nach der Erfüllung seiner Anwendungsvoraussetzungen in dem von der Kündigung betroffenen Arbeitsverhältnis (§§ 1 Abs. 1, 23 Abs. 1 S. 2 KSchG).[484]

---

[482] § 623 BGB wurde mit Wirkung vom 1.5.2000 durch das Gesetz zur Vereinfachung und Beschleunigung des arbeitsgerichtlichen Verfahrens vom 30.3.2000 (BGBl. I, S. 333) neu in das BGB eingeführt und sah zunächst das Schriftformerfordernis für Kündigungen, Auflösungsverträge und Befristungen von Arbeitsverhältnissen vor. Mit Wirkung vom 1.1.2001 ist das Schriftformerfordernis für Befristungen wieder gestrichen und in das neu geschaffene Teilzeit- und Befristungsgesetz (§ 14 Abs. 4 TzBfG) übertragen worden, ohne dass damit eine inhaltliche Veränderung verbunden wäre.

[483] Allgemein zur Sozialwidrigkeit der Arbeitgeberkündigung APS-*Dörner*, KSchG, § 1 Rn. 58 ff.

[484] Neben der Erfüllung der sechsmonatigen Wartezeit ist hierbei insbesondere die Anzahl der beschäftigten Arbeitnehmer im Betrieb von Bedeutung. Zur Eröffnung des sachlichen Geltungsbereichs des Ersten Abschnitts - Allgemeiner Kündigungsschutz - ist gemäß § 23 Abs. 1 S. 2 KSchG eine Beschäftigung von mehr als fünf Arbeitnehmern im Betrieb erforderlich. Nach § 23 Abs. 1 S. 3 KSchG ist bei der Festlegung der Betriebsgröße zu beachten, dass teilzeitbeschäftigte Arbeitnehmer mit einer regelmäßigen wöchentlichen Arbeitszeit von nicht mehr als 20 Stunden mit 0,5 und mit nicht mehr als 30 Stunden mit 0,75 zu berücksichtigen sind. Näher hierzu ErfK-*Ascheid*, KschG, § 23 Rn. 8 ff.

Aufgrund der bis 30.9.1996 geltenden Fassung des § 23 Abs. 1 S. 3 KSchG war vereinzelt vertreten worden, das Kündigungsschutzgesetz sei auf solche Arbeitnehmer nicht anwendbar, die wöchentlich regelmäßig weniger als 10 Stunden oder monatlich 45 Stunden arbeiteten.[485] Die eingeschränkte Anwendbarkeit des Kündigungsschutzrechts beruhe darauf, dass es Arbeitnehmern mit entsprechend geringem Stundendeputat an der sozialen Schutzbedürftigkeit fehle. Die nur geringe Erwerbsquelle bilde nicht ihre Existenzgrundlage.
Folgte man dieser Ansicht, so hätte sich dies auch auf die Kündigung von Zweitarbeitsverhältnissen mit entsprechend geringem zeitlichen Umfang - beispielsweise im Rahmen von Teilzeitarbeitsverhältnissen - ausgewirkt. Die Rechtsprechung und der weit überwiegende Teil der Literatur haben dem zu Recht bereits früh entgegengehalten, § 23 KSchG betreffe lediglich die Feststellung der für die sachliche Anwendbarkeit des Kündigungsschutzgesetzes erforderlichen Betriebsgröße. Für den persönlichen Anwendungsbereich des Kündigungsschutzgesetzes sei unerheblich, in welchem zeitlichen Umfang der Arbeitnehmer beschäftigt sei.[486]

Mit dem heutigen Gesetzeswortlaut erscheint eine einschränkende Auslegung des persönlichen Anwendungsbereichs nicht länger vertretbar. § 23 Abs. 1 S. 3 KSchG sieht in der geltenden Fassung vor, dass teilzeitbeschäftigte Arbeitnehmer mit einer regelmäßigen wöchentlichen Arbeitszeit von nicht mehr als 20 Stunden mit 0,5 und von nicht mehr als 30 Stunden mit 0,75 „bei der Feststellung der maßgeblichen Betriebsgröße" zu berücksichtigen sind. Der persönliche Anwendungsbereich des Kündigungsschutzgesetzes wird hiervon ersichtlich nicht betroffen.[487] Arbeitnehmer in Zweitarbeitsverhältnissen genießen daher unabhängig vom zeitlichen Umfang ihrer Arbeitsverhältnisse Kündigungsschutz nach dem Kündigungsschutzgesetz, wenn die übrigen persönlichen und sachlichen Voraussetzungen der §§ 1 und 23 KSchG erfüllt sind.[488]

---

[485] *Adomeit*, Anmerkung zu BAG v. 13.3.1987 - 7 AZR 724/85, SAE 1988, 74, 75. § 23 Abs. 1 S. 3 KSchG a.F. lautete: „Bei der Feststellung der Zahl der beschäftigten Arbeitnehmer nach Satz 2 sind nur Arbeitnehmer zu berücksichtigen, deren regelmäßige Arbeitszeit wöchentlich 10 Stunden oder monatlich 45 Stunden übersteigt".

[486] BAG v. 9.6.1983 - 2 AZR 494/81, AP Nr. 2 zu § 23 KSchG 1969, unter B. III. der Gründe - noch zur Rechtslage vor Einführung des § 23 Abs. 1 S. 3 a.F. - ; BAG v. 13.3.1987 - 7 AZR 724/85, AP Nr. 37 zu § 1 KSchG 1969 Betriebsbedingte Kündigung, unter I. 3. a) der Gründe - zur Rechtslage nach Einführung des § 23 Abs. 1 S. 3 a.F. - ; MünchArbR-*Schüren*, 1. Auflage, § 158 Rn. 179 und 182; zum Ganzen *Wank*, Nebentätigkeit, Rn. 448 ff.

[487] Vgl. MünchArbR-*Schüren*, § 162, Ergänzungsband, Rn. 267: „Der Kündigungsschutz der Vollzeit- und Teilzeitbeschäftigten ist grundsätzlich gleich."; kritisch im Hinblick auf nebenberufliche Teilzeitarbeit hingegen MünchArbR-*Berkowsky*, § 132 Rn. 9.

[488] *Löwisch*, KSchG, § 1 Rn. 6; *Hueck/v.Hoyningen-Huene/Linck*, KSchG, § 23 Rn. 23 und § 1 Rn. 41.

2. Relevanz weiterer Arbeitsverhältnisse bei betriebsbedingter Kündigung

Im Rahmen einer betriebsbedingten Kündigung können sich für Arbeitnehmer, die mehrere Arbeitsverhältnisse ausüben, rechtliche Probleme aus Folgendem ergeben:
Der Arbeitgeber könnte seine nach § 1 Abs. 3 S. 1 KSchG zu treffende Sozialauswahl im Klagefall mit dem Argument zu verteidigen suchen, das Interesse des gekündigten Arbeitnehmers am Bestand des Arbeitsverhältnisses sei deshalb geringer zu bewerten, weil er aus einer anderen Erwerbstätigkeit ebenfalls Einkünfte erziele, während andere Arbeitnehmer nur über eine einzige Erwerbsquelle verfügten.

Nachfolgend soll untersucht werden, inwiefern die Existenz weiterer Arbeitsverhältnisse im Rahmen der Sozialauswahl berücksichtigungsfähig ist.

a) Die Sozialauswahl nach § 1 Abs. 3 KSchG

Die soziale Rechtfertigung einer betriebsbedingten Kündigung setzt voraus, dass der Weiterbeschäftigung des Arbeitnehmers im Betrieb dringende betriebliche Erfordernisse entgegenstehen.[489] Zudem hat der Arbeitgeber bei der Auswahl des Arbeitnehmers nach § 1 Abs. 3 S. 1 KSchG soziale Gesichtpunkte hinreichend zu berücksichtigen. Die Sozialauswahl knüpft wie die Frage, ob dringende betriebliche Erfordernisse für eine Kündigung gegeben sind, an den Betrieb als Bezugspunkt an.[490]

Gleichwohl sind bei einer betriebsbedingten Kündigung nicht stets alle Arbeitnehmer desselben Betriebs in die soziale Auswahl einzubeziehen. Die Sozialauswahl ist vielmehr auf vergleichbare Arbeitnehmer des Betriebs beschränkt.[491] Übt der Arbeitnehmer das Arbeitsverhältnis in Teilzeitarbeit aus, so schließt dies eine Vergleichbarkeit mit vollzeitbeschäftigten Arbeitnehmern desselben Betriebs nicht begriffsnotwendig aus. Das Bundesarbeitsgericht macht die Einbeziehung von Vollzeitbeschäftigten bei betriebsbedingten Kündigungen gegenüber Teilzeitbeschäftigten von der betrieblichen Organisation des Arbeitgebers

---

[489] Vgl. § 1 Abs. 2 S. 1 KSchG; zum betriebsbedingten Kündigungsgrund ausführlich *Löwisch*, KSchG, § 1 Rn. 243 ff.

[490] BAG v. 22.5.1986 - 2 AZR 612/85, AP Nr. 12 zu § 1 KSchG Soziale Auswahl = AP Nr. 4 zu § 1 KSchG 1969 Konzern, unter B. I. 5. b) bb) der Gründe; *Löwisch*, KSchG, § 1 Rn. 333.

[491] BAG v. 17.9.1998 - 2 AZR 725/97, AP Nr. 36 zu § 1 KSchG 1969 Soziale Auswahl, unter II. 2. a) der Gründe; BAG v. 3.12.1998 - 2 AZR 341/98, AP Nr. 39 zu § 1 KSchG 1969 Soziale Auswahl, unter II. 4. der Gründe.

abhängig.[492] Hat der Arbeitgeber danach ein nachvollziehbares unternehmerisches Konzept der Arbeitszeitgestaltung dargelegt, aufgrund dessen für bestimmte Arbeiten Vollzeitkräfte vorgesehen sind, kann diese Entscheidung als freie Unternehmerentscheidung nur darauf geprüft werden, ob sie offenbar unsachlich, unvernünftig oder willkürlich ist.[493] Liegt eine solche Entscheidung vor, so sind bei der Kündigung einer Teilzeitkraft die Vollzeitkräfte nicht in die Sozialauswahl einzubeziehen. Fehlt hingegen eine Unternehmerentscheidung, so sind Teil- und Vollzeitkräfte vergleichbar.[494]

Art und Umfang der sozialen Gesichtspunkte im Rahmen der Auswahl werden durch das § 1 Abs. 3 S. 1 KSchG nicht näher konkretisiert. Die heutige Gesetzesfassung stimmt insofern mit der bis zum 30.9.1996 geltenden Rechtslage überein. Das arbeitsrechtliche Beschäftigungsförderungsgesetz[495] hatte die Auswahlkriterien ausdrücklich auf die Dauer der Betriebszugehörigkeit, das Lebensalter und die Unterhaltspflichten des Arbeitnehmers begrenzt. Das Korrekturgesetz[496] hat die ursprüngliche Rechtslage mit Wirkung vom 1.1.1999 wiederhergestellt, so dass die Auswahlentscheidung heute nicht mehr auf diese drei Grunddaten beschränkt ist. Gleichwohl bilden sie nach wie vor den gesicherten Kernbestand sozialer Gesichtspunkte.[497]

Die Dauer der Betriebszugehörigkeit fließt als sozial beachtenswerter Umstand stets in die Überprüfung der sozialen Auswahl ein.[498] Hiermit wird dem Umstand Rechnung getragen, dass der Arbeitnehmer sich umso mehr auf das bestehende Arbeitsverhältnis eingerichtet und auf seinen Fortbestand vertraut hat, je länger er dem Betrieb angehört.[499]

---

[492] BAG v. 12.8.1999 - 2 AZR 12/99, AP Nr. 44 zu § 1 KSchG 1969 Soziale Auswahl, unter II. 2. b) der Gründe.

[493] BAG v. 3.12.1998 - 2 AZR 341/98, AP Nr. 39 zu § 1 KSchG 1969 Soziale Auswahl.

[494] In diesem Sinne auch *Oetker*, Anmerkung zu BAG v. 3.12.1998 - 2 AZR 341/98, RdA 1999, 267, 268; *Kort*, Anmerkung zu BAG v. 3.12.1998 - 2 AZR 341/98, SAE 1999, 278, 279; kritisch hingegen *Bauer/Klein*, BB 1999, 1162, 1164. Die Auslegung des BAG ist mit der Gleichbehandlungsrichtlinie 76/207/EWG, ABl. L 39, S. 40, vereinbar; vgl. EuGH v. 26.9.2000 - Rs. C 322/98 *(Kachelmann)*, AP Nr. 51 zu § 1 KSchG 1969 Soziale Auswahl, unter Rn. 35 der Gründe.

[495] Arbeitsrechtliches Gesetz zur Förderung von Wachstum und Beschäftigung (Arbeitsrechtliches Beschäftigungsförderungsgesetz) vom 25.9.1996, BGBl. I, S. 1476.

[496] Gesetz zu Korrekturen in der Sozialversicherung und zur Sicherung der Arbeitnehmerrechte vom 19.12.1998, BGBl. I, S. 3843.

[497] LAG Köln v. 3.5.2000 - 2 Sa 272/00, NZA-RR 2001, 247.

[498] BAG v. 24.3.1983 - 2 AZR 21/82, AP Nr. 12 zu § 1 KSchG 1969 Betriebsbedingte Kündigung, unter B. IV. 1. der Gründe; BAG v. 18.1.1990 - 2 AZR 357/89, BB 1990, 1274.

[499] *Löwisch*, KSchG, § 1 Rn. 354; KR-*Etzel*, KSchG, § 1 Rn. 645.

Die Berücksichtigung des Lebensalters bildet ebenfalls einen zentralen Gesichtspunkt im Rahmen der Sozialauswahl.[500] Hierdurch kommt zum Ausdruck, dass sich mit zunehmendem Alter grundsätzlich auch die soziale Schutzwürdigkeit des Arbeitnehmers erhöht.[501] Die mit einem Arbeitsplatzwechsel verbundenen Folgen sind von jüngeren Arbeitnehmern in der Regel leichter zu bewältigen als von älteren Arbeitnehmern.[502]
Schließlich stellt das Kriterium der Unterhaltpflichten einen stets zu berücksichtigenden sozialen Gesichtspunkt dar.[503] Der erhöhten sozialen Schutzbedürftigkeit ist insbesondere unter dem Aspekt zuzustimmen, dass der Arbeitslohn nicht nur dem eigenen Unterhalt dient, sondern auch den Personen, denen der Arbeitnehmer unterhaltspflichtig ist.[504] Die Schutzbedürftigkeit eines Arbeitnehmers erhöht sich mit der Anzahl von Personen, denen er nach den gesetzlichen Bestimmungen Unterhalt zu gewähren hat.[505]

Keinem dieser stets zu würdigenden sozialen Gesichtspunkte kommt jedoch ein allgemeiner Vorrang zu, so dass es jeweils einer Abwägung im Einzelfall bedarf. Die soziale Auswahl ist keiner schematischen Betrachtungsweise zugänglich.[506]
Über die drei Grunddaten der sozialen Auswahl hinaus sind weitere Auswahlkriterien möglich.[507] Die vorliegende Untersuchung beschränkt sich hierbei vorrangig auf die Berücksichtigungsfähigkeit von Einkünften aus weiteren Arbeitsverhältnissen.[508]

---

[500] BAG v. 8.8.1985 - 2 AZR 464/84, AP Nr. 10 zu § 1 KSchG 1969 Soziale Auswahl, unter A. III. 2. c) cc) der Gründe; BAG v. 20.10.1983 - 2 AZR 211/82, AP Nr. 13 zu § 1 KSchG Betriebsbedingte Kündigung, unter B. II. 1. der Gründe.

[501] *Hueck/v.Hoyningen-Huene/Linck*, KSchG, § 1 Rn. 466 b; APS-*Kiel*, KschG, § 1 Rn. 710.

[502] *Löwisch*, KschG, § 1 Rn. 357; ErfK-*Ascheid*, KSchG, § 1 Rn. 495.

[503] BAG v. 18.1.1990 - 2 AZR 357/89, BB 1990, 1274; BAG v. 8.8.1985 - 2 AZR 464/84, AP Nr. 10 zu § 1 KSchG 1969, unter A. III. 2. c) cc) der Gründe; APS-*Kiel*, KSchG, § 1 Rn. 716.

[504] *Löwisch*, KSchG, § 1 Rn. 358.

[505] Vgl. zu den gesetzlichen Unterhaltspflichten §§ 1360 ff., 1569 ff., 1601 ff. BGB.

[506] Deutlich hierzu BAG v. 8.8.1985 - 2 AZR 464/84, AP Nr. 10 zu § 1 KSchG 1969, unter A. III. 2. c) cc) der Gründe: „Eine (...) schematisierende Betrachtungsweise ist mit der Grundwertung des § 1 Abs. 3 KSchG nicht zu vereinbaren, weil der Kündigungsschutzprozess und auch die Frage der sozialen Auswahl aufgrund der Besonderheiten des Einzelfalls zu entscheiden ist (...)“; vgl. auch KR-*Etzel*, KSchG, § 1 Rn. 652.

[507] So können etwa der Gesundheitszustand, die Vermittelbarkeit, eine Schwerbehinderteneigenschaft oder eine Schwangerschaft berücksichtigungsfähige Kriterien darstellen, vgl. BAG v. 24.3.1983 - 2 AZR 21/82, AP Nr. 12 zu § 1 KSchG 1969 Betriebsbedingte Kündigung, unter B. IV. 1. der Gründe.

[508] Zu den weiteren Kriterien der sozialen Auswahl ausführlich *Lück*, S. 172 ff., insb. 195 ff.

b) Einkünfte aus weiteren Arbeitsverhältnissen als Auswahlgesichtspunkt

Innerhalb der Literatur ist diese umstrittene Frage eng mit einem weiteren Problemfeld verknüpft, nämlich der Relevanz der Vermögensverhältnisse im Rahmen der Sozialauswahl. Daneben bestehen auch Unterscheidungen hinsichtlich der Herkunft weiterer Einkommen des Arbeitnehmers. Zum besseren Verständnis werden diese Fragen nachfolgend ebenfalls behandelt.

Die Vermögensverhältnisse des Arbeitnehmers sind nach der überwiegenden Ansicht im Schrifttum im Rahmen der Sozialauswahl unerheblich.[509] Die Vermögenssituation weise keinerlei Bezug zum Arbeitsverhältnis auf und müsse daher kündigungsschutzrechtlich außer Betracht bleiben. Der Hinzuverdienst des Ehegatten des Arbeitnehmers (so genannter Doppelverdienst) könne hingegen in die Sozialauswahl einfließen, da sich hierdurch das Maß der Unterhaltsverpflichtungen - zumindest gegenüber dem Ehepartner - verringere.[510]

Diese Argumentation ist überzeugend. Das zu kündigende Arbeitsverhältnis steht mit dem eigenen Vermögen des Arbeitnehmers in keinerlei Zusammenhang und kann daher auch für die soziale Auswahl innerhalb der Kündigung keine ausschlaggebende Bedeutung erhalten. Die Vermögensverhältnisse des Arbeitnehmers beruhen wesentlich auf seiner privaten Lebensführung und besitzen für die Kündigung keine Relevanz. Beim Doppelverdienst des Ehegatten ergibt sich eine Wechselwirkung mit dem anerkannten Kriterium der Unterhaltsverpflichtungen. Die Unterhaltsbelastung des Arbeitnehmers gegenüber dem Ehegatten sinkt mit dessen wirtschaftlicher Absicherung. Ebenso verhält es sich in diesem Fall mit der Unterhaltspflicht der Ehepartner gegenüber gemeinsamen Kindern. Insofern kann der Doppelverdienst des Ehegatten innerhalb der Sozialauswahl berücksichtigt werden.

Ob die Einkünfte des Arbeitnehmers aus anderer - eigener - Erwerbstätigkeit innerhalb der Sozialwahl berücksichtigt werden können, wird demgegenüber nur vereinzelt in der Literatur diskutiert.[511] Eigener Hinzuverdienst bleibt jedoch - im Gegensatz zum sog. Doppelverdienst - auf die Verringerung von Unterhaltsverpflichtungen des Arbeitnehmers ohne Einfluss. Die dortige Argumentationsstruktur kann deshalb nicht auf diese Fallgestaltung übertragen werden.

---

509 APS-*Kiel*, KSchG, § 1 Rn. 724; KR-*Etzel*, KSchG, § 1 Rn. 658; *Hueck/v.Hoyningen-Huene/Linck*, KSchG, § 1 Rn. 473; *Kittner* in Kittner/Däubler/Zwanziger, KSchG, § 1 Rn. 476; ErfK-*Ascheid*, KSchG, § 1 Rn. 501; a.A. BAG v. 26.4.1964 - 2 AZR 373/63, AP Nr. 15 zu § 1 KSchG Betriebsbedingte Kündigung, unter 1. b) der Gründe. Zur Unbeachtlichkeit des Vermögens des Ehepartners eines Arbeitnehmers vgl. LAG Köln v. 3.5.2000 - 2 Sa 272/00, NZA-RR 2001, 247, 248.

510 ErfK-*Ascheid*, KSchG, § 1 Rn. 499; *Löwisch*, KSchG, § 1 Rn. 360.

511 Vgl. hierzu MünchArbR-*Berkowsky*, § 139 Rn. 149; *Schaub*, § 43 Rn. 6.

Einige Autoren halten generell alle weiteren Einkünfte eines Arbeitnehmers, auch solche aus privatem Vermögen, für berücksichtigungsfähig.[512]

Für diese Auffassung spricht zunächst, dass weitere Einkünfte den Arbeitnehmer in seiner wirtschaftlichen Existenz besser absichern und damit die Folgen des Arbeitsplatzverlustes unter Umständen von ihm leichter zu tragen wären als von einem Arbeitnehmer, der keine weiteren Einkünfte erzielt. Andererseits ist nicht zu verkennen, dass Einkünfte aus sonstigem Vermögen - ebenso wie das Vermögen selbst - keinen Bezug zu dem zu kündigenden Arbeitsverhältnis aufweisen. Kündigungsschutzrechtlich erscheint es daher sachgerechter, auch solche Einkünfte nicht in die soziale Auswahl einfließen zu lassen. In der praktischen Anwendung wird der Arbeitgeber zudem oftmals keine Kenntnis von sonstigen Einkünften des Arbeitnehmers haben. Der Arbeitgeber kann im Rahmen der sozialen Auswahl jedoch nur solche Umstände berücksichtigen, die ihm bekannt sind.[513]

Möglicherweise sind jedoch Einkünfte, die ein Arbeitnehmer speziell aus einem weiteren Arbeitsverhältnis erzielt, demgegenüber differenziert zu betrachten. Vereinzelt wird vertreten, dass sich die Arbeitsvertragsparteien bei weiteren Arbeitsverhältnissen, die mit Kenntnis des Arbeitgebers aufgenommen wurden, auf die Existenz dieser Arbeitsverhältnisse eingestellt hätten. Damit habe sich auch der Inhalt des Arbeitsverhältnisses geändert. Der Arbeitgeber dürfe aus diesem Grund den weiteren Verdienst berücksichtigen.[514]

Dem kann im Ergebnis, nicht jedoch in der Begründung gefolgt werden:
Die genannte Auffassung berücksichtigt nicht hinreichend, dass die jeweiligen Arbeitsverhältnisse tatsächlich in ihrem Bestand und ihrem Inhalt nach voneinander unabhängig sind. Es fehlt somit auch hier der notwendige Bezug des Einkommens aus dem weiteren Arbeitsverhältnis zu dem zu kündigenden Arbeitsverhältnis.[515]
Im Einzelfall kann es jedoch angemessen sein, auf den Zusammenhang des Einkommens mit dem zu kündigenden Arbeitsverhältnis zu verzichten, um auf diese Weise zu einer Berücksichtigung weiterer Erwerbseinkünfte zu gelangen.[516] Grundgedanke des Kündigungsschutzrechts ist der Schutz der wirtschaftlichen und sozialen Existenz des Arbeitnehmers. Zumindest dort, wo ein weiteres Arbeitsverhältnis diesen Schutz bereits hinreichend gewährleistet, erscheint der

---

512 *Becker-Schaffner*, BlStSozArbR 1975, S. 97, 100 (am Beispiel von Einnahmen aus Vermietungen und Verpachtungen).

513 LAG Köln v. 3.5.2000 - 2 Sa 272/00, NZA-RR 2001, 247, 248; *Löwisch*, KSchG, § 1 Rn. 369; ähnlich ErfK-*Ascheid*, KSchG, § 1 Rn. 501.

514 *Lück*, S. 207.

515 MünchArbR-*Berkowsky*, § 139 Rn. 149.

516 So auch *Linck*, S. 104.

Zusammenhang mit dem zu kündigenden Arbeitsverhältnis nicht zwingend.[517] Voraussetzung ist jedoch, dass der Arbeitnehmer aus dem weiteren Arbeitsverhältnis einen hinreichenden Verdienst erzielt und das weitere Arbeitsverhältnis in seinem rechtlichen Bestand gesichert ist. Weitere Verdienste aus einem Arbeitsverhältnis, das selbst gefährdet ist, etwa durch baldigen Fristablauf oder durch drohende Kündigung, sind daher nicht geeignet, das Maß der sozialen Schutzbedürftigkeit des Arbeitnehmers zu verringern. Ist der erzielte zusätzliche Verdienst geringer als in dem zu kündigenden Arbeitsverhältnis, so muss auch dieser Umstand dazu führen, dass die soziale Auswahl des Arbeitgebers das weitere Arbeitsverhältnis nicht berücksichtigen darf.

Somit kann im Ergebnis ein Verdienst aus einem weiteren Arbeitsverhältnis in die soziale Auswahl einfließen, wenn es in seinem Bestand gesichert ist und dort zugleich der wirtschaftliche Schwerpunkt liegt. Bei Arbeitsverhältnissen, die nach dem Verdienst geringer ausfallen als das zu kündigende Arbeitsverhältnis, bleibt der weitere Verdienst deshalb außer Betracht. Allgemein kann gesagt werden, dass ein Arbeitnehmer, der bereits durch einen Hauptberuf gesichert ist, nicht im gleichen Maß auf den Schutz durch das Kündigungsrecht angewiesen ist wie derjenige, der nur über ein einzelnes Arbeitsverhältnis verfügt.[518] Wenn der Arbeitgeber diesen Umstand im Rahmen der Kündigung zu Gunsten anderer Mitarbeiter, die keine solche Absicherung besitzen, berücksichtigt, so ist hierin kein Verstoß gegen § 1 Abs. 3 KSchG zu sehen.[519]

Erzielt der Arbeitnehmer in den jeweiligen Arbeitsverhältnissen einen vergleichbaren Verdienst, beispielsweise bei zwei Halbtagsstellen, so ist die Frage der Berücksichtigungsfähigkeit schwieriger zu beantworten. Die tatsächlichen Verhältnisse sprechen jedoch in diesem Fall dafür, dass der Arbeitnehmer zur Sicherung seines Lebensunterhalts auf beide Verdienste gleichermaßen angewiesen ist. Bei Beendigung eines der Arbeitsverhältnisse wird daher die wirtschaftliche Existenz ähnlich bedroht wie bei Verlust der wirtschaftlich bedeutenderen Beschäftigung. Dies spricht dafür, den Verdienst aus einem solchen Arbeitsverhältnis nicht in die Sozialauswahl einfließen zu lassen.[520] Das verbleibende Arbeitsverhältnis muss sich daher stets als das Hauptarbeitsverhältnis darstellen.

Dies wird auch dann zu gelten haben, wenn die Sozialauswahl zwischen mehreren Arbeitnehmern mit einer Halbtagsbeschäftigung zu treffen ist und nur einer der Arbeitnehmer darüber hinaus über eine weitere Halbtagstelle verfügt. Die

---

[517] Ähnlich *Linck*, S. 104.

[518] *Wank*, ZIP 1986, 206, 216; *derselbe*, Nebentätigkeit, Rn. 465.

[519] Ähnlich MünchArbR-*Berkowsky*, § 139 Rn. 149; *Schaub*, § 43 Rn. 6; im Ergebnis auch *Lück*, S. 207.

[520] *Becker* in GK-TzA, Art. 1 § 2 Rn. 244.

Berücksichtigung weiterer Einkünfte aus Erwerbstätigkeit im Rahmen der Sozialauswahl muss auf Ausnahmen beschränkt bleiben.[521]
Die wirtschaftlich schwierige Lage eines Arbeitnehmers, der lediglich eine Halbtagstätigkeit ausübt, darf nicht dazu führen, dass einem Arbeitnehmer, der über zwei halbe Stellen verfügt, eher gekündigt wird und er deswegen in dieselbe wirtschaftliche Lage gerät wie sein Kollege.

Auch wenn die Haupttätigkeit des Arbeitnehmers bei der betriebsbedingten Kündigung des Zweitarbeitsverhältnisses bestehen bleibt, darf dies nicht pauschal zur sozialen Rechtfertigung führen. Stets sind auch die übrigen Umstände in die einzelfallbezogene Abwägung einzubeziehen. Neben der Berücksichtigungsfähigkeit des Verdienstes aus weiteren Arbeitsverhältnissen ist damit auch die Frage der Gewichtung der sozialen Gesichtspunkte im Einzelfall angesprochen. Die Auswahlentscheidung des Arbeitgebers soll aus den vergleichbaren Arbeitnehmern denjenigen herausfinden, den die Kündigung am wenigsten trifft.[522] Die Absicherung durch ein weiteres Arbeitsverhältnis ist damit ein Element von weiteren innerhalb der sozialen Auswahl nach § 1 Abs. 3 KSchG, nicht aber ein Merkmal, das zu Lasten des Arbeitnehmers per se eine betriebsbedingte Kündigung rechtfertigen kann. Ergibt eine Abwägung eine höhere Schutzbedürftigkeit als bei anderen Arbeitnehmern, so erweist sich die betriebsbedingte Kündigung auch bei hinreichendem Verdienst aus einem weiteren Arbeitsverhältnis als sozial ungerechtfertigt und damit rechtswidrig.

3. Weitere Arbeitsverhältnisse als verhaltensbedingter Kündigungsgrund

a) Vertragswidriges Verhalten des Arbeitnehmers

Die verhaltensbedingte Kündigung nach § 1 Abs. 2 S. 1 KSchG sanktioniert eine vertragswidrige Handlung des Arbeitnehmers.[523] Hierbei kann es sich um die Verletzung vertraglicher Hauptpflichten, wie die Pflicht zur Arbeitsleistung, oder vertraglicher Nebenpflichten handeln.[524] Davon ausgehend ist stets der vertragliche Pflichtenumfang zu ermitteln und sodann zu untersuchen, ob der Arbeitnehmer die konkrete Pflicht verletzt hat.

---

[521] *Linck*, S. 105.
[522] *Kittner* in Kittner/Däubler/Zwanziger, KSchG, § 1 Rn. 485.
[523] *Löwisch*, KschG, § 1 Rn. 91.
[524] BAG v. 7.12.1988 - 7 AZR 122/88, AP Nr. 26 zu § 1 KSchG 1969 Verhaltensbedingte Kündigung, unter II. 2. d) der Gründe; BAG v. 25.10.1989 - 2 AZR 633/88, AP Nr. 36 zu § 611 BGB Direktionsrecht, unter II. 1. der Gründe; ErfK-*Ascheid*, KschG, § 1 Rn. 287.

Die Pflichtverletzung muss weiterhin zu einer konkreten Beeinträchtigung des Arbeitsverhältnisses führen.[525] Ein Verhalten des Arbeitnehmers, das sich nicht auf das Arbeitsverhältnis auswirkt, ist kündigungsrechtlich nicht relevant. Hinzukommen muss, dass der Arbeitnehmer schuldhaft vertragswidrig gehandelt hat (§ 276 BGB).[526] Anderenfalls wird nicht davon auszugehen sein, dass das Bestandsschutzinteresse des Arbeitnehmers hinter dem Auflösungsinteresse des Arbeitgebers zurückzutreten hat. An einem schuldhaften Verhalten fehlt es im Fall der Verschuldensunfähigkeit, der Pflichtenkollision oder eines unlösbaren Gewissenskonflikts des Arbeitnehmers. Im Rahmen der Kündigung von Zweitarbeitsverhältnissen kommt diesen Fällen indes keine über die allgemeine Kündigung von Arbeitsverhältnissen hinausgehende Bedeutung zu.

In Rechtsprechung und Lehre haben sich zur Konkretisierung der Vertragswidrigkeit bestimmte Schutzbereiche des Arbeitgebers herausgebildet. Zu nennen sind insbesondere der Leistungsbereich - etwa Schlechtleistungen oder Arbeitsverweigerungen des Arbeitnehmers - und der Vertrauensbereich, etwa bei der Verletzung von Treue- und Rücksichtspflichten.[527]

Um den Besonderheiten des Einzelfalls gerecht zu werden, erfordert die Beurteilung der Sozialwidrigkeit stets eine umfassende Interessenabwägung.[528] Die Abwägung muss alle wesentlichen Umstände des Einzelfalls berücksichtigen, die für und gegen eine Weiterbeschäftigung des Arbeitnehmers auf seinem bisherigen Arbeitsplatz sprechen. Hierbei ist das Interesse des Arbeitgebers an der Beendigung dem Interesse des Arbeitnehmers am Fortbestand des Arbeitsverhältnisses gegenüberzustellen.[529]

---

525 BAG v. 20.9.1989 - 2 AZR 233/83, AP Nr. 13 zu § 1 KSchG 1969 Verhaltensbedingte Kündigung, unter II. 2. der Gründe; BAG v. 16.8.1991 - 2 AZR 604/90, AP Nr. 27 zu § 1 KSchG 1969 Verhaltensbedingte Kündigung, unter III. 3. d) aa) der Gründe.

526 *Löwisch*, KSchG, § 1 Rn. 94; APS-*Dörner*, KSchG, § 1 Rn. 265; wohl auch ErfK-*Ascheid*, KSchG, § 1 Rn. 291; einschränkend *Hueck/v.Hoyningen-Huene/Linck*, KSchG, § 1 Rn. 279; BGH v. 21.9.1999 - 2 AZR 665/98, BB 1999, 1819, 20: Verschulden bzw. Vorwerfbarkeit unter besonderen Umständen entbehrlich; a.A. KR-*Etzel*, KSchG, § 1 Rn. 268; MünchArbR-*Berkowksy*, § 137 Rn. 32 ff.: Verschulden nicht erforderlich.

527 Näher hierzu *Schaub*, § 130 Rn. 3.

528 MünchArbR-*Berkowsky*, § 137 Rn. 10; KR-*Etzel*, KSchG, § 1 Rn. 409 ff.

529 Näher zur Interessenabwägung APS-*Dörner*, KSchG, § 1 Rn. 274 und Grundlagen H. Rn. 48 f.; KR-*Etzel*, KSchG, § 1, Rn. 409 ff.

b) Erfordernis einer Abmahnung

Der verhaltensbedingten Kündigung hat grundsätzlich eine Abmahnung vorauszugehen.[530] Die Notwendigkeit der Abmahnung wurzelt im Verhältnismäßigkeitsprinzip. Dem Arbeitnehmer soll hierdurch die Möglichkeit gewährt werden, sein Verhalten zu ändern.
Im Einzelfall kann eine Abmahnung entbehrlich sein. Dies ist der Fall, wenn sie von vornherein keinen Erfolg verspricht oder der Vertragsverstoß sich als besonders gravierend erweist.[531] Nach der Rechtsprechung des Bundesarbeitsgerichts ist eine Abmahnung bei Störungen im Leistungsbereich entbehrlich, wenn sie aufgrund besonderer Umstände nicht erwarten lässt, künftigen Pflichtverstößen vorbeugen zu können. Bei Störungen im Vertrauensbereich hat eine Abmahnung zu erfolgen, wenn sie sich auf eine steuerbares Verhalten bezieht und sie zur Wiederherstellung der Vertrauensgrundlage geeignet erscheint.[532]

c) Konkretisierung des verhaltensbedingten Kündigungsgrundes

Dem Arbeitnehmer steht die Verwendung seiner Arbeitskraft außerhalb der Arbeitszeit grundsätzlich frei. Auch die Ausübung von Zweitarbeitsverhältnissen ist durch das Grundrecht der freien Berufsfreiheit (Art. 12 Abs.1 GG) geschützt.[533] In der Ausübung eines weiteren Arbeitsverhältnisses kann demnach per se kein Kündigungsgrund erblickt werden. Der Arbeitgeber kann jedoch die Ausübung eines weiteren Arbeitsverhältnisses zum Anlass für eine Kündigung nehmen, wenn es hierdurch zu einer erheblichen Beeinträchtigung der vertraglich geschuldeten Leistungen des Arbeitnehmers kommt.[534] Die Ausübung eines weiteren Arbeitsverhältnisses stellt einen Grund für eine verhaltensbedingte Kündigung dar, wenn hierdurch berechtigte Interessen des Arbeitgebers verletzt werden.[535]

Als verhaltensbedingter Kündigungsgrund, der im Rahmen von Zweitarbeitsverhältnissen Bedeutung erlangt, kommt zunächst die Beeinträchtigung der Ar-

---

530 BAG v. 17.2.1994 - 2 AZR 616/93, AP Nr. 33 zu § 1 KSchG 1969 Verhaltensbedingte Kündigung = AP Nr. 116 zu § 626 BGB, unter II. 1. der Gründe; BAG v. 21.11.1985 - 2 AZR 21/85, AP Nr. 12 zu § 1 KSchG 1969, unter III. 2. a) der Gründe; *Löwisch*, KSchG, § 1 Rn. 100.

531 *Löwisch*, KschG, § 1 Rn. 102 ff.

532 BAG v. 4.6.1997 - 2 AZR 526/96, AP Nr. 137 zu § 626 BGB, unter II. 2. a) der Gründe.

533 BAG v. 26.6.2001 - 9 AZR 343/00, NZA 2002, 98, 99.

534 BAG v. 26.8. 1976 - 2 AZR 377/75, AP Nr. 68 zu § 626 BGB, unter I. 3. b) der Gründe; *Hueck/v.Hoyningen-Huene/Linck*, KSchG, § 1 Rn. 347; APS-*Dörner*, KSchG, § 1 Rn. 64.

535 KR-*Etzel*, KSchG, § 1 Rn. 491.

beitsleistung in Betracht.[536] Übt ein Arbeitnehmer weitere Tätigkeiten aus, die dazu führen, dass er seine Pflichten im Arbeitsverhältnis nicht mehr in vollem Umfang erfüllen kann, so stellt dies eine Schlechtleistung im Arbeitsverhältnis dar, die eine verhaltensbedingte Kündigung nach sich ziehen kann. Ebenso ist der Fall zu beurteilen, dass ein weiteres Arbeitsverhältnis während der eigentlichen Arbeitszeit ausgeübt wird. Ferner kann eine Kündigung auf die Ausübung weiterer Arbeitsverhältnisse während der Arbeitsunfähigkeit gestützt werden, wenn hierdurch die Genesung des Arbeitnehmers konkret gefährdet wird.[537] Auch wenn eine Beeinträchtigung der vertraglich geschuldeten Arbeitsleistung vorliegt, bedarf es vor Ausspruch einer Kündigung grundsätzlich einer diesbezüglichen Abmahnung.[538] Die Aufnahme eines weiteren Arbeitsverhältnisses während des Urlaubs kann einen verhaltensbedingten Kündigungsgrund bilden, wenn dies gemäß § 8 BUrlG dem Urlaubszweck widerspricht.[539] Ebenso kann die Übernahme einer mit dem Arbeitsverhältnis konkurrierenden weiteren Erwerbstätigkeit einen verhaltensbedingten Kündigungsgrund darstellen.[540]

Eine verhaltensbedingte Kündigung kommt hingegen nicht in Betracht, wenn kein berechtigtes Interesse des Arbeitgebers an der Unterlassung des Zweitarbeitsverhältnisses oder der mit ihr verbundenen konkreten Tätigkeit nachweisbar ist. In diesem Fall hat der Arbeitgeber die Ausübung weiterer Arbeitsverhältnisse hinzunehmen.

---

[536] BAG v. 28.2.2002 - 6 AZR 357/01, Pressemitteilung BAG 15/02 (Unzulässigkeit der Nebentätigkeit eines Krankenpflegers als Leichenbestatter wegen Unvereinbarkeit beider Berufsbilder); BAG v. 26.6.2001 - 9 AZR 343/00, NZA 2002, 98 (Verbot von Nebentätigkeiten eines Busfahrers, die mit dem Lenken von Kraftfahrzeugen verbunden sind); BAG v. 24.6.1999 - 6 AZR 605/97, DB 2000, 1336 (Nebentätigkeit eines Hörfunksprechers des NDR bei einem privaten Fernsehsender); BAG v. 21.9.1999 - 9 AZR 759/98, DB 2000, 1336 (Kein Anspruch eines DGB-Rechtsschutzsekretärs auf Zustimmung zur Aufnahme einer Nebentätigkeit als Rechtsanwalt).

[537] LAG Hamm v. 8.3.2000 - 18 Sa 1614/99, BB 2000, 1787 (Ausübung von Nebentätigkeiten während der Dauer der Arbeitsunfähigkeit, wenn die Tätigkeiten den Heilungsprozess verzögern); BAG v. 26.8.1993 - 2 AZR 154/93, AP Nr. 112 zu § 626 BGB, unter B. I. 3. b) der Gründe (Ausübung eines weiteren Arbeitsverhältnisses nach vorgetäuschter Arbeitsunfähigkeit).

[538] LAG Köln v. 7.1.1993 - 10 Sa 632/92, DB 1993, 941.

[539] BAG v. 25.2.1988 - 8 AZR 596/85, AP Nr. 3 zu § 8 BUrlG, unter 3. der Gründe (Vollzeittätigkeit eines Hausmeisters während des Urlaubs); *Leinemann/Linck*, BUrlG, § 8 Rn. 13.

[540] Im Einzelfall kann auch eine außerordentliche Kündigung in Betracht kommen; vgl. *Hueck/v.Hoyningen-Huene/Linck*, KSchG, § 1 Rn. 348; BAG v. 16.8.1990 - 2 AZR 113/90, AP Nr. 10 zu § 611 BGB Treuepflicht (unzulässige Mandatsbetreuung eines beim Bundesgerichtshof angestellten Rechtsanwalts für andere dort zugelassene Anwälte).

4. Weitere Arbeitsverhältnisse als personenbedingter Kündigungsgrund

Eine personenbedingte Kündigung ist sozial gerechtfertigt, wenn sie durch Gründe bedingt ist, die in der Person des Arbeitnehmers liegen.[541] Die Ausübung von Zweitarbeitsverhältnissen, etwa im Rahmen mehrerer Teilzeitarbeitsverhältnisse, ist in aller Regel nicht geeignet, einen personenbedingten Kündigungsgrund zu bilden.[542] Insbesondere fällt als personenbedingter Kündigungsgrund nicht eine etwaige verringerte soziale Schutzwürdigkeit aufgrund eines kleinen Stundendeputats ins Gewicht. Einem Arbeitnehmer kann daher grundsätzlich nicht wegen der Ausübung von Zweitarbeitsverhältnissen aus personenbedingtem Grund gekündigt werden.

5. Weitere Arbeitsverhältnisse als außerordentlicher Kündigungsgrund

Im Einzelfall kann die Ausübung weiterer Arbeitsverhältnisse auch eine außerordentliche verhaltensbedingte Kündigung rechtfertigen.
Ob ein Verhalten einen wichtigen Grund im Sinne von § 626 Abs. 1 BGB darstellt, beurteilt sich in Abhängigkeit von der Intensität des Pflichtenverstoßes.[543] Allgemein muss es sich um einen so schwerwiegenden Verstoß handeln, dass dem Arbeitgeber eine Fortsetzung des Arbeitsverhältnisses bis zum Ablauf der Kündigungsfrist nicht zumutbar ist. Ein vorsätzlicher Verstoß bzw. ein eigenmächtiges Hinwegsetzen des Arbeitnehmers über die arbeitsvertraglich begründeten Pflichten wird dabei eher geeignet sein, eine außerordentliche Kündigung zu rechtfertigen.[544] Einen Grund für eine außerordentliche Kündigung kann etwa die beharrliche Fortsetzung eines Zweitarbeitsverhältnisses während der Dauer der Arbeitszeit in einem anderen Arbeitsverhältnis bilden.[545] Zusätzlich zum Vorliegen eines gravierenden Vertragsverstoßes bedarf es einer umfassenden Interessenabwägung im Einzelfall, die neben der Schwere der Vertragverletzung und ihrer Folgen auch die Dauer der Betriebszugehörigkeit und das übrige betriebliche Verhalten des Arbeitnehmers berücksichtigt.[546]

---

541 APS-*Ascheid*, KSchG, § 1 Rn. 169.

542 BAG v. 13.3.1987 - 7 AZR 724/85, AP Nr. 37 zu § 1 KSchG, unter II. 2. der Gründe; *Becker* in GK-TzA, Art. 1 § 2 Rn. 255.

543 *Wank*, Nebentätigkeit, Rn. 493; *Hueck/v.Hoyningen-Huene/Linck*, KSchG, § 1 Rn. 125.

544 Vgl. etwa BAG v. 26.8.1993 - 2 AZR 154/93, AP Nr. 112 zu § 626 BGB, unter B. I. 3. b) der Gründe (Ausübung eines weiteren Arbeitsverhältnisses nach vorgetäuschter Arbeitsunfähigkeit); ähnlich LAG Köln v. 23.8.1996 - 11 Sa 495/96, NZA-RR 1997, 338, 339 (Vortäuschen der Arbeitsunfähigkeit zur Aufnahme verbotener Nebentätigkeiten ist grundsätzlich zur Rechtfertigung einer außerordentlichen Kündigung geeignet).

545 BAG v. 3.12.1970 - 2 AZR 110/70, AP Nr. 60 zu § 626 HGB (fortgesetzte Erteilung von nebenberuflichem Schulunterricht durch einen Diplom-Ingenieur während der eigentlichen Arbeitszeit).

546 *Löwisch*, KSchG, § 1 Rn. 119.

Ob unter Beachtung des Verhältnismäßigkeitsgrundsatzes der außerordentlichen Kündigung eine Abmahnung vorauszugehen hat, bestimmt sich vornehmlich anhand der Schwere des vertragswidrigen Verhaltens. Eine Abmahnung wird jedoch umso eher entbehrlich sein, je gravierender der Vertragsverstoß ist. Ist die Rechtswidrigkeit des Verhaltens dem Arbeitnehmer ohne weiteres erkennbar und eine Hinnahme offensichtlich ausgeschlossen, so bedarf es keiner Abmahnung vor Ausspruch der Kündigung.[547] Bei Störungen innerhalb des Vertrauensbereichs ist eine Abmahnung entbehrlich, wenn sie nicht geeignet ist, das zerstörte Vertrauensverhältnis wiederherzustellen.[548]

6. Ergebnis

Die im Rahmen einer betriebsbedingten Kündigung erforderliche soziale Auswahl darf ein weiteres Arbeitsverhältnis des Arbeitnehmers nur dann berücksichtigen, wenn dieses in seinem Bestand gesichert ist und aus ihm ein hinreichender Erwerb erzielt wird. Demgemäß darf der Arbeitgeber solche Einkünfte nur dann in die Sozialauswahl einbeziehen, wenn es sich bei diesem um das Hauptarbeitsverhältnis des Arbeitnehmers handelt. In diesem Fall ist aufgrund der geringeren sozialen Schutzbedürftigkeit des Arbeitnehmers die Einbeziehung ausnahmsweise zulässig, auch wenn ein direkter Bezug der Einkünfte zu dem zu kündigenden Arbeitsverhältnis fehlt.
Für eine verhaltensbedingte Kündigung bietet die Ausübung weiterer Arbeitsverhältnisse nur dann Anlass, wenn hierin ein vorwerfbares vertragswidriges Verhalten zu sehen ist, das zu einer erheblichen Beeinträchtigung der arbeitsvertraglichen Pflichten führt. Dies kann der Fall sein, wenn der Arbeitgeber an der Unterlassung weiterer Erwerbstätigkeiten ein berechtigtes Interesse hat.
Im Rahmen einer personenbedingten Kündigung ist die Ausübung weiterer Arbeitsverhältnisse nicht zu berücksichtigen. Eine im Einzelfall vorliegende geringere soziale Schutzwürdigkeit eines Arbeitnehmers, der in mehreren Teilzeitarbeitsverhältnissen steht, bildet keinen in der Person des Arbeitnehmers liegenden Kündigungsrund.
Die Rechtfertigung einer außerordentlichen Kündigung aufgrund der Ausübung weiterer Arbeitsverhältnisse bestimmt sich nach der Intensität des Pflichtenverstoßes. Die erforderliche Interessenabwägung muss zu dem Ergebnis gelangen, dass dem Arbeitgeber die Fortsetzung des Arbeitsverhältnisses auch bis zum Ablauf der ordentlichen Kündigungsfrist nicht zugemutet werden kann. Vorsätzliche und beharrliche Verstöße gegen arbeitsvertragliche Pflichten sind eher ge-

---

[547] Vgl. BAG v. 26.8.1993 - 2 AZR 154/93 - 2 AZR 154/93, AP Nr. 112 zu § 626 BGB; im Fall war eine Abmahnung bei vorgetäuschter Arbeitsunfähigkeit und gleichzeitiger Aufnahme eines Zweitarbeitsverhältnisses für entbehrlich erachtet worden, weil der Arbeitnehmer schlechterdings nicht mit einem Einverständnis seines Arbeitgebers rechnen konnte.

[548] Vgl. hierzu bereits oben *§ 2 III. 3. b)*.

eignet, eine außerordentliche Kündigung zu rechtfertigen. Eine Abmahnung ist vor Ausspruch einer außerordentlichen Kündigung umso eher entbehrlich, je gravierender der Vertragsverstoß ist.

§ 3 Zweitarbeitsverhältnisse und Sozialrecht

I. Sozialversicherungsfreiheit für geringfügige Beschäftigungsverhältnisse

1. Begriff der geringfügigen Beschäftigung

Der Begriff der geringfügigen Beschäftigung ist in § 8 SGB IV niedergelegt und für das gesamte Sozialrecht prägend. Eine geringfügige Beschäftigung liegt einerseits unter den Voraussetzungen der Entgeltgeringfügigkeit vor (§ 8 Abs. 1 Nr. 1 SGB). Dies ist der Fall, wenn die Beschäftigung regelmäßig weniger als 15 Stunden in der Woche ausgeübt wird und das Arbeitsentgelt regelmäßig 325 € im Monat nicht übersteigt. Daneben nennt das Gesetz zeitgeringfügige Beschäftigungsverhältnisse (§ 8 Abs. 1 Nr. 2 SGB IV). Zeitgeringfügigkeit liegt vor, wenn die Beschäftigung innerhalb eines Jahres seit ihrem Beginn auf längstens zwei Monate oder 50 Arbeitstage nach ihrer Eigenart begrenzt zu sein pflegt oder im Voraus vertraglich begrenzt ist. Zusätzlich darf die Beschäftigung nicht berufsmäßig ausgeübt werden und ihr Entgelt 325 € nicht übersteigen.

Unter Beschäftigung im Sinne des Sozialversicherungsrechts ist die nichtselbständige Arbeit zu verstehen, insbesondere wenn sie in einem Arbeitsverhältnis erbracht wird (§ 7 Abs. 1 S. 1 SGB IV).
Geringfügig beschäftigte Arbeitnehmer unterliegen grundsätzlich keiner Versicherungspflicht in den einzelnen Zweigen der Sozialversicherung.[549] Dies beruht auf dem Grundgedanken, dass eine Versicherungspflicht einer Beschäftigung aus Gründen des sozialen Schutzes nicht geboten erscheint, wenn sie nicht die Lebensgrundlage des Arbeitnehmers bildet.[550]

Im Zuge der Neuregelung der geringfügigen Beschäftigungsverhältnisse ist mit Wirkung vom 1.4.1999 eine einheitliche nicht dynamisierte Entgeltgrenze von 630 DM geschaffen worden, welche zum 1.1.2002 auf 325 € angehoben wurde.[551]

---

[549] Für die Krankenversicherung: § 7 SGB V; für die Pflegeversicherung: § 20 Abs. 1 S. 1 SGB XI iVm § 7 SGB V; für die Rentenversicherung: § 5 Abs. 2 Nr. 1 SGB VI; für die Arbeitslosenversicherung: § 27 Abs. 2 SGB III. In der Unfallversicherung besteht hingegen unabhängig von der Entgelthöhe oder der Beschäftigungsdauer Versicherungspflicht für alle Beschäftigten; vgl. § 2 Abs. 1 Nr. 1 SGB VII.

[550] Hauck/Noftz-*Sehnert*, SGB IV, K § 8 Rn. 1.

[551] Gesetz zur Neuregelung der geringfügigen Beschäftigungsverhältnisse vom 24.3.1999 (BGBl. I, S. 388) bzw. Gesetz zur Einführung des Euro im Sozial- und Arbeitsrecht sowie zur Änderung anderer Vorschriften (4. Euro-Einführungsgesetz) vom 21.12.2000 (BGBl. I, S. 1983).

Die Novellierung der geringfügigen Beschäftigungsverhältnisse hat darüber hinaus für entgeltgeringfügige Beschäftigungsverhältnisse zu einer Beitragspflicht des Arbeitgebers in Form von Pauschalbeiträgen geführt. Arbeitgeber haben in der Krankenversicherung einen Pauschalbeitrag in Höhe von 10 % abzuführen (§ 249 b S. 1 SGB V). Dieser Beitrag fällt an, wenn der Beschäftigte bereits in der gesetzlichen Krankenversicherung versichert ist.[552] Für privat oder nicht krankenversicherte Personen ist daher kein Pauschalbeitrag zu entrichten. In der gesetzlichen Rentenversicherung fällt gemäß § 172 Abs. 3 S. 1 SGB VI ein Pauschalbeitrag in Höhe von 12 % des Arbeitsentgelts an. Für zeitgeringfügige Beschäftigte besteht hingegen auch nach der Neuregelung keine Beitragspflicht.
Entgeltgeringfügig Beschäftigte können in der Rentenversicherung auf die Versicherungsfreiheit durch schriftliche Erklärung gegenüber dem Arbeitgeber verzichten (§ 5 Abs. 2 S. 2 SGB VI). Der Verzicht kann nur mit Wirkung für die Zukunft erklärt werden und erfährt in diesem Fall Bindungswirkung für die Dauer der Beschäftigung. Die hiermit erworbene volle Leistungsberechtigung des Beschäftigten korrespondiert mit der Verpflichtung, die Beitragsdifferenz zwischen dem Arbeitgeberanteil von 12 % und dem jeweils geltenden Regelbeitragssatz zu tragen (§ 168 Abs. 1 Nr. 1 b) SGB VI).

2. Zusammenrechung mehrerer Beschäftigungsverhältnisse

Gemäß § 8 Abs. 2 S. 1 SGB IV sind bei der Anwendung des § 8 Abs. 1 SGB IV mehrere geringfügige Beschäftigungen nach Nr. 1 oder nach Nr. 2 zusammenzurechnen.[553] Die Zusammenrechung bezieht sich auf Beschäftigungen bei mehreren Arbeitgebern. Werden mehrere Beschäftigungen bei demselben Arbeitgeber ausgeübt, so liegt aus sozialversicherungsrechtlicher Sicht lediglich ein einheitliches Beschäftigungsverhältnis vor, so dass es einer Zusammenrechnung nicht bedarf.[554]
Durch die Neuregelung der geringfügigen Beschäftigungsverhältnisse ist die Zusammenrechnungspflicht erweitert worden. Abweichend von der früheren Rechtslage sind entgeltgeringfügige Beschäftigungen auch mit nicht geringfügigen Beschäftigungen zusammenzurechnen. Dies hat zur Folge, dass eine für sich betrachtet sozialversicherungsfreie Beschäftigung durch Hinzurechnung insge-

---

[552] § 249 b S. 1 SGB V spricht lediglich von einer Beitragspflicht für „Versicherte"; vgl. *Löwisch*, BB 1999, 739, 740; Hauck/Noftz-*Gerlach*, SGB V, K § 249 b Rn. 12.

[553] Geringfügige Beschäftigungen nach Nr. 1 werden nicht mit solchen nach Nr. 2 zusammengerechnet; vgl. hierzu auch Hauck/Noftz-*Sehnert*, SGB IV, K § 8 Rn. 15 mit Fußnote 17 a; ErfK-*Rolfs*, SGB IV, § 8 Rn. 20; *Waltermann*, Rn. 121; *Breiken*, S. 40.

[554] Vgl. Richtlinien für die versicherungsrechtliche Beurteilung von geringfügigen Beschäftigungen - Geringfügigkeits-Richtlinien - vom 21.11.2001, unter B. 2., im Internet abrufbar unter www.bkk.de/betriebsservice/aktuelles/download/rundschreiben/2001-12-16.pdf; BSG v. 16.2.1983 - 12 RK 26/81, SozR 2200 § 168 Nr. 7; *Waltermann*, Rn. 121; *Stevens-Bartol* in Buschmann/Dieball/Stevens-Bartol, SGB IV, § 8 Rn. 33.

samt versicherungspflichtig wird. Zeitgeringfügige Beschäftigungen bleiben hingegen weiterhin von der Zusammenrechnung mit nicht geringfügigen Beschäftigungen ausgenommen.

Die Zusammenrechnungspflicht zeitigt Folgen in den verschiedenen Zweigen der Sozialversicherung. Sie wird jedoch in bestimmten Versicherungsbereichen modifiziert:
Innerhalb der gesetzlichen Krankenversicherung findet eine Zusammenrechnung entgeltgeringfügiger Beschäftigungen mit einer nicht geringfügigen Beschäftigung nur statt, wenn letztere bereits für sich betrachtet versicherungspflichtig ist (§ 7 S. 2 SGB V). Hierdurch soll vermieden werden, dass für geringfügig Nebenbeschäftigte, die in ihrer nicht geringfügigen Beschäftigung nicht der gesetzlichen Krankenversicherung angehören, infolge Zusammenrechnung insgesamt Versicherungspflicht eintritt und sie somit Krankenversicherungsschutz zu günstigen Konditionen erwerben.[555]
Entsprechende Ausnahmen bestehen auch innerhalb der Pflegeversicherung und der Rentenversicherung.[556] Innerhalb der Arbeitslosenversicherung findet hingegen keine Zusammenrechung mit einer versicherungspflichtigen Beschäftigung statt.[557]

3. Sozialversicherungspflicht bei Überschreitung der Geringfügigkeitsgrenzen

Beschäftigungsverhältnisse, die für sich genommen oder aufgrund einer Zusammenrechnung die Grenzen der Geringfügigkeit überschreiten, sind in vollem Umfang sozialversicherungs- und beitragspflichtig. Der oder die Arbeitgeber haben in diesem Fall die Versicherungsbeiträge entsprechend dem Anteil des jeweiligen Arbeitsentgelts als Gesamtsozialversicherungsbeitrag abzuführen.[558]

Die folgende Untersuchung hat insbesondere die weiteren Auswirkungen der Zusammenrechung innerhalb des Sozialversicherungsrechts zum Gegenstand. Zum besseren Verständnis wird hierbei zunächst die Überschreitung durch ein einzelnes Arbeitsverhältnis behandelt.

---

555 Hauck/Noftz-*Sehnert*, SGB IV, K § 8 Rn. 19.

556 Vgl. § 20 Abs. 1 S. 1 SGB XI iVm § 7 S. 2 SGB V (Pflegeversicherung); § 5 Abs. 2 S. 1 Hs. 2 SGB VI (Rentenversicherung).

557 Vgl. § 27 Abs. 2 S. 1 Hs. 2 SGB III.

558 Vgl. § 28 e SGB IV. Die früher in § 396 RVO geregelte gesamtschuldnerische Haftung der Arbeitgeber im Fall von Mehrfachbeschäftigungen ist mit Wirkung vom 1.1.1989 gestrichen worden; hierzu KassKomm-*Seewald*, SGB IV, § 28 e Rn. 16.

a) Überschreitung durch ein Einzelarbeitsverhältnis

Werden die Geringfügigkeitsgrenzen bereits durch ein Einzelarbeitsverhältnis überschritten, so entsteht für diese Beschäftigung Sozialversicherungspflicht. Für die Beschäftigung sind Sozialversicherungsbeiträge nach den allgemeinen Beitragssätzen zu entrichten.
Im Außenverhältnis ist der Arbeitgeber zur Zahlung der Beiträge verpflichtet. Er hat jedoch im Innenverhältnis gegen den Beschäftigten Anspruch auf Zahlung des Arbeitnehmeranteils. Der Anspruch kann grundsätzlich nur durch Abzug vom Arbeitsentgelt geltend gemacht werden (§ 28 g S. 1, 2 SGB IV). Der jeweilige Anteil des Arbeitnehmers ist speziell innerhalb der einzelnen Versicherungszweige geregelt und beträgt grundsätzlich die Hälfte.[559]

b) Überschreitung durch Zusammenrechnung von Zweitarbeitsverhältnissen

aa) Allgemeine Konsequenzen

Führt die Zusammenrechnung mehrer Arbeitsverhältnisse dazu, dass die Geringfügigkeitsgrenzen überschritten werden, so begründet dies insgesamt die Sozialversicherungspflicht für diese Beschäftigungen. In diesem Fall schulden die jeweiligen Arbeitgeber die allgemeinen Sozialversicherungsbeiträge entsprechend dem Anteil des von ihnen gezahlten Arbeitsentgelts. Aufgrund der Zusammenrechnung entfällt die Geringfügigkeit für eine zuvor versicherungsfreie Beschäftigung (§ 8 Abs. 2 S. 2 SGB IV).
Die allgemeine Beitragspflicht des Arbeitgebers entsteht unabhängig von der Kenntnis weiterer Beschäftigungen.[560] Die Verpflichtung zur Abführung der Beiträge entsteht kraft Gesetzes, sobald ihre Voraussetzungen erfüllt sind (§ 22 Abs. 1 SGB IV). Zu den Voraussetzungen gehört nicht, dass der Arbeitgeber über solche Tatsachen informiert ist, welche die Beitragspflicht begründen.[561]

Die Zusammenrechnung kann für den Arbeitgeber erhebliche wirtschaftliche Konsequenzen haben. Stellt sich die Versicherungspflicht der vermeintlich geringfügigen Beschäftigung erst im Nachhinein heraus, so kann der Arbeitgeber bis zur Verjährungsgrenze von vier Jahren, bei vorsätzlicher Vorenthaltung bis zu dreißig Jahre, zur Nachentrichtung von

---

559 Vgl. § 249 Abs. 1 SGB V (Krankenversicherung); § 168 Abs. 1 Nr. 1 SGB VI (Rentenversicherung); § 58 Abs. 1 S. 1 SGB XI (Pflegeversicherung); § 346 Abs. 1 S. 1 SGB III (Arbeitslosenversicherung).

560 BSG v. 10.9.1987 - 12 RK 13/85, NZA 1988, 629, 630; BSG v. 23.2.1988 - 12 RK 43/87, SozR 2100 § 8 Nr. 5; ErfK-*Rolfs*, SGB IV, § 8 Rn. 21.

561 BSG v. 23.2.1988 - 12 RK 43/87, SozR 2100 § 8 Nr. 5.

zu dreißig Jahre, zur Nachentrichtung von Sozialversicherungsbeiträgen herangezogen werden (§ 25 Abs. 1 SGB IV). Hierbei hat er neben dem Arbeitgeberanteil im Außenverhältnis auch den Arbeitnehmeranteil zu tragen (§28 e Abs. 1 S. 1 SGB IV). Die Erstattungsfähigkeit des Arbeitnehmeranteils im Innenverhältnis ist jedoch grundsätzlich durch das so genannte Lohnabzugsverfahren begrenzt.[562]
Um sich vor nachträglichen Belastungen durch die Zusammenrechnung mehrerer Beschäftigungen zu schützen, ist der Arbeitgeber eines geringfügig Beschäftigten aufgrund von § 28 o Abs. 1 SGB IV berechtigt, diesen bei Einstellung zu fragen, ob er bereits bei einem anderen Arbeitgeber beschäftigt ist und ggf. in welchem Umfang.[563] Verschweigt der Arbeitnehmer auf diese Frage weitere Beschäftigungsverhältnisse bewusst wahrheitswidrig, kann hierin eine arglistige Täuschung liegen, die zu einer Schadensersatzverpflichtung führt.[564] Ebenso ist der geringfügig Beschäftigte aus § 28 o Abs.1 SGB IV unaufgefordert zur Mitteilung gegenüber dem Arbeitgeber verpflichtet, wenn er später eine weitere Beschäftigung aufnimmt, da sich hieraus melde- und beitragsrechtliche Konsequenzen ergeben können.[565] Auch hierin kann eine Pflichtverletzung liegen, die zum Schadensersatz berechtigt.[566]

bb) Regress des Arbeitgebers

Im Innenverhältnis ist der Arbeitnehmer grundsätzlich zur Tragung der Hälfte der Sozialversicherungsbeiträge verpflichtet. Das Gesetz sieht zur Durchsetzung des Arbeitnehmeranteils das Lohnabzugsverfahren vor (§ 28 g SGB IV). Danach kann der Arbeitgeber einen unterbliebenen Abzug der Arbeitnehmeranteile grundsätzlich nur bei den drei nächsten Lohn- oder Gehaltszahlungen nachholen, danach nur dann, wenn der Abzug ohne Verschulden des Arbeitgebers unterblieben ist.[567]
Eine Ausnahme von der beschränkten Abzugsmöglichkeit besteht, falls der Beschäftigte seine Mitteilungspflichten aus § 28 o Abs. 1 SGB IV vorsätzlich oder grob fahrlässig verletzt hat. In diesem Fall kann der betroffene Arbeitgeber den Beitragsabzug im bestehenden Arbeitsverhältnis zeitlich unbegrenzt geltend machen (§ 28 g S. 4 SGB IV).[568] Ferner hat der Arbeitgeber die Möglichkeit, Bei-

---

[562] Hierzu sogleich unter *§ 3 I. 3. b) bb).*
[563] BSG v. 23.2.1988 - 12 RK 43/87, SozR 2100 § 8 Nr. 5; ErfK-*Rolfs*, SGB IV, § 8 Rn. 21.
[564] BSG v. 23.2.1988 - 12 RK 43/87, SozR 2100 § 8 Nr. 5.
[565] KassKomm-*Seewald*, SGB IV, § 28 o Rn. 2; *Breiken*, S. 153; *Wank*, Nebentätigkeit, Rn. 598.
[566] BAG v. 18.11.1988 - 8 AZR 12/86, AP Nr. 3 zu § 611 BGB Doppelarbeitsverhältnis; ErfK-*Rolfs*, SGB IV, § 8 Rn. 21; KassKomm-*Seewald*, SGB IV, § 8 Rn. 27.
[567] Mangels anderweitiger Konkretisierung innerhalb des Sozialgesetzbuchs ist der Verschuldensbegriff § 276 BGB zu entnehmen; ebenso *Breiken*, S. 141.
[568] KassKomm-*Seewald*, SGB IV, § 28 o Rn. 2; *Stevens-Bartol* in Buschmann/Dieball/ Stevens-Bartol, SGB IV, § 28 o Rn. 2.

träge auch außerhalb des Lohnabzugsverfahrens - und damit auch nach Beendigung des Arbeitsverhältnisses - als Schadensersatz geltend zu machen. Dies wird daran deutlich, dass § 28 g S. 4 SGB IV in diesen Fällen S. 2 der Vorschrift für nicht anwendbar erklärt. Dort heißt es, dass der Beitragszahlungsanspruch des Arbeitgebers gegen den Arbeitnehmer *nur* durch Entgeltabzug geltend gemacht werden kann.

Problematisch war bislang die Frage, ob der Arbeitgeber neben dem Arbeitnehmeranteil am Gesamtsozialversicherungsbeitrag unter Umständen auch den Arbeitgeberanteil als Schadensersatz vom Arbeitnehmer verlangen kann.[569] Diese Streitfrage bezog sich vornehmlich auf die bis zum 1.4.1999 bestehende Beitragsfreiheit für entgeltgeringfügige Beschäftigungsverhältnisse. Hauptstreitpunkt war in dieser Hinsicht, ob die grob fahrlässige oder vorsätzliche Verletzung von Mitteilungspflichten über weitere geringfügige Beschäftigungen für die Tragung der Arbeitgeberbeiträge kausal werden konnte.
In der Regel fehlt es hierzu jedoch bereits an der erforderlichen Kausalität, da der Arbeitgeber auch bei rechtzeitiger Mitteilung zur Zahlung der Beiträge verpflichtet gewesen wäre.[570] Darüber hinaus scheitern vertragliche Vereinbarungen über eine Abwälzung von Arbeitgeberbeiträgen auf den Arbeitnehmer an § 32 SGB I, denn die Verpflichtung des Arbeitgebers zur Zahlung der Beiträge ist als öffentlich-rechtliche Pflicht der Privatautonomie entzogen.[571]
Das Problem hat infolge der gesetzlichen Neuregelung der geringfügigen Beschäftigungsverhältnisse weiter an Bedeutung verloren. Unabhängig von der Schwierigkeit des Kausalitätsnachweises durch den Arbeitgeber ist dieser heute bereits bei einem einzelnen entgeltgeringfügigen Beschäftigungsverhältnis zur Zahlung der pauschalierten Beiträge zur Kranken- und Rentenversicherung verpflichtet. Diese vermindern als ersparte Aufwendungen den Schaden des Arbeitgebers.
Eine Ersatzfähigkeit des Arbeitgeberanteils am Sozialversicherungsbeitrag scheidet daher in aller Regel aus.[572]

---

[569] Vgl. exemplarisch BAG v. 27.4.1995 - 8 AZR 382/94, EzA § 28 g SGB IV Nr. 1.

[570] BAG v. 18.11.1988 - 8 AZR 12/86, AP Nr. 3 zu § 611 BGB Doppelarbeitsverhältnis; BAG v. 27.4.1995 - 8 AZR 382/94, EzA § 28 g SGB IV Nr. 1; ErfK-*Rolfs*, SGB IV, § 8 Rn. 22.

[571] BAG v. 18.11.1988 - 8 AZR 12/86, AP Nr. 3 zu § 611 BGB Doppelarbeitsverhältnis, unter I. 3. der Gründe; LAG Köln v. 28.1.1994 - 4 (2) Sa 970/94, AuR 1995, 158, 159; KassKomm-*Seewald*, SGB IV, § 8 Rn. 27; MünchArbR-*Peters-Lange*, § 64 Rn. 82; Hauck/Noftz-*Sehnert*, SGB IV, K § 28 e Rn. 4.

[572] Ebenso *Linck* in Kasseler Handbuch, 4.2. Rn. 19.

4. Zeitgeringfügige Beschäftigungen nach § 8 Abs. 1 Nr. 2 SGB IV

Zeitgeringfügige Beschäftigungen können nach der Neuregelung der geringfügigen Beschäftigungsverhältnisse für den Arbeitgeber einen wirtschaftlichen Vorteil in Bezug auf anfallende Lohnnebenkosten bedeuten.[573] Arbeitnehmer, die bereits in einer versicherungspflichtigen Beschäftigung bei einem anderen Arbeitgeber stehen, bleiben in einem Zweitarbeitsverhältnis weiterhin versicherungsfrei, wenn dieses die Voraussetzungen des § 8 Abs. 1 Nr. 2 SGB IV erfüllt. Bei entgeltgeringfügigen Zweitarbeitsverhältnissen ist dies nicht mehr der Fall. Darüber hinaus fallen für zeitgeringfügige Beschäftigungsverhältnisse keine Pauschalbeiträge des Arbeitgebers an.

Arbeitnehmer, die noch in einem versicherungspflichtigen Zweitarbeitsverhältnis bei einem anderen Arbeitgebern stehen, könnten von Arbeitgebern vermehrt als zeitgeringfügig Beschäftigte eingestellt werden, um so eine Beitrags- und Versicherungspflicht zu vermeiden. Fraglich ist nach der Neuregelung des Geringfügigkeitsrechts, ob und in welchem Umfang Beschäftigungen so ausgestaltet werden können, dass sie nicht als entgeltgeringfügige, sondern als zeitgeringfügige Beschäftigungsverhältnisse zu beurteilen sind.

Die nachfolgende Untersuchung befasst sich mit Möglichkeiten des Arbeitgebers, Arbeitsverhältnisse als zeitgeringfügige Beschäftigungsverhältnisse auszugestalten. Hierbei sind die zunächst die einzelnen Voraussetzungen der Zeitgeringfügigkeit zu erörtern. Die Tatbestandsmerkmale des § 8 Abs. 1 Nr. 2 SGB IV werden dabei auch im Lichte des neuen Teilzeit- und Befristungsgesetzes behandelt.

a) Die Tatbestandsmerkmale zeitgeringfügiger Beschäftigungsverhältnisse

aa) Beschäftigung an längstens 50 Arbeitstagen oder für zwei Monate

Ein zeitgeringfügiges Beschäftigungsverhältnis erfordert zunächst eine Beschränkung der Beschäftigung innerhalb eines Jahres seit ihrem Beginn auf längstens 50 Arbeitstage oder zwei Monate (§ 8 Abs. 1 Nr. 2 Hs. 1 SGB IV). Die Begrenzung muss sich entweder aus der Eigenart der Beschäftigung oder aber aus einer im Voraus getroffenen vertraglichen Vereinbarung ergeben.
Von dem Zweimonatszeitraum ist auszugehen, wenn die Beschäftigung an mindestens fünf Tagen in der Woche ausgeübt wird. Hingegen wird auf 50 Arbeitstage innerhalb eines Jahres abgestellt, wenn die Beschäftigung regelmäßig

---

[573] Vgl. hierzu *Löwisch*, BB 1999, 739, 742 f.; *Bauer/Schuster*, DB 1999, 689, 692.

an weniger als fünf Tagen in der Woche stattfindet.[574] Hier wird für den Arbeitgeber der Schwerpunkt des Interesses liegen, wenn er zur Vermeidung einer Zusammenrechnung vermehrt zeitgeringfügige Beschäftigungsverhältnisse begründen will.
Die maßgebliche Jahresfrist („innerhalb eines Jahres") wird dadurch bestimmt, dass ausgehend vom voraussichtlichen Endzeitpunkt der in Frage stehenden Tätigkeit ein Jahr zurückgerechnet wird.[575] Demzufolge ist beispielsweise bei einer Beschäftigung, die voraussichtlich am 31.12.2002 endet, der Zeitraum vom 1.1.2002 bis zum 31.12.2002 entscheidend.

bb) Keine Berufsmäßigkeit der Beschäftigung

Weiterhin darf die Beschäftigung nicht berufsmäßig ausgeübt werden und ihr Entgelt 325 € im Monat nicht übersteigen (§ 8 Abs. 1 Nr. 2 Hs. 2 SGB IV). Diese Voraussetzungen müssen kumulativ zu der begrenzten Dauer erfüllt sein.

Das Bundessozialgericht bewertet eine Beschäftigung als berufsmäßig, wenn der Beschäftigte hierdurch seinen überwiegenden Lebensunterhalt bestreitet oder dies zumindest in einem Umfang tut, dass seine wirtschaftliche Stellung zu einem erheblichen Teil auf dieser Beschäftigung beruht.[576]
Somit liegt in der Regel keine Berufsmäßigkeit vor, sofern die geringfügige Beschäftigung neben einem versicherungspflichtigen Hauptarbeitsverhältnis ausgeübt wird.[577] Der Lebensunterhalt wird in diesem Fall vorwiegend aus dem Hauptarbeitsverhältnis bestritten. Die geringfügige Beschäftigung ist demgegenüber von untergeordneter wirtschaftlicher Bedeutung.

cc) Keine Regelmäßigkeit der Beschäftigung

Darüber hinaus darf nach der Rechtsprechung die Beschäftigung nicht regelmäßig, sondern nur gelegentlich ausgeübt werden.[578] Methodisch sei § 8 Abs. 1 Nr. 2

---

[574] BSG v. 21.1.1971 - 12 RJ 118/70, Breith. 1971, 475, 476 ; Hauck/Noftz-*Sehnert*, SGB IV, K § 8 Rn. 8; KassKomm-*Seewald*, SGB IV, § 8 Rn. 17; *Husmann*, SGb 2002, 22, 27.

[575] *Schaub*, § 43 Rn. 36; *Bauer/Schuster*, DB 1999, 689.

[576] BSG v. 26.9.1972 - 12 RJ 352/71, SozR Nr. 11 zu § 1228 RVO; BSG v. 30.11.1978 - 12 RK 32/77, SozR 2200 § 168 Nr. 3; BSG v. 11.6.1980 - 12 RK 30/79, SozR 2200 § 168 Nr. 5; vgl. auch Hauck/Noftz-*Sehnert*, SGB IV, K § 8 Rn. 9; *Stevens-Bartol* in Buschmann/Dieball/Stevens-Bartol, SGB IV, § 8 Rn. 28; ErfK-*Rolfs*, SGB IV, § 8 Rn. 16; *Fichte* in Erlenkämper/Fichte, S. 297.

[577] *Löwisch*, BB 2000, 260.

[578] BSG v. 11.5.1993 - 12 RK 23/91, SozR 3-2400 § 8 Nr. 3; zustimmend KassKomm-*Seewald*, SGB IV, § 8 Rn. 16; Hauck/Noftz-*Sehnert*, SGB IV, K § 8 Rn. 8; *Stevens-Bartol* in Buschmann/Dieball/Stevens-Bartol, SGB IV, § 8 Rn. 14.

SGB IV insofern ein ungeschriebenes Tatbestandsmerkmal hinzuzufügen. Geringfügige Beschäftigungen, die gelegentlich ausgeübt werden, beurteilten sich danach nach § 8 Abs. 1 Nr. 2 SGB IV. Werden sie regelmäßig ausgeübt, so sei § 8 Abs. 1 Nr. 1 SGB IV einschlägig.

Dieser Auffassung ist zuzustimmen. Neben regelmäßigen Beschäftigungen kann § 8 Abs. 1 Nr. 1 SGB IV nicht auch gelegentliche Beschäftigungen erfassen. Anderenfalls liefe das Tatbestandsmerkmal „berufsmäßig" des § 8 Abs. 1 Nr. 2 SGB IV leer.[579] Darüber hinaus knüpft dieses Verständnis auch an die früheren Regelungen in § 168 Abs. 2 lit. a und b, § 1228 Abs. 2 lit. a und b RVO an, die eine entsprechende Unterscheidung beinhalteten. Mit In-Kraft-Treten des SGB IV hat der Gesetzgeber diesbezüglich keine inhaltliche Änderung vornehmen wollen.[580]

Das Bundessozialgericht sieht eine Beschäftigung als regelmäßig an, wenn sie von vornherein auf ständige Wiederholung angelegt ist und über mehrere Jahre hinweg ausgeübt werden soll.[581]
Demnach bedingen zwei Voraussetzungen die Regelmäßigkeit der Beschäftigung: Es muss zum einen vorgesehen sein, dass die Tätigkeit von vornherein auf ständige Wiederholung gerichtet ist. Zum anderen muss die Ausübung der Tätigkeit auf mehrere Jahre angelegt sein.

Beide Voraussetzungen werden bei einer Vielzahl von Beschäftigungsverhältnissen vorliegen, so dass nur eine Entgeltgeringfügigkeit in Betracht kommt. So hat die Rechtsprechung eine regelmäßige Beschäftigung bei einer Leiterin von Koch- und Bastelkursen einer Volkshochschule angenommen, wenn die Kurse bei entsprechender Teilnehmeranzahl über mehrere Jahre hinweg dreimal jährlich stattfanden.[582] Die Regelmäßigkeit ergab sich daraus, dass die Arbeit nicht unvorhersehbar in wechselnder Häufigkeit und zu verschiedenen Zeiten übernommen wurde. Auch die Heranziehung von Aushilfskräften durch eine Sparkasse jeweils in der Mitte und am Ende des Monats ist durch das Bundessozialgericht als regelmäßige Beschäftigung gewertet worden.[583] Für die Regelmäßig-

---

[579] *Sieben* in Sieben/Albert/Dahlbender/Müller, Rn. 71.

[580] BSG v. 23.5.1995 - 12 RK 60/93, SozR 3-2400 § 8 Nr. 4.

[581] Vgl. BSG v. 28.4.1982 - 12 RK 1/80, SozR 2200 § 168 Nr. 6 - Ultimokräfte; BSG v.11.5.1993 - 12 RK 23/91, SozR 3-2400 § 8 Nr. 3 (Fall einer tageweisen Beschäftigung von Möbeltransporthelfern aufgrund einer Rahmenvereinbarung mit dem Transportunternehmen); nach BSG v. 23.5.1995 - 12 RK 60/93, SozR 3-2400 § 8 Nr. 4 führt eine ständige Wiederholung über einen Zeitraum von zwei Jahren in jedem Fall zur Regelmäßigkeit der Beschäftigung; grundlegend bereits BSG v. 25.11.1976 - 12/3 RJ 1/75, DAngVers 1977, 261 (Fall von über mehrere Jahre hinweg ausgeführten Unterhaltsarbeiten im Wasserwesen durch einen hauptberuflich beschäftigten Straßenwärter).

[582] BSG v. 1.2.1979 - 12 RK 7/77, SozR 2200 § 165 Nr. 36 - Volkshochschullehrerin.

[583] BSG v. 28.4.1982 - 12 RK 1/80, SozR 2200 § 168 Nr. 6 - Ultimokräfte.

keit war in diesem Fall ein Rahmenvertrag ausschlaggebend, der für eine auf Dauer angelegte Rechtsbeziehung mit einander in kurzem Abstand folgenden Beschäftigungen sprach. Ferner hat das Bundessozialgericht Regelmäßigkeit bei einer Raumpflegerin bejaht, die über mehr als zwei Jahre hinweg vier Stunden wöchentlich beschäftigt war.[584]

Die Annahme von Gelegentlichkeit ist andererseits nicht stets ausgeschlossen. Gelegentlichkeit ist in negativer Abgrenzung zur Regelmäßigkeit zu definieren. Eine Beschäftigung ist deshalb gelegentlich, wenn sie nicht auf ständige Wiederholung über einen Zeitraum von mehreren Jahren angelegt ist.
Beschäftigungen sind beispielsweise nicht auf eine ständige Wiederholung gerichtet, wenn sie von vornherein nur zur Bewältigung einer ihrer Art nach begrenzten Aufgabe erfolgen.[585] Hierunter könnte ein konkretes Projekt des Arbeitgebers fallen, an dem der Beschäftigte mitwirken soll. Denkbar ist auch der geplante Einsatz für eine einmalige Veranstaltung wie eine Ausstellung oder eine Sportveranstaltung.
Beschäftigungen sind ferner nicht von vornherein auf eine ständige Wiederholung über einen längeren Zeitraum angelegt, wenn feststeht, dass der Arbeitnehmer nur eine begrenzte Zeit vertraglich gebunden ist.[586] Dies kann zum Beispiel bei einer Tätigkeit der Fall sein, die lediglich der Überbrückung dienen soll, etwa bis zum Beginn einer anderen Berufstätigkeit. Auch Saisonarbeitskräfte werden unter diese Regelung fallen, zumindest, wenn unklar ist, ob sie in einer darauf folgenden Saison wieder bei demselben Arbeitgeber tätig werden.

Problematisch erscheint, unter welchen Voraussetzungen eine Beschäftigung auf mehrere Jahre angelegt ist.
Vereinzelt wird unter Hinweis auf eine Entscheidung des Bundessozialgerichts vom 28.4.1982[587] vertreten, dieses Merkmal habe keine entscheidende Bedeutung. Regelmäßigkeit komme auch schon bei Tätigkeiten in Betracht, die auf weniger als ein Kalenderjahr angelegt seien, sofern der Arbeitnehmer jedenfalls im Laufe eines Jahres zu häufigen, terminlich im Voraus festliegenden Einsätzen herangezogen wird.[588]

Dem kann nicht gefolgt werden.
In der genannten Entscheidung des Bundessozialgerichts findet diese Auffassung keine hinreichende Stütze. Die dort verwendete Formulierung, wonach eine Beschäftigung erst dann in regelmäßiger Wiederkehr ausgeübt werde, wenn sie sich auf einen längeren Zeitraum erstreckt und regelmäßig und in kürzeren

---

[584] BSG v. 23.5.1995 - 12 RK 60/93, SozR 3-2400 § 8 Nr. 4.
[585] *Löwisch*, BB 1999, 739, 743.
[586] *Löwisch*, BB 1999, 739, 743.
[587] BSG v. 28.4.1982 - 12 RK 1/80, SozR 2200 § 168 Nr. 6 - Ultimokräfte.
[588] *Lechner*, BB 1999, 2242 f.; gegen ihn *Löwisch*, BB 1999, 2243.

Abständen wiederholt[589], setzt sich zur früheren Rechtsprechung nicht in Widerspruch. Regelmäßigkeit liegt auch weiterhin vor, wenn die Tätigkeit von vornherein auf ständige Wiederholung angelegt ist und über mehrere Jahre hinweg ausgeübt werden soll.[590] Dies ergibt sich eindeutig aus den weiteren Ausführungen des Gerichts, in welchen auf die bisherige Rechtsprechung zur Regelmäßigkeit rekurriert wird.[591]

Nach Auffassung der Spitzenorganisationen der Sozialversicherungsträger ist die Annahme von Gelegentlichkeit bei einer auf bis zu ein Jahr befristeten vertraglichen Vereinbarung möglich.[592]

Beschäftigungen, die auf der Grundlage eines auf die Dauer eines Jahres befristeten Vertrags erbracht werden, sind danach unproblematisch noch als gelegentliche bzw. zeitgeringfügige Beschäftigungen zu beurteilen, wenn die übrigen gesetzlichen Voraussetzungen des § 8 Abs. 1 Nr. 2 SGB IV - insbesondere die Begrenzung auf 50 Arbeitstage innerhalb des Jahres - strikt eingehalten werden.[593] Die Vereinbarung kann als befristeter Rahmenvertrag ausgestaltet werden, der die konkreten Zeitpunkte der Tätigkeit innerhalb des Jahreszeitraums noch offen lässt.[594] Denkbar ist auch, dass ein befristeter Arbeitsvertrag mit zeitlich festgelegten Arbeitseinsätzen geschlossen wird.

Möglicherweise kann jedoch darüber hinaus auch eine auf länger als ein Jahr angelegte Beschäftigung noch als gelegentlich und somit weiterhin als zeitgeringfügig angesehen werden. Die Auffassung der Spitzenorganisationen bewirkt eine zeitliche Grenze, die der Praxis eine Entscheidungshilfe an die Hand gibt. Jedoch darf nicht übersehen werden, dass die Rechtsprechung des Bundessozialgerichts möglicherweise auch einen längeren Zeitraum zulässt:
Die Rechtsprechung vertritt zur Regelmäßigkeit die Auffassung, die Tätigkeit müsse darauf angelegt sein, über mehrere Jahre hinweg ausgeübt zu werden.[595] In einer Entscheidung aus dem Jahre 1995[596] hat das Bundessozialgericht ausgeführt, die ständige Wiederholung über einen Zeitraum von mehr als zwei Jahren kennzeichne eine Beschäftigung als regelmäßig. Damit erscheint auch eine Aus-

---

[589] BSG v. 28.4.1982 - 12 K 1/80, SozR 2200 § 168 Nr. 6 - Ultimokräfte.

[590] BSG v. 25.11.1976 - 12/3 RJ 1/75, DAngVers 1977, 261; BSG v. 11.5.1993 - 12 RK 23/91, SozR 3-2400 § 8 Nr. 3; BSG v. 23.5.1995 - 12 RK 60/93, SozR 3-2400 § 8 Nr. 4.

[591] Die betreffende Passage verweist auf BSG v. 25.11.1976 - 12/3 RJ 1/75, DAngVers 1977, 261.

[592] Vgl. Geringfügigkeits-Richtlinien der Sozialversicherungsträger vom 21.11.2001, unter B 2.2, im Internet abrufbar unter www.bkk.de/betriebsservice/aktuelles/download/rundschreiben/2001-12-16.pdf.

[593] *Löwisch*, BB 2000, 260.

[594] Geringfügigkeits-Richtlinien, unter B 2.2.

[595] BSG v. 28.4.1982 - 12 RK 1/80, SozR 2200 § 168 Nr. 6 - Ultimokräfte.

[596] BSG v. 23.5.1995 - 12 RK 60/93, SozR 3-2400 § 8 Nr. 4.

legung möglich, nach der Regelmäßigkeit erst bei einem Zeitraum von mehr als zwei Jahren vorliegt.[597] Ist der Arbeitsvertrag auf einen Zeitraum befristet, der über den Jahreszeitraum hinausreicht, jedoch nicht mehr als zwei Jahre beträgt, so könnte dies unter Umständen noch zur Annahme von Gelegentlichkeit führen. Ist die Beschäftigungsdauer hingegen auf mehr als zwei Jahre angelegt, so liegt in jedem Fall Regelmäßigkeit vor.
Bedauerlicherweise hat bislang eine notwendige Präzisierung der Rechtsprechung in diesem Punkt nicht stattgefunden. Für Arbeitgeber bedeutet dies einen nachhaltigen Verlust an Rechtssicherheit. Es besteht die Gefahr, dass Beschäftigungsverhältnisse, die auf eine Zeitdauer zwischen ein und zwei Jahren angelegt sind, von den Sozialversicherungsträgern als regelmäßig und damit nach § 8 Abs. 1 Nr. 1 SGB IV beurteilt werden. Vor diesem Hintergrund ist es Arbeitgebern aus praktischen Erwägungen anzuraten, eine Befristungsdauer von nicht länger als einem Jahr zu vereinbaren.

Wird also eine Befristungsdauer von einem Jahr vereinbart und zugleich die Grenze von 50 Arbeitstagen im Jahr vertraglich festgelegt und strikt eingehalten, so ist von Zeitgeringfügigkeit auszugehen, wenn die Beschäftigung im Übrigen nicht berufsmäßig ausgeübt wird. Berufsmäßigkeit scheidet bei Beschäftigungen, die neben einer versicherungspflichtigen Hauptbeschäftigung ausgeübt werden, in aller Regel aus.[598] Deshalb können geringfügige Zweitarbeitsverhältnisse in dieser Konstellation grundsätzlich als zeitgeringfügige Beschäftigungsverhältnisse ausgestaltet werden.

b) Relevanz des Befristungsrechts für die Beurteilung der Zeitgeringfügigkeit

aa) Erneute zeitgeringfügige Beschäftigung bei demselben Arbeitgeber

Wird der Arbeitsvertrag erstmals auf ein Jahr begrenzt und werden für dieses Jahr Arbeitseinsätze von maximal 50 Arbeitstagen vereinbart, so bleibt der Arbeitnehmer zunächst als zeitgeringfügig Beschäftigter versicherungsfrei.
Sofern der befristete Arbeitsvertrag später auf eine Dauer von über einem Jahr verlängert wird, liegt vom Zeitpunkt der Vereinbarung der Verlängerung an eine regelmäßige Beschäftigung vor.[599] Bei Regelmäßigkeit entfällt die Anwendbarkeit von § 8 Abs. 1 Nr. 2 SGB IV.

---

[597] *Löwisch*, BB 1999, 739, 742; *derselbe*, BB 2000, 260; *Hanau*, Forschung & Lehre 1999, 526, 528; a.A. Küttner-*Schlegel*, Geringfügige Beschäftigung, Rn. 49; *Lechner*, BB 1999, 2242.

[598] *Löwisch*, BB 2000, 260.

[599] Geringfügigkeits-Richtlinien, unter B 3.2.

Wird der Arbeitsvertrag zunächst auf ein Jahr begrenzt und im unmittelbaren Anschluss daran ein neuer Arbeitsvertrag abgeschlossen, so ist vom Beginn des neuen Vertrags an grundsätzlich ebenfalls von einer regelmäßigen Beschäftigung auszugehen. Hingegen kann bei einem zeitlichen Abstand von wenigstens zwei Monaten zwischen beiden Verträgen eine Regelmäßigkeit verneint werden und damit erneut eine zeitgeringfügige Beschäftigung vorliegen.[600]

Sozialversicherungsrechtlich ist also eine erneute Zeitgeringfügigkeit bei demselben Arbeitgeber nach Ablauf von zwei Monaten möglich. Arbeitsrechtlich besteht hingegen das Problem, dass die erneute Befristung des Arbeitsvertrags gegen das Anschlussverbot des § 14 Abs. 2 S. 2 TzBfG verstoßen könnte. Möglicherweise wirkt sich dieser Verstoß auch auf das Sozialversicherungsrecht aus.

Die nachfolgende Untersuchung behandelt die Übertragbarkeit des arbeitsrechtlichen Befristungsverbots auf das Sozialversicherungsrecht. Hierzu ist zuvor in allgemeiner Hinsicht die Reichweite des Anschlussverbots festzulegen.

bb) Das Anschlussverbot des § 14 Abs. 2 S. 2 TzBfG

(1) Reichweite des Anschlussverbots

Das Befristungsrecht hat durch das In-Kraft-Treten der Neuregelungen des Teilzeit- und Befristungsgesetzes gravierende Veränderungen in den Befristungsvoraussetzungen erfahren. Nach dem Grundsatz des § 14 Abs. 1 S. 1 TzBfG ist eine Befristung zulässig, wenn sie durch einen sachlichen Grund gerechtfertigt ist. Ausnahme hierzu ist nach § 14 Abs. 2 S. 1 TzBfG die kalendermäßige Befristung des Arbeitsvertrags bis zur Dauer von zwei Jahren. Dies gilt wiederum nicht, „wenn mit demselben Arbeitgeber bereits zuvor ein befristetes oder unbefristetes Arbeitsverhältnis bestanden hat" (§ 14 Abs. 2 S. 2 TzBfG).
Die strikte Anwendung dieser Bestimmung führt dazu, dass ein Arbeitsvertrag ohne sachlichen Grund nicht wirksam befristet werden kann, sofern der Arbeitnehmer bereits einmal in der Vergangenheit in einem Arbeitsverhältnis zu demselben Arbeitgeber stand.

Einige Autoren folgen dem scheinbar klaren Wortlaut des § 14 Abs. 2 S. 2 TzBfG kritiklos.[601] Teilweise wird diese Auffassung damit begründet, das An-

---

[600] Vgl. Geringfügigkeits-Richtlinien, unter B 3.2; auch innerhalb des neuen Vertrags muss jedoch die Höchstgrenze von 50 Arbeitseinsätzen innerhalb eines Jahres festgelegt sein und eingehalten werden.

[601] APS-*Backhaus*, TzBfG, § 14 Rn. 80; *Däubler* in Kittner/Däubler/Zwanziger, TzBfG, § 14 Rn. 158; *derselbe*, ZIP 2001, 217, 223; *Meinel/Heyn/Herms*, TzBfG, § 14 Rn. 76;

schlussverbot stelle eine eindeutige gesetzgeberische Entscheidung dar, die keinen Raum für eine abweichende Deutung lasse.[602]

Andererseits wird im Schrifttum vorgeschlagen, § 14 Abs. 2 S. 2 TzBfG teleologisch zu reduzieren.[603] Eine vorherige Beschäftigung bei demselben Arbeitgeber müsse unschädlich sein, wenn es sich um eine andere Beschäftigungsart handelt oder wenn ein gewisser zeitlicher Abstand zu dem früheren Arbeitsverhältnis vorliegt. Methodisch sei dem Anschlussverbot ein ungeschriebenes Tatbestandsmerkmal hinzuzufügen, nämlich das Vorliegen eines für den Gesetzeszweck relevanten Zusammenhangs mit dem vorhergehenden Arbeitsverhältnis. Zweck des Anschlussverbots sei die Verhinderung von Kettenbefristungen. Dieser Zweck werde auch bei einer einschränkenden Auslegung erreicht. Die teleologische Reduktion sei auch aus verfassungsrechtlichen Gründen geboten. Ein striktes Verbot der Befristung verstoße im Einzelfall gegen Art. 12 Abs. 1 GG und Art. 3 Abs. 1 GG.[604] Arbeitnehmer etwa, die zu Beginn ihres Arbeitslebens einmal, wenn auch nur als Aushilfe für wenige Tage, zu einem Arbeitgeber in einem Arbeitsverhältnis standen, würden von der Möglichkeit ausgeschlossen, bei diesem Arbeitgeber einen befristeten Arbeitsvertrag zu erhalten. Ebenso verhalte es sich, wenn Arbeitnehmer selbst nach einem Berufswechsel keinerlei Chance mehr besäßen, bei demselben Arbeitgeber eine befristete Anstellung zu erhalten. Für diese Benachteiligung gebe es keinen vernünftigen Grund. Insbesondere folge ein solcher Grund nicht aus dem Erfordernis der Rechtssicherheit, da diese auch durch eine Begrenzung des Anschlussverbots zu erreichen sei.

Die einschränkende Auslegung des Anschlussverbots erscheint überzeugend. Das Anschlussverbot dient der Verhinderung von Befristungsketten.[605] Es bezweckt somit die Vermeidung eines Fehlgebrauchs des in § 14 Abs. 2 S. 1 TzBfG enthaltenen Befristungstatbestands. Der Gesetzeszweck wird mit der getroffenen Regelung jedoch weit überschritten. Das Anschlussverbot erfasst nach seinem Wortlaut Befristungen ohne Rücksicht auf die zeitliche Spanne, die zwi-

---

Buschmann in Buschmann/Dieball/Stevens-Bartol, TzBfG, § 14 Rn. 11; *Mailänder* in Worzalla u.a., 1.3.2.1, S. 62.

602 *Däubler* in Kittner/Däubler/Zwanziger, TzBfG, § 14 Rn. 158; Annuß/Thüsing-*Maschmann*, § 14 TzBfG Rn. 71; ebenso LAG Düsseldorf v. 11.1.2002 - 9 Sa 1612/01, LAGE § 14 TzBfG Nr. 2 (nicht rechtskräftig): der Wortlaut lasse keine einschränkende Auslegung zu. Die Frage war jedoch für den Rechtsstreit nicht entscheidungserheblich.

603 *Löwisch*, BB 2001, 254 f.; zustimmend *Braun*, RiA 2001, 71, 76; wohl auch *Rieble*, Anmerkung zu BAG v. 22.3.2000 - 7 AZR 581/98, SAE 2001, 36, 37 in Fußnote 3.

604 *Löwisch*, BB 2001, 254 f.; ihm folgend *Braun*, RiA 2001, 71, 76.

605 Vgl. Begr. zum RegE, BT-Drucks. 14/4374, S. 14. Aufgrund des früheren Beschäftigungsförderungsgesetzes konnten durch einen mehrfachen Wechsel zwischen Befristungen mit Sachgrund und ohne Sachgrund Kettenverträge entstehen.

schen den Arbeitsverhältnissen liegt.[606] Auch einem sachlichen Bezug wird keine Bedeutung beigemessen. Damit wird übersehen, dass Arbeitsverhältnisse, die sich hinsichtlich der geforderten Tätigkeiten erheblich unterscheiden, bereits ihrer Art nach nicht geeignet sind, zu einer von dem Gesetzgeber befürchteten Kettenbefristung zu führen.[607]
Eine teleologische Reduktion des Anschlussverbots ist auch verfassungsrechtlich geboten. Die Verhinderung jeglicher erneuter sachgrundloser Befristung stellt eine nicht zu rechtfertigende Diskriminierung von Arbeitnehmern dar, die irgendwann einmal bei demselben Arbeitgeber beschäftigt waren. Sie erleiden gegenüber anderen Bewerbern einen entscheidenden Einstellungsnachteil, wenn der Arbeitgeber lediglich eine befristete Anstellung anbieten kann. Dies verletzt den Gleichheitssatz des Art. 3 Abs. 1 GG. Darüber hinaus ist ein umfassendes Verständnis des Anschlussverbots auch im Hinblick auf Art. 12 Abs. 1 GG bedenklich. Bewerber könnten bei ihrem alten Arbeitgeber selbst dann keine befristete Anstellung erlangen, wenn es sich um eine gänzlich neue Stelle handelt, die erst nach einer neuen Ausbildung - vorher jedoch überhaupt nicht - in Betracht kommt. Ein sachlicher Grund für die Benachteiligung ist nicht ersichtlich, da der Gesetzeszweck bereits bei einschränkender Auslegung erreicht wird. Die Benachteiligung kann auch nicht mit einem Hinweis auf die notwendige Rechtsklarheit der getroffenen Regelung gerechtfertigt werden. Eine einschränkende Auslegung des Anschlussverbots bewirkt im Einklang mit dem Gesetzeszweck eine ebenso klare, jedoch den Arbeitnehmer im Einzelfall nicht benachteiligende Regelung.

Für das Eingreifen der Ausnahmevorschrift des § 14 Abs. 2 S. 2 TzBfG ist somit auf einen für den Gesetzeszweck relevanten Zusammenhang der jeweiligen Arbeitsverhältnisse abzustellen. Dieser kann sich sowohl in zeitlicher Hinsicht als auch in sachlicher Hinsicht ergeben.
In sachlicher Hinsicht fehlt ein relevanter Zusammenhang, wenn zwischen den Arbeitsverhältnissen nach der Beschäftigungsart kein Bezug besteht.[608]
Auch in zeitlicher Hinsicht kann ein vorhergehendes Arbeitsverhältnis ohne relevanten Zusammenhang mit einer neuen Beschäftigung sein. Die Zeitgrenze, bei der eine neue Tätigkeit nicht mehr als Anschlusstätigkeit angesehen kann, verläuft dabei fließend. Je größer der zeitliche Abstand zu der vorhergehenden Tätigkeit ist, desto weniger kann von einer die Befristungsregelungen umgehenden Kettenbefristung gesprochen werden. Als Zeitgrenze, nach der eine frühere

[606] Zur Kritik an der Außerachtlassung eines zeitlichen Zusammenhangs auch *Preis/ Gotthardt*, DB 2000, 2065, 2072; *Richardi/Annuß*, BB 2000, 2201, 2204; *Schiefer*, DB 2000, 2118, 2122.
[607] *Löwisch*, BB 2001, 254 f.
[608] Dies wäre beispielsweise der Fall bei einer früheren einfachen Bürotätigkeit und einer jetzigen spezialisierten Forschungstätigkeit im Labor desselben Arbeitgebers, wenn z.B. erst ein Studium das neue Arbeitsverhältnis ermöglicht.

Tätigkeit für die Anwendung des § 14 Abs. 2 S. 2 TzBfG außer Betracht bleiben sollte, erscheint eine Spanne von zwei Jahren angemessen und ausreichend, um den Gesetzeszweck zu verwirklichen.[609]

(2) Auswirkungen auf das Sozialversicherungsrecht

Will der Arbeitgeber einen zuvor zeitgeringfügig Beschäftigten unter der Voraussetzung der Zeitgeringfügigkeit weiterbeschäftigen, so ist dies sozialversicherungsrechtlich schon nach einem zeitlichen Abstand von zwei Monaten zwischen beiden befristeten Arbeitsverträgen möglich. Auch nach der hier vorgeschlagenen teleologischen Reduktion verstößt der erneute Anstellungsvertrag damit jedoch arbeitsrechtlich gegen das Anschlussverbot, so dass die Befristung unwirksam ist.[610]

Fraglich ist deshalb, ob das arbeitsrechtliche Befristungsverbot auf die sozialversicherungsrechtliche Beurteilung der Zeitgeringfügigkeit einer erneuten Beschäftigung bei demselben Arbeitgeber einwirkt.

Die Spitzenorganisationen der Sozialversicherungsträger haben hierzu innerhalb der Geringfügigkeits-Richtlinien bislang nicht Stellung bezogen.
Die sozialgerichtliche Rechtsprechung scheint jedoch einen entsprechenden Zusammenhang anzuerkennen. So hat das Landessozialgericht Bremen entschieden, eine vertragliche Beschränkung einer Nebenbeschäftigung könne die Regelmäßigkeit nur dann ausschließen, wenn die entsprechende Vereinbarung wirksam ist.[611] Wenn die Parteien arbeitsrechtlich in der Lage sind, mittels einer wirksamen Beschränkung der Beschäftigung deren Regelmäßigkeit zu beeinflussen, so wird umgekehrt auch eine unwirksame vertragliche Vereinbarung nicht ohne Einfluss auf die sozialversicherungsrechtliche Beurteilung bleiben können. Es erscheint damit geboten, auch eine unwirksame Befristungsvereinbarung auf das Sozialversicherungsrecht durchgreifen zu lassen. Verstößt eine erneute Befristung gegen § 14 TzBfG, so kann die Beschäftigung deshalb grund-

---

609 Ebenso *Löwisch*, BB 2001, 254, 255, der eine Parallele zu den Verjährungsvorschriften von Ansprüchen aus dem Arbeitsverhältnis nach den §§ 196 Abs. 1 Nr. 8 und 9, 201 BGB zieht. Offen gelassen von *Braun*, RiA 2001, 71, 76. Im Rahmen des Gesetzgebungsverfahrens hatten bereits *Preis/Gotthardt* eine solche Zeitspanne vertreten: vgl. *dieselben*, DB 2000, 2065, 2072. Einschränkend zu der hier vertretenen Auffassung MünchArbR-*Wank*, Ergänzungsband, § 116 Rn.191: eine teleologische Reduktion sei ausschließlich auf sachliche Gesichtspunkte (beispielsweise die Zulässigkeit von Befristungen trotz vorhergehender Aushilfstätigkeit des Arbeitnehmers) zu beschränken. Dies lässt jedoch die zeitliche Komponente außer Acht.

610 Vgl. § 16 S. 1 Hs. 1 TzBfG.

611 LSG Bremen v. 14.2.1975 - L1 Kr 5/74, Breith. 1975, 817, 818. Im gleichen Sinne wohl auch *Albrecht*, SozVers 1977, 149, 151; *Brackmann*, S. 623.

sätzlich nicht mehr der Zeitgeringfügigkeit zugerechnet werden, selbst wenn der Vertrag im Übrigen die Begrenzung auf 50 Arbeitstage vorsieht und keine Berufsmäßigkeit vorliegt.

Andererseits können die Auswirkungen des Befristungsverbots auf das Sozialversicherungsrecht nicht weiter gehen, als dies arbeitsrechtlich der Fall ist. Erweist sich deshalb eine vermeintlich unwirksame Befristung im Nachhinein als von Anfang an wirksam, so muss dies ebenfalls auf das Sozialversicherungsrecht zurückwirken. Es erscheint nicht angängig, das Befristungsrecht nur teilweise auf das Sozialversicherungsrecht zu übertragen.
Zu berücksichtigen ist deshalb, ob die Wirksamkeit der Befristung von dem Beschäftigten tatsächlich in Frage gestellt wird. Wird der Befristungsablauf des Arbeitsvertrags hingenommen, so ist die an sich unwirksame Befristung von Anfang an wirksam. Dieses Ergebnis folgt zwingend aus § 17 S. 2 TzBfG iVm § 7 KSchG. Diese Rechtsfolge wird nur vermieden, wenn der Arbeitnehmer innerhalb von drei Wochen nach dem vereinbarten Ende des befristeten Arbeitsvertrags Klage auf Feststellung erhebt, dass das Arbeitsverhältnis nicht aufgrund der Befristung beendet worden ist.

Für die Zeitgeringfügigkeit ergibt sich die Besonderheit, dass der Arbeitnehmer in aller Regel mit der erneuten Befristung einverstanden sein wird. Denn auf diese Weise kann er weiterhin als zeitgeringfügig Beschäftigter tätig sein und eine Zusammenrechnung mit anderen versicherungspflichtigen Beschäftigungsverhältnissen vermeiden (§ 8 Abs. 2 S. 1 SGB IV). Er hat deshalb regelmäßig kein Interesse, gegen eine an sich unwirksame Befristung vorzugehen.

Somit ist abschließend festzuhalten, dass die Unwirksamkeit einer Befristungsabrede auch auf die sozialversicherungsrechtliche Beurteilung der geringfügigen Beschäftigung einwirken kann. Kommt es nach zweimonatiger Unterbrechung der Beschäftigung zu einem erneuten befristeten Arbeitsvertrag, so verstößt die Befristungsabrede gegen § 14 Abs. 2 S. 2 TzBfG. Damit entfällt grundsätzlich auch die Zeitgeringfügigkeit, selbst wenn der Vertrag im Übrigen maximal 50 Arbeitseinsätze im Jahr vorsieht und die Beschäftigung nicht berufsmäßig ist. Der Verstoß gegen das Befristungsverbot ist jedoch insgesamt unbeachtlich, wenn der Beschäftigte die unwirksame Befristung gegen sich gelten lässt. Dies wird bei einer erneuten zeitgeringfügigen Beschäftigung regelmäßig der Fall sein, da der Arbeitnehmer so die Zusammenrechnung mit versicherungspflichtigen Zweitarbeitsverhältnissen vermeidet.

5. Ergebnis

Entgeltgeringfügige Beschäftigungen werden mit nicht geringfügigen Beschäftigungen zusammengerechnet und hierdurch in vollem Umfang versicherungs-

und beitragspflichtig. Zeitgeringfügige Beschäftigungen sind von dieser Zusammenrechnung ausgenommen. Für Arbeitgeber bedeutet die Zeitgeringfügigkeit deshalb einen wirtschaftlicher Vorteil in Bezug auf anfallende Lohnnebenkosten, insbesondere wenn der Arbeitnehmer anderweitig ein versicherungspflichtiges Zweitarbeitsverhältnis ausübt. Auch der Arbeitnehmer wird in diesem Fall an einer Vermeidung der Zusammenrechnung interessiert sein, wenn er die geringfügige Beschäftigung beitragsfrei halten will.
Zeitgeringfügigkeit liegt vor, wenn die Beschäftigung innerhalb eines Jahres seit ihrem Beginn auf längstens zwei Monate oder 50 Arbeitstage nach ihrer Eigenart begrenzt zu sein pflegt oder im Voraus vertraglich begrenzt ist. Die Beschäftigung darf nicht berufsmäßig ausgeübt werden und ihr Entgelt 325 € im Monat nicht übersteigen. Die Berufsmäßigkeit beurteilt sich nach der wirtschaftlichen Bedeutung der jeweiligen Beschäftigung für den Lebensunterhalt des Arbeitnehmers. Ein geringfügiges Beschäftigungsverhältnis ist neben einem Hauptarbeitsverhältnis des Arbeitnehmers nicht als berufsmäßig anzusehen.
Die zeitgeringfügige Beschäftigung darf nicht regelmäßig, sondern nur gelegentlich ausgeübt werden. Anderenfalls ist die Geringfügigkeit nach § 8 Abs. 1 Nr. 1 SGB IV zu beurteilen. Regelmäßigkeit liegt vor, wenn die Tätigkeit von vornherein auf regelmäßige Wiederholung angelegt ist und über mehrere Jahre hinweg ausgeübt werden soll. In diesem Sinne kann sich Regelmäßigkeit aus einem dauerhaften Rahmenarbeitsvertrag für zu wiederholende Beschäftigungen ergeben.
Ist der Arbeitsvertrag auf bis zu ein Jahr befristet, so ist Gelegentlichkeit unproblematisch anzunehmen, wenn der Vertrag nicht mehr als 50 Arbeitseinsätze im Jahr vorsieht, diese Grenze strikt eingehalten wird, und die Beschäftigung nicht berufsmäßig ausgeübt wird. Die Rechtsprechung des Bundessozialgerichts lässt darüber hinaus Raum für die Annahme, dass auch eine Befristungsdauer von bis zu zwei Jahren nicht notwendigerweise zur Regelmäßigkeit der Beschäftigung führt. Arbeitgeber sollten jedoch aus praktischen Erwägungen den Befristungszeitraum nicht über ein Jahr hinaus ausdehnen, um das wirtschaftliche Risiko einer Beitragsnachzahlung zu vermeiden.

Wird im direkten Anschluss an einen auf ein Jahr begrenzten Arbeitsvertrag ein neuer befristeter Vertrag abgeschlossen, so führt dies grundsätzlich zur Regelmäßigkeit und damit zum Entfallen der Zeitgeringfügigkeit vom Zeitpunkt der Verlängerungsvereinbarung an. Sozialversicherungsrechtlich wird diese Rechtsfolge vermieden, wenn zwischen den Arbeitsverträgen ein zeitlicher Abstand von mindestens zwei Monaten besteht und die übrigen Voraussetzungen der Zeitgeringfügigkeit beachtet werden.
Die sozialversicherungsrechtliche Beurteilung ist andererseits mit dem arbeitsrechtlichen Verbot der Anschlussbefristung (§ 14 Abs. 2 S. 2 TzBfG) in Einklang zu bringen. Erweist sich die Befristung des neuen Vertrags arbeitsrechtlich als unwirksam, so wirkt dies auf das Sozialversicherungsrecht zurück.

Das Anschlussverbot ist teleologisch auf solche Arbeitsverhältnisse zu reduzieren, die zu einem vorhergehenden Arbeitsverhältnis bei demselben Arbeitgeber in einem nach dem Gesetzeszweck relevanten Zusammenhang stehen. Der relevante Zusammenhang beurteilt sich sowohl nach einem hinreichenden sachlichen Bezug als auch nach einem hinreichenden zeitlichen Bezug der Arbeitsverhältnisse. Bei einem zeitlichen Abstand der Arbeitsverhältnisse von zwei Jahren und mehr kann ein hinreichender zeitlicher Zusammenhang verneint werden. Wird ein zeitgeringfügig Beschäftigter bereits nach zwei Monaten bei demselben Arbeitgeber erneut befristet eingestellt, so ist die Befristung jedoch in jedem Fall arbeitsrechtlich unwirksam.

Für die sozialversicherungsrechtliche Zeitgeringfügigkeit erlangt eine arbeitsrechtlich unzulässige Anschlussbefristung Bedeutung. Umgekehrt gilt dies jedoch auch, wenn sich eine zunächst unzulässige Befristung rückwirkend als wirksam erweist. Dies ist der Fall, wenn der Arbeitnehmer die Befristung gegen sich gelten lässt oder nicht rechtzeitig gegen sie vorgeht. Bei zeitgeringfügigen Beschäftigungsverhältnissen besteht die Besonderheit, dass der Arbeitnehmer in der Regel die Befristung nicht in Frage stellen wird, wenn er daneben noch ein versicherungspflichtiges Zweitarbeitsverhältnis ausübt. Die Aufrechterhaltung der Zeitgeringfügigkeit führt zur Vermeidung der Zusammenrechnung mit dem nicht geringfügigen Zweitarbeitsverhältnis. In diesem Fall bleibt der Arbeitnehmer in der zeitgeringfügigen Beschäftigung beitragsfrei.

II. Versicherungsrechtliche Beurteilung studentischer Beschäftigungen

Die Zahl der Studenten, die neben ihrem Studium einer entgeltlichen Beschäftigung nachgehen, ist seit Ende der achtziger Jahre stetig gestiegen. Beispielsweise waren im Sommersemester 2000 etwa zwei Drittel aller Immatrikulierten (67 %) während der vorlesungsfreien bzw. in der Vorlesungszeit in unterschiedlichem Umfang erwerbstätig.[612] Am weitesten verbreitet innerhalb des Spektrums studentischer Erwerbstätigkeit waren mit durchschnittlich 38 % Aushilfstätigkeiten wie Kellnern, Taxi fahren, Büro- oder Fabrikarbeit. Mehr als jeder vierte Student arbeitete im Sommersemester 2000 als studentische Hilfskraft (27 %).[613]

Die zunehmende Erwerbstätigkeit von Studenten zur Sicherung ihres Lebensunterhalts während der Studienzeit führt nicht nur zur Ausübung von Einzelarbeitsverhältnissen. Auch Zweitarbeitsverhältnisse von Studenten können die Folge sein. Beispielsweise ist es nicht ungewöhnlich, wenn ein Student abends stundenweise kellnert und am Wochenende im Supermarkt Regale auffüllt. Studenten können auch im gesamten Kalenderjahr auf 325 €-Basis als Verkäufer in einer Bäckerei tätig sein und in den Semesterferien zusätzlich eine kurzfristige Vollzeittätigkeit in einem Produktionsbetrieb aufnehmen, die zwei Kalendermonate nicht überschreitet.

Die nachfolgende Untersuchung hat die sozialversicherungsrechtlichen Auswirkungen studentischer Zweitarbeitsverhältnisse während des Studiums zum Gegenstand. Hierzu wird zunächst die versicherungsrechtliche Situation von Studenten behandelt, die in einem einzelnen Arbeitsverhältnis stehen.

1. Einzelarbeitsverhältnisse und Sozialversicherungspflicht

Nach der Systematik des Sozialversicherungsrechts führt jede Tätigkeit, die in abhängiger Beschäftigung gegen Zahlung von Entgelt ausgeübt wird, zur Versicherungspflicht.[614] Dies gilt im Grundsatz auch für Studenten, die neben ihrem Studium arbeiten. Das Gesetz sieht für Studenten jedoch Besonderheiten im Hinblick auf die Versicherungspflicht bestimmter Beschäftigungen vor, die im Folgenden untersucht werden.

---

612 16. Sozialerhebung des Deutschen Studentenwerks, S. 280. Die Sozialerhebungen werden im zeitlichen Abstand von drei Jahren durchgeführt. Vgl. ferner *Felix*, NZS 2000, 477, 483.

613 16. Sozialerhebung des Deutschen Studentenwerks, S. 309.

614 Vgl. § 5 Abs. 1 Nr. 1 SGB V (Krankenversicherung); § 20 Abs. 1 Nr. 1 SGB XI (Pflegeversicherung); § 25 Abs. 1 SGB III (Arbeitslosenversicherung); § 1 Abs. 1 Nr. 1 SGB VI (Rentenversicherung). In der Unfallversicherung besteht Versicherungsschutz auch dann, wenn die Beschäftigung unentgeltlich ausgeübt wird, vgl. § 2 Abs. 1 Nr. 1 SGB VII.

a) Geringfügige Beschäftigungen von Studenten

aa) Versicherungsfreiheit nach § 8 Abs. 1 SGB IV

Studenten, die eine geringfügige Beschäftigung nach § 8 Abs. 1 SGB IV ausüben, sind in dieser Beschäftigung nach den allgemeinen Grundsätzen versicherungsfrei.[615]

bb) Besonderheiten in der Beitragspflicht des Arbeitgebers

Bei entgeltgeringfügigen Beschäftigungen (§ 8 Abs. 1 Nr. 1 SGB IV) hat der Arbeitgeber grundsätzlich die Pauschalbeiträge von 10 % bzw. 12 % an die Kranken- bzw. Rentenversicherung zu entrichten (§§ 249 b S. 1 SGB V, 172 Abs. 3 S. 1 SGB VI).[616]
Der Pauschalbeitrag zur Krankenversicherung steht unter dem Vorbehalt, dass der Beschäftigte bereits in der gesetzlichen Krankenversicherung versichert ist. Dies wird daran deutlich, dass § 249 b S. 1 SGB V eine Beitragspflicht für „Versicherte" statuiert. Für die Beschäftigung eines Studenten entfällt der Pauschalbeitrag also, falls er nicht der gesetzlichen Krankenversicherung angehört.[617]
Wer sich immatrikuliert, unterliegt jedoch grundsätzlich der Versicherungspflicht in einer speziell für Studenten angeordneten Pflichtversicherung, der Krankenversicherung der Studenten (KVdS).[618] Damit fällt auch der Pauschalbeitrag nach § 249 b S. 1 SGB V an, falls neben dem Studium eine entgeltgeringfügige Beschäftigung aufgenommen wird. Bei Studenten besteht allerdings die Besonderheit, dass sie zu Beginn ihres Studiums unter Umständen von der Befreiungsmöglichkeit des § 8 Abs. 1 Nr. 5 SGB V Gebrauch machen können.[619] Mit einer Befreiung endet ihr Versichertenstatus innerhalb der gesetzlichen Krankenversicherung und mithin auch eine Pauschalbeitragspflicht des Arbeitgebers im Fall einer geringfügigen Beschäftigung.

Die Befreiungsmöglichkeit besteht für Studenten, die Mitglied der KVdS sind. Die KVdS ist jedoch subsidiär gegenüber einer Familienversicherung des Studenten.[620] Studenten sind als Kind eines Mitglieds der gesetzlichen Krankenversicherung bis zur Vollendung des fünfundzwanzigsten Lebensjahres mitversi-

---

615 Hierzu bereits oben *§ 3 I. 1.*
616 Ausführlich hierzu unter *§ 3 I. 1.*
617 Hauck/Noftz-*Gerlach*, SGB V, K § 249 b Rn. 12.
618 Vgl. § 5 Abs. 1 Nr. 9 SGB V; umfassend zur KVdS *Felix*, NZS 2000, 477 ff.
619 *Stevens-Bartol* in Buschmann/Dieball/Stevens-Bartol, SGB IV, § 8 Rn. 10.
620 Vgl. § 5 Abs. 7 S. 1 SGB V; *Wollenschläger* in Wannagat, SGB V, § 5 Rn. 88.

chert (§ 10 Abs. 2 Nr. 3 Alt. 2 SGB V). Familienversicherte Studenten können auf den gesetzlichen Krankenversicherungsschutz nicht verzichten.[621]
Der Befreiungsantrag ist innerhalb von drei Monaten nach Beginn der Versicherungspflicht schriftlich bei der Krankenkasse zu stellen.[622] Die Befreiung wirkt vom Beginn der Versicherungspflicht an und ist unwiderruflich.[623] Sind seit diesem Zeitpunkt bereits Leistungen der Krankenversicherung in Anspruch genommen worden, so gilt sie mit Beginn des Kalendermonats, der auf die Antragstellung folgt.

Eine Befreiungsmöglichkeit von der Krankenversicherungspflicht besteht somit nur für Studenten, die selbst gesetzlich versichert sind. Sie stellt jedoch für den Arbeitgeber eine bedeutende Möglichkeit zur Einsparung des Pauschalbeitrags zur Krankenversicherung dar. Studenten könnten aufgrund dessen vermehrt für eine Befreiung von der Versicherungspflicht optieren und sich für eine private Krankenversicherung entscheiden.

Hingegen ist die Entrichtung des Pauschalbeitrags zur gesetzlichen Rentenversicherung bei einer entgeltgeringfügigen Beschäftigung des Studenten zwingend. Die Pauschalbeitragspflicht des Arbeitgebers knüpft nicht an den sonstigen Versichertenstatus an. § 172 Abs. 3 S. 1 SGB VI bezieht sich nur auf „Beschäftigte“ und nicht auf „Versicherte“. Die entgeltgeringfügige Beschäftigung des Studenten löst daher stets eine Pauschalbeitragspflicht des Arbeitgebers in der gesetzlichen Rentenversicherung aus.[624]

b) Werkstudentenprivileg

aa) Allgemeine Grundsätze

Das Beschäftigungsverhältnis ist in der Kranken-, Pflege- und Arbeitslosenversicherung auch dann versicherungsfrei, wenn der Student während der Dauer seines Studiums als ordentlich Studierender einer Hochschule gegen Arbeitsentgelt beschäftigt ist.[625] Diese Regelung privilegiert die Beschäftigung von Studenten und geht als eigenständiger Befreiungstatbestand über die allgemeine Versicherungsfreiheit geringfügiger Beschäftigungen hinaus.

---

621 *Löwisch*, BB 1999, 739, 740.

622 Vgl. § 8 Abs. 2 SGB V.

623 BSG v. 23.6.1994 - 12 RK 25/93, SozR 3-2500 § 8 Nr. 1.

624 Nach § 172 Abs. 3 S. 2 iVm § 5 Abs. 3 SGB VI beitragsfreie Praktika von Studenten bleiben im Rahmen der Darstellung außer Betracht. Hierzu Hauck/Noftz-*Klattenhoff*, SGB VI, K § 5 Rn. 18 ff.

625 Vgl. § 6 Abs. 1 Nr. 3 SGB V (Krankenversicherung); 20 Abs. 1 SGB XI iVm 6 Abs. 1 Nr. 3 SGB V (Pflegeversicherung); 27 Abs. 4 S. 1 Nr. 2 SGB III (Arbeitslosenversicherung).

Die besondere Versicherungsfreiheit für studentische Beschäftigungsverhältnisse gilt nicht für die gesetzlichen Rentenversicherung.[626] Die Überschreitung der allgemeinen Geringfügigkeitsgrenzen führt innerhalb der Rentenversicherung somit stets zur Versicherungs- und Beitragspflicht. Der Gesetzgeber hielt die Privilegierung von Werkstudenten in der Rentenversicherung für nicht mehr zeitgemäß. Sie habe aus einer Zeit gestammt, in der Studenten ihre spätere Alterssicherung regelmäßig außerhalb des gesetzlichen Rentensystems aufbauten; dies sei heute nicht mehr in gleichem Maße der Fall.[627]

Übergangsweise bleiben Personen, die zum Stichtag 1.10.1996 in einer Beschäftigung als ordentliche Studenten versicherungsfrei waren, in diesem Beschäftigungsverhältnis weiterhin rentenversicherungsfrei.[628]

Werkstudenten sind solche Studenten, die neben ihrem Studium eine entgeltliche Beschäftigung ausüben, um sich durch ihre Arbeit die zur Durchführung des Studiums und zum Bestreiten ihres Lebensunterhalts erforderlichen Mittel zu verdienen.[629]
Die Immatrikulation an einer Hochschule ist zwar notwendige, aber nicht hinreichende Bedingung für die Versicherungsfreiheit einer Beschäftigung. Zusätzlich ist erforderlich, dass das Studium Zeit und Arbeitskraft überwiegend oder ganz in Anspruch nimmt, und der Betreffende damit nach seinem Erscheinungsbild Student und nicht Arbeitnehmer ist.[630] Dieses weitere Merkmal dient der Differenzierung zwischen Studenten, die nebenbei arbeiten, und Arbeitnehmern, die nebenher studieren.[631] Beschäftigte, die zwar eingeschrieben sind, deren Arbeitskraft jedoch überwiegend durch eine Tätigkeit als Arbeitnehmer in Anspruch genommen wird, sind in dieser Tätigkeit versicherungspflichtig.[632] Die besondere Versicherungsfreiheit der Werkstudenten ist in diesem Fall nicht geboten, da die Erwerbstätigkeit im Vordergrund steht.

---

626 Der frühere § 5 Abs. 3 SGB VI wurde mit Wirkung vom 1.10.1996 gestrichen; vgl. Art. 1 Nr. 2 des Wachstums- und Beschäftigungsförderungsgesetzes - WFG - vom 25.9.1996, BGBl. I, S. 1461.

627 Begr. zum RegE des Wachstums- und Beschäftigungsförderungsgesetzes - WFG -, BT-Drucks. 13/4610, S. 20.

628 Vgl. § 230 Abs. 4 S. 1 SGB VI; näher hierzu Kreikebohm-*Grintsch*, SGB VI, § 230 Rn. 14 ff.

629 Ständige Rechtsprechung; vgl. BSG v. 10.12.1998 - B 12 KR 22/97 R, SozR 3-2500 § 6 Nr. 16; BSG v. 21.7.1977 - 7 RAr 132/75, BSGE 44, 164, 165; BSG v. 16.7.1971 - 3 RK 68/68, Breith. 1972, 6, 7.

630 BSG v. 30.11.1978 - 12 RK 45/77, SozR 2200 § 1228 Nr. 9.

631 *Wollenschläger* in Wannagat, SGB V, § 6 Rn. 25.

632 Hauck/Noftz-*Gerlach*, SGB V, K § 6 Rn. 65.

Dies wirft die Frage auf, ob ein Beschäftigter im Einzelfall nach seinem Erscheinungsbild noch als Student anzusehen ist oder ob die Tätigkeit als Arbeitnehmer überwiegt.

bb) Die Rechtsprechung zum Werkstudentenbegriff

Das Bundessozialgericht hat die Abgrenzung von Studenten und Arbeitnehmern zunächst in rein zeitlicher Hinsicht vorgenommen. Eine Beschäftigung von weniger als 20 Wochenstunden während des Semesters bilde ein hinreichendes Merkmal für die Versicherungsfreiheit. Einer besonderen Begründung durch die Versicherungsträger bedürfe es in diesem Fall nicht.[633] Umgekehrt führe eine Beschäftigungsdauer von 20 oder mehr Wochenstunden zur Versicherungspflicht.[634] Unerheblich sei, wie viel der Betreffende bei dieser Fallgestaltung auf eine daneben betriebene wissenschaftliche Ausbildung verwende. Allein der zeitliche Umfang der Beschäftigung mache den Betreffenden nach seinem Erscheinungsbild zu einem versicherungspflichtig Beschäftigten.[635] Der wöchentlichen Arbeitszeit während der Semesterferien komme demgegenüber keine entscheidende Bedeutung zu. Der Betreffende bleibe in dieser Zeit grundsätzlich auch bei einer Überschreitung von 20 Stunden seinem Erscheinungsbild nach Student.[636]

In seiner späteren Rechtsprechung hat das Bundessozialgericht seine Haltung differenziert.[637] Eine Beschäftigung von mehr als 20 Wochenstunden in der Vorlesungszeit beanspruche die Arbeitskraft des Einzelnen nicht stets so stark, dass die Tätigkeit als Arbeitnehmer das Erscheinungsbild präge. Im Regelfall sei eine solche Beschäftigungsdauer bestimmend. Es seien jedoch auch Fallgestaltungen möglich, in den die wöchentliche Arbeitszeit nicht allein über die Versicherungsfreiheit entscheiden könne. Insbesondere wenn die fragliche Beschäftigung sich an die Erfordernisse des Studiums anpasse und ihnen unterordne, etwa auf die Wochenenden oder die Abendstunden verlegt sei, könne die Tätigkeit als Student auch bei einer Überschreitung der 20 Stunden weiterhin das Erscheinungsbild prägen. Je mehr allerdings die 20-Stunden-Grenze überschritten werde, desto schwieriger sei es, diesen Nachweis zu führen.

In neuerer Zeit hat sich die Abgrenzung des Bundessozialgerichts erneut verlagert. Die Rechtsprechung differenziert nunmehr auch danach, ob eine bereits bestehende Beschäftigung nach Immatrikulation fortgeführt wird oder ob eine

---

633 BSG v. 30.11.1978 - 12 RK 45/77, SozR 2200 § 1228 Nr. 9.

634 BSG v. 26.6.1975 - 3/12 RK 14/73, SozR 2200 § 172 Nr. 3.

635 BSG v. 21.7.1977 - 7 RAr 132/75, BSGE 44, 164, 165.

636 BSG v. 21.7.1977 - 7 RAr 132/75, BSGE 44, 164, 166.

637 BSG v. 22.2.1980 - 12 RK 34/79, SozR 2200 § 172 Nr. 14.

Beschäftigung erst nach der Immatrikulation aufgenommen wurde.[638] Der Beginn eines Studiums nach Abschluss der Berufsausbildung könne zur Verneinung der Versicherungsfreiheit führen, wenn die Beschäftigung bei dem bisherigen Arbeitgeber weiterhin ausgeübt wird. Der Status als Arbeitnehmer stehe im Vordergrund, wenn eine Person nach Abschluss der Berufsausbildung ein berufsintegriertes Studium beginnt und die Beschäftigung in dem erlernten Beruf während des Semesters als Teilzeitbeschäftigung und während der Semesterferien als Vollzeitbeschäftigung weiterhin ausübt.[639] Für bereits bestehende Beschäftigungsverhältnisse, die nach der Immatrikulation fortgesetzt werden, hat das Bundessozialgericht die maßgebliche 20-Stunden-Grenze ausdrücklich aufgegeben.[640]

cc) Stellungnahme

Die Rechtsprechung hat hinreichende Kriterien für eine einzelfallabhängige Differenzierung des Erscheinungsbildes des Beschäftigten aufgestellt, die zu angemessenen Ergebnissen führen.
Die zu Beginn noch allein maßgebliche Begrenzung der Beschäftigungszeit auf 20 Wochenstunden während des Semesters kann zutreffend keinen starren und endgültigen Maßstab dafür bieten, ob eine Tätigkeit versicherungsfrei ist. Die Berücksichtigung weiterer Faktoren, wie etwa die Verteilung der Arbeitszeit auf Wochenenden und Abende, hat hierzu eine notwendige Flexibilisierung bewirkt. Die 20-Stunden-Grenze kann nur als grobe Richtschnur dienen, die nicht per se über den versicherungsrechtlichen Status des Betreffenden entscheidet.[641]
Die zunehmende Relevanz einzelfallabhängiger Kriterien setzt sich auch in der neueren Rechtsprechung des Bundessozialgerichts fort. Die Differenzierung zwischen solchen Studentengruppen, die ein bestehendes Beschäftigungsverhältnis nach der Immatrikulation fortführen, und solchen, die ein neues Beschäftigungsverhältnis begründen, erscheint konsequent. Sie begegnet der Gefahr einer Umgehung der Sozialversicherungspflicht, indem das Beschäftigungsverhältnis zwar beibehalten, aber die Wochenstundenanzahl auf knapp unter 20 Stunden abgesenkt wird. Hat der Student bereits eine abgeschlossene Berufsausbildung bei seinem Arbeitgeber erlangt und kommt es anschließend zur Auf-

---

[638] BSG v. 10.12.1998 - B 12 KR 22/97 R, SozR 3-2500 § 6 Nr. 16.

[639] BSG v. 10.12.1998 - B 12 KR 22/97 R, SozR 3-2500 § 6 Nr. 16. Im konkreten Fall hatte die Betreffende bei einer Bank gearbeitet, die sie nach Abschluss ihrer Ausbildung als Bankkauffrau übernommen hatte. Die Arbeitszeit betrug während der Vorlesungszeiten 19,5 Wochenstunden.

[640] BSG v. 10.12.1998 - B 12 KR 22/97 R, SozR 3-2500 § 6 Nr. 16. Offen gelassen wurde hingegen, ob an der Zeitgrenze für die Fälle festgehalten werden kann, in denen das Beschäftigungsverhältnis des Studenten erst nach der Immatrikulation begonnen hat.

[641] *Wollenschläger* in Wannagat, SGB V, § 6 Rn. 32; Hauck/Noftz-*Gerlach*, SGB V, K § 6 Rn. 69; vgl. auch *Wagner* in GK-SGB III, § 27 Rn. 41 f.

nahme eines berufsintegrierten Studiums, so fehlt es an einem hinreichenden Grund für das Werkstudentenprivileg, wenn die Beschäftigung in dieser Zeit fortgesetzt wird. Eine Verringerung der Wochenstunden kann in diesem Fall nicht entscheidend sein. Der Student verdient nicht neben dem Studium etwas nebenbei, um seinen Lebensunterhalt zu sichern, sondern er ist bereits als Arbeitnehmer hinreichend in seinem Lebensunterhalt durch den Arbeitgeber abgesichert, beispielsweise wenn der Arbeitgeber für die Ausbildungskosten aufkommt.[642] Darin liegt auch keine sachwidrige Ungleichbehandlung im Vergleich zu solchen Personen, die erst nach ihrer Immatrikulation woanders ein Beschäftigungsverhältnis aufnehmen.[643] Eine Ungleichbehandlung erscheint sachlich gerechtfertigt. Die Rechtfertigung folgt aus der Missbrauchsgefahr für das Sozialversicherungssystem. Die Versicherungspflicht der Beschäftigung wird durch einen Kunstgriff umgangen, nämlich die Absenkung der Arbeitszeit auf knapp unterhalb von 20 Wochenstunden. Tatsächlich kann das vor dem Studium eingegangene Beschäftigungsverhältnis jedoch nach wie vor als Hauptsache angesehen werden, während das Studium eine untergeordnete Bedeutung einnimmt.[644]

Der Fall einer Unterbrechung der Beschäftigung kann demgegenüber zu einer anderen Beurteilung führen. Nach einer hinreichenden Zeitspanne zwischen einem früheren und einem neuen Beschäftigungsverhältnis bei demselben Arbeitgeber kann der Betreffende seinem Erscheinungsbild nach Student sein. Als Zeitraum erscheint hierfür eine Unterbrechungsdauer von zwei Monaten ausreichend.[645] Für diesen Fall wie auch für die erstmalige Neubegründung eines Beschäftigungsverhältnisses bei einem anderen Arbeitgeber erscheint ein Rückgriff auf die 20-Stunden-Grenze weiterhin vertretbar.[646]

---

642 So lag es auch im Fall BSG v. 10.12.1998 - B 12 KR 22/97 R, SozR 3-2500 § 6 Nr. 16. Die Arbeitgeberin beteiligte sich über einen Förderverein an den Studienkosten ihrer Mitarbeiter.

643 In diesem Sinne jedoch *Ortbauer*, SGb 1998, 83; *Felix*, NZS 2000, 477, 483.

644 Dementsprechend haben die Spitzenverbände und die Bundesanstalt für Arbeit seit dem Sommersemester 2000 ihre sozialversicherungsrechtliche Beurteilung solcher studentischer Beschäftigungsverhältnisse geändert und versagen ihnen die Versicherungsfreiheit. Vgl. das Besprechungsergebnis der Spitzenverbände und der Bundesanstalt für Arbeit vom 30./31. Mai 2000, SozVers 2000, 225, 226.

645 Vgl. Besprechungsergebnis vom 30./31. Mai 2000, SozVers 2000, 225, 227.

646 BSG v. 10.12.1998 - B 12 KR 22/97 R, SozR 3-2500 § 6 Nr. 16 hat diese Frage offen gelassen.

2. Zweitarbeitsverhältnisse und Sozialversicherungspflicht

a) Zusammenrechnung mehrerer geringfügiger Beschäftigungen

Übt ein Student mehrere geringfügige Beschäftigungen neben dem Studium aus, so sind diese nach allgemeinen Grundsätzen zusammenzurechnen (§ 8 Abs. 2 S. 1 SGB IV). Auch hier gilt, dass keine Zusammenrechnung einer entgeltgeringfügigen und einer zeitgeringfügigen Beschäftigung erfolgt.[647]
Werden die Geringfügigkeitsgrenzen durch die Zusammenrechnung nicht überschritten, so bleibt es bei der Sozialversicherungsfreiheit der Beschäftigungen. Die Sozialversicherungsfreiheit gilt neben der Kranken-, Pflege- und Arbeitslosenversicherung auch für die gesetzliche Rentenversicherung.[648]
Kommt es hingegen zu einer Überschreitung der Geringfügigkeitsgrenzen, so liegt insgesamt keine geringfügige Beschäftigung mehr vor (§ 8 Abs. 2 S. 2 SGB IV).

Entgeltgeringfügig Beschäftigte können gemäß § 5 Abs. 2 S. 2 SGB VI in der Rentenversicherung auf die Versicherungsfreiheit durch schriftliche Erklärung gegenüber dem Arbeitgeber verzichten und so selbst in den Schutz des Rentensystems gelangen.[649] Dies gilt auch für geringfügig beschäftigte Studenten. Werden mehrere entgeltgeringfügige Beschäftigungen ausgeübt, so ist ein Verzicht nur möglich, wenn die Geringfügigkeitsgrenzen insgesamt eingehalten werden. Zu beachten ist, dass der Verzicht in diesem Fall einheitlich gegenüber den jeweiligen Arbeitgebern zu erfolgen hat.[650] Ein Verzicht nur innerhalb eines der Beschäftigungsverhältnisse ist nicht möglich. Verzichtserklärungen gegenüber den jeweiligen Arbeitgebern, die voneinander abweichen, sind ebenfalls unwirksam.[651]

b) Einheitlichkeit des Werkstudentenprivilegs

Zweitarbeitsverhältnisse von Studenten bleiben ferner in der Kranken-, Pflege- und Arbeitslosenversicherung versicherungsfrei, wenn die Voraussetzungen des Werkstudentenprivilegs erfüllt sind. Auch hier gilt, dass diese Ausnahme innerhalb der gesetzlichen Rentenversicherung nicht mehr greift.

---

647 Ausführlich hierzu oben *§ 3 I. 2.*
648 Vgl. § 5 Abs. 2 S. 1 Hs. 2 SGB VI.
649 Hierzu näher unter *§ 3 I. 1.*
650 Hauck/Noftz-*Klattenhoff*, SGB VI, K § 5 Rn. 81 h; KassKomm-*Gürtner*, SGB VI, § 5 Rn. 28 c.
651 Hauck/Noftz-*Klattenhoff*, SGB VI, K § 5 Rn. 81 h.

Die Regelung für Werkstudenten kommt bei Ausübung von Zweitarbeitsverhältnissen nur in Betracht, wenn der Beschäftigte neben der Immatrikulation seinem Erscheinungsbild nach Student und nicht Arbeitnehmer ist. Hierzu kann auf die Abgrenzungsgrundsätze der Rechtsprechung Bezug genommen werden.[652]

Das maßgebliche Erscheinungsbild ist bei Zweitarbeitsverhältnissen von Studenten aufgrund einer Gesamtbetrachtung zu ermitteln. Ob bereits ein Einzelarbeitsverhältnis oder erst die Existenz mehrerer Arbeitsverhältnisse den Studenten als Arbeitnehmer erscheinen lassen, kann keinen Unterschied machen. Soweit zur Beurteilung weiterhin auf die Regelgrenze von 20 Wochenstunden zurückgegriffen werden kann, darf diese Grenze insgesamt nicht überschritten werden. Dies wird vor allem bei solchen Beschäftigungen der Fall sein, die erst nach Studienbeginn aufgenommen werden.

3. Ergebnis

Studentische Erwerbstätigkeiten unterliegen als geringfügige Beschäftigungsverhältnisse keiner Sozialversicherungspflicht. Bei einer entgeltgeringfügigen Beschäftigung fallen jedoch grundsätzlich die Pauschalbeiträge des Arbeitgebers zur Kranken- und Rentenversicherung an.
Mit der Immatrikulation an einer Hochschule unterliegen Studenten grundsätzlich der gesetzlichen Krankenversicherung. Damit entsteht auch die Pauschalbeitragspflicht zur Krankenversicherung, falls eine entgeltgeringfügige Beschäftigung aufgenommen wird. Für die geringfügige Beschäftigung besteht die Besonderheit, dass Studenten sich zu Beginn des Studiums von der Versicherungspflicht in der gesetzlichen Krankenversicherung befreien lassen können, sofern sie nicht bereits als Familienangehörige eines Mitglieds mitversichert sind. Damit entfällt zugleich der Pauschalbeitrag des Arbeitgebers für die Krankenversicherung.

Unabhängig von der Geringfügigkeitsgrenze sind Beschäftigungsverhältnisse von Werkstudenten innerhalb des Sozialversicherungsrechts privilegiert. Beschäftigungen sind in der Kranken-, Pflege- und Arbeitslosenversicherung von der Versicherungspflicht ausgenommen, wenn der Beschäftigte neben der Immatrikulation nach seinem Erscheinungsbild Student und nicht Arbeitnehmer ist. In der Rentenversicherung findet die Privilegierung von Werkstudenten keine Entsprechung mehr.
Ob ein Beschäftigter seinem Erscheinungsbild nach Student ist, ist aufgrund des jeweiligen Einzelfalls zu entscheiden. Die durch die Rechtsprechung bereits früh aufgestellte Grenze von 20 Wochenstunden während des Semesters kann hierfür

---

[652] Vgl. oben *§ 3 II. 1. b).*

nur einen groben Anhalt geben. Wird ein Beschäftigungsverhältnis im Anschluss an die Berufsausbildung nach der Immatrikulation bei demselben Arbeitgeber fortgesetzt, so kommt es für die sozialversicherungsrechtliche Beurteilung auf die Einhaltung der Stundengrenze nicht entscheidend an. In diesem Fall kann sich bereits aus dem Fortbestand einer im Wesentlichen unveränderten Beschäftigung die Versicherungspflicht ergeben. Die Absenkung der Wochenstundenanzahl auf knapp unterhalb von 20 Stunden fällt demgegenüber nicht ins Gewicht.

Studentische Zweitarbeitsverhältnisse sind nach den allgemeinen Grundsätzen innerhalb der Sozialversicherung zusammenzurechnen. Kommt es hierdurch zu einer Überschreitung der Geringfügigkeitsgrenzen, so führt dies insgesamt zur Sozialversicherungspflicht, sofern das Werkstudentenprivileg nicht eingreift. Ob der Beschäftigte trotz Ausübung von Zweitarbeitsverhältnissen seinem Erscheinungsbild nach Student ist, ist aufgrund einer Gesamtbetrachtung der jeweiligen Beschäftigungen zu beurteilen. Sofern auf die 20-Stunden-Grenze abgestellt werden kann, darf die gesamte wöchentliche Arbeitszeit in der Regel nicht darüber hinausgehen.

III. Der Anspruch auf Teilarbeitslosengeld

Bis 1997 sah das Arbeitsförderungsrecht keinen Anspruch auf Arbeitslosengeld für solche Arbeitnehmer vor, die eines von mehreren versicherungspflichtigen Beschäftigungsverhältnissen verloren. Die Existenz wenigstens einer weiteren versicherungspflichtigen Beschäftigung führte zum Anspruchsausschluss. Der Antragsteller galt in diesem Fall nach §§ 100 Abs. 1, 101 AFG aufgrund seiner weiteren Tätigkeit nicht als arbeitslos. Die frühere Rechtslage stellte damit eine Benachteiligung von Arbeitnehmern dar, die sich in ihrer Arbeitswahl flexibel gezeigt hatten und zur Sicherung ihres Lebensunterhalts mehrere Teilzeitbeschäftigungen parallel ausübten, statt einer einzigen Vollzeitbeschäftigung nachzugehen. Sie waren zwar innerhalb der Arbeitslosenversicherung in beiden Beschäftigungen beitragspflichtig; der Beitragspflicht stand jedoch erst dann ein Anspruch auf Arbeitslosengeld gegenüber, wenn der Arbeitnehmer beide Beschäftigungen verlor.

Die Einführung des Anspruchs auf Teilarbeitslosengeld hat diese Lücke im System der Arbeitslosenversicherung seit dem 1.1.1998 geschlossen.[653] Arbeitnehmern, die eine von mehreren versicherungspflichtigen Beschäftigungen verlieren, soll mit Hilfe des Teilarbeitslosengelds für eine begrenzte Zeit ein angemessener Ersatz für das ausfallende Teilarbeitsentgelt geboten werden.[654] Damit wird zugleich auch der allgemeinen Entwicklung einer flexibleren Gestaltung der Lebensarbeitszeit Rechnung getragen. Das Modell eines Vollzeitbeschäftigungsverhältnisses bei ein und demselben Arbeitgeber entspricht in vielen Fällen nicht mehr der Lebenswirklichkeit.[655]

Teilarbeitslosengeld kann nach § 150 Abs. 2 Nr. 3 SGB III nicht länger als sechs Monate bezogen werden. Im Gegensatz hierzu wird Arbeitslosengeld nach § 127 Abs. 2 SGB III bis zur Dauer von 32 Monaten gewährt. Nach Auffassung des Gesetzgebers ist nach Ablauf von sechs Monaten davon auszugehen, dass eine entsprechende Teilzeitbeschäftigung auf dem Arbeitsmarkt nicht zur Verfügung steht.[656]

---

[653] Der Anspruch auf Teilarbeitslosengeld (§ 150 SGB III) wurde eingeführt durch das Gesetz zur Reform der Arbeitsförderung (Arbeitsförderungs-Reformgesetz - AFRG) vom 24.3.1997, BGBl. I, S. 594.

[654] Begr. zum RegE, BT-Drucks. 13/4941, S. 181, dort zu § 151.

[655] Siehe hierzu bereits *§ 1 III. 3.*

[656] Begr. zum RegE, BT-Drucks. 13/4941, S. 181. Die Anspruchsdauer für das Teilarbeitslosengeld wird in der Literatur zum Teil sozialpolitisch hinterfragt, vgl. *Peters-Lange* in Gagel, SGB III, § 150 Rn. 51. Verfassungsrechtlich ist die von der Anspruchsdauer für das allgemeine Arbeitslosengeld abweichende Regelung jedoch nicht angreifbar.

Die folgende Untersuchung befasst sich zunächst mit den Voraussetzungen für den Anspruch auf Teilarbeitslosengeld. Anschließend werden die verschiedenen Erlöschenstatbestände behandelt. Hierbei wird die Aufnahme von Zweitarbeitsverhältnissen nach Anspruchsentstehung einen Schwerpunkt bilden.

1. Anspruchsvoraussetzungen

Anspruch auf Teilarbeitslosengeld haben Personen, die kumulativ die Voraussetzungen des § 150 Abs. 1 SGB III erfüllen. Anspruchsberechtigt sind somit Arbeitnehmer, die teilarbeitslos sind, sich teilarbeitslos gemeldet haben und deren Anwartschaftszeit für das Teilarbeitslosengeld erfüllt ist.

a) Teilarbeitslosigkeit

Nach § 150 Abs. 2 Nr. 1 SGB III ist teilarbeitslos, „wer eine versicherungspflichtige Beschäftigung verloren hat, die er neben einer weiteren versicherungspflichtigen Beschäftigung ausgeübt hat, und eine weitere versicherungspflichtige Beschäftigung sucht."

aa) Verlust einer von mehreren versicherungspflichtigen Beschäftigungen

Eine unbefangene Betrachtung des Wortlauts „neben einer weiteren versicherungspflichtigen Beschäftigung" lässt den Schluss zu, Teilarbeitslosigkeit komme nur dann in Betracht, wenn der Antragsteller vor dem Verlust der einen Beschäftigung nicht mehr als *eine* weitere ausübte.

Eine solche Auslegung widerspräche jedoch der Ratio des Teilarbeitslosengelds. Es war gerade die Absicht des Gesetzgebers, mit seiner Einführung Lücken im System der Arbeitslosenversicherung zu schließen.[657] Der Wortlaut ist zudem nicht zwingend in dem Sinne zu interpretieren, dass es sich um *eine einzige* weitere versicherungspflichtige Beschäftigung handeln muss. Genauso ist eine Deutung zulässig, wonach der Verlust *einer von mehreren* versicherungspflichtigen Beschäftigungen genügt. Im Interesse eines erhöhten Arbeitnehmerschutzes erscheint es allein sachgerecht, Teilarbeitslosigkeit nicht mit der vorherigen Existenz von lediglich zwei versicherungspflichtigen Beschäftigungen zu verknüpfen. Vielmehr wird auch der Fall erfasst, dass ein Arbeitnehmer mehr als zwei versicherungspflichtige Beschäftigungen ausübt und eine von ihnen verliert.[658]

---

[657] *Ricken*, NZS 1997, 558, 562.

[658] Ebenso Hauck/Noftz-*Valgolio*, SGB III, K § 150 Rn. 18; für eine analoge Anwendung hingegen *Peters-Lange* in Gagel, SGB III, § 150 Rn. 62. Hiergegen spricht jedoch, dass

bb) Verlust einer Vollzeitbeschäftigung neben einer Teilzeitbeschäftigung

Der Anspruch auf Teilarbeitslosengeld ist nicht darauf beschränkt, dass der Arbeitnehmer eine von mehreren Teilzeitbeschäftigungen verliert. Es sind auch Fallgestaltungen denkbar, in denen ein Vollzeitarbeitsverhältnis neben einem Teilzeitarbeitsverhältnis ausgeübt wurde.[659]
Beispielsweise kann ein Buchhalter als Vollzeitkraft mit 38 Wochenstunden in einem Betrieb beschäftigt sein und zusätzlich stundenweise Bürotätigkeiten in einem kleineren Unternehmen ausführen, für die er ein Entgelt von 400 € erhält. Für den Anspruch auf Teilarbeitslosengeld ist nicht von Bedeutung, welche Beschäftigung der Antragsteller verloren hat, sofern er weiterhin eine andere versicherungspflichtige Beschäftigung ausübt. In beiden Fällen steht dem Antragsteller daher ein Anspruch auf Teilarbeitslosengeld zu.
Dies gilt auch, wenn zwei zusammenzurechnende geringfügige Beschäftigungsverhältnisse neben einer verbleibenden versicherungspflichtigen Beschäftigung gleichzeitig wegfallen. Führt die Zusammenrechnung beider geringfügiger Beschäftigungen zur Überschreitung der Geringfügigkeitsgrenzen, so begründet dies dort die Versicherungspflicht.[660] In diesem Zusammenhang ist zu beachten, dass innerhalb der Arbeitslosenversicherung keine Zusammenrechnung geringfügiger Beschäftigungen mit nicht geringfügigen Beschäftigungen stattfindet (§ 27 Abs. 2 S. 1 Hs. 2 SGB III).

cc) Arbeitszeitreduzierung in einer versicherungspflichtigen Beschäftigung

Wird eine von mehreren versicherungspflichtigen Beschäftigungen ihrem zeitlichen Umfang nach so reduziert, dass die Versicherungspflicht wegen Unterschreitung der Geringfügigkeitsgrenzen endet, so soll nach der Gesetzesbegründung keine Teilarbeitslosigkeit vorliegen.[661]
Danach ist die Verringerung der Arbeitszeit dem Verlust einer versicherungspflichtigen Beschäftigung nicht gleichzusetzen. Diese Einschränkung wird von Teilen der Literatur kritisiert.[662]

Für eine kritische Betrachtung spricht eine grammatikalische Auslegung. Der Wortlaut „wer eine versicherungspflichtige Beschäftigung verloren hat", lässt

---

sich die hier vertretene Lösung bereits durch eine grammatikalische Auslegung ermitteln lässt.

659 Hauck/Noftz-*Valgolio*, SGB III, K § 150 Rn. 17; *Peters-Lange* in Gagel, SGB III, § 150 Rn. 10.

660 *Marschner* in GK-SGB III, § 150 Rn. 15.

661 Begr. zum RegE, BT-Drucks. 13/4941, S. 181.

662 *Marschner* in GK-SGB III, § 150 Rn. 14: „...Sichtweise erscheint fragwürdig".

auch eine Deutung zu, wonach allein der Verlust der Versicherungspflicht ausreichend ist.
Dagegen spricht jedoch entscheidend, dass der Gesamtsinn des Teilarbeitslosengelds in der Abfederung wirtschaftlicher Nachteile bei vollständigem Wegfall eines von mehreren versicherungspflichtigen Beschäftigungsverhältnissen zu sehen ist.[663] Büßt ein Arbeitnehmer lediglich die Sozialversicherungspflicht ein, so ist seine Schutzbedürftigkeit qualitativ geringer als bei vollständigem Verlust der Beschäftigung. Es erscheint deshalb vorzugswürdiger, Arbeitszeitverringerungen aus dem Anwendungsbereich des Teilarbeitslosengelds herauszunehmen.[664]

dd) Mehrere Beschäftigungen bei demselben Arbeitgeber

Eine in der Praxis zunehmend an Bedeutung gewinnende Konstellation tritt auf, falls der Antragsteller die andere versicherungspflichtige Beschäftigung bei demselben Arbeitgeber ausübt.[665]
Es könnte in diesem Fall an dem Merkmal einer *weiteren* versicherungspflichtigen Beschäftigung in § 150 Abs. 2 Nr. 1 SGB III fehlen. Nach allgemeinem Verständnis sind mehrere Beschäftigungsverhältnisse einer Person bei demselben Arbeitgeber innerhalb des Sozialversicherungsrechts als ein einheitliches Beschäftigungsverhältnis anzusehen.[666]

Es ist indes fraglich, ob dem für den Anspruch auf Teilarbeitslosengeld uneingeschränkt gefolgt werden kann. Hiergegen spricht, dass die Übertragung dieses Grundsatzes auf die Teilarbeitslosigkeit unter Umständen zu unangemessenen Ergebnissen führt. Arbeitnehmer ohne eine dritte versicherungspflichtige Beschäftigung bei einem anderen Arbeitgeber wären unter Beachtung des Grundsatzes der Einheit des Beschäftigungsverhältnisses nicht teilarbeitslos im Sinne von § 150 SGB III. Der Verlust einer von mehreren Beschäftigungen bei demselben Arbeitgeber wäre lediglich als Reduzierung des Arbeitszeitumfangs innerhalb eines einheitlichen Beschäftigungsverhältnisses zu bewerten. Es läge also keine *weitere* Beschäftigung im Sinne von § 150 Abs. 2 Nr. 1 SGB III vor. Doch auch wenn noch eine dritte versicherungspflichtige Beschäftigung bei ei-

---

663 Auf dieses Verständnis deutet auch die Gesetzesbegründung hin; vgl. Begr. zum RegE, BT-Drucks. 13/4941, S. 181: „Nach bisherigem Recht war der Bezug von Arbeitslosengeld ausgeschlossen, wenn der Arbeitnehmer eines von zwei Beschäftigungsverhältnissen [...] verlor, ...".

664 Im Ergebnis ebenso Hauck/Noftz-*Valgolio*, SGB III, K § 150 Rn. 14; *Peters-Lange* in Gagel, SGB III, § 150 Rn. 11; Niesel-*Brand*, SGB III, § 150 Rn. 7; *Ruhm*, Rn. 474.

665 Vgl. hierzu vorab die Entscheidung des BSG v. 21.6.2001 - B 7 AL 54/00 R, SozR 3-4300 § 150 Nr. 1, auf die im Folgenden zurückzukommen ist.

666 BSG v. 16.2.1983 - 12 RK 26/81, SozR 2200 § 168 Nr. 7; Küttner-*Schlegel*, Mehrfachbeschäftigung, Rn. 21; vgl. zu diesem Gesichtpunkt auch *§ 3 I. 2.*

nem anderen Arbeitgeber ausgeübt würde, wäre bei Wegfall eines von zwei Beschäftigungsverhältnissen bei demselben Arbeitgeber möglicherweise kein Anspruch auf Teilarbeitslosigkeit gegeben. Denn bei Annahme eines einheitlichen Beschäftigungsverhältnisses läge dort lediglich eine Verringerung der Arbeitszeit vor. Die Verringerung ist dem Verlust jedoch nicht gleichzusetzen.[667] Damit fehlte es unter Umständen am weiteren Tatbestandsmerkmal „wer eine versicherungspflichtige Beschäftigung *verloren* hat".

§ 150 Abs. 2 Nr. 1 SGB III sieht nach seinem Wortlaut ebenfalls keine Einschränkung im Fall mehrerer Beschäftigungsverhältnisse bei demselben Arbeitgeber vor. Eine solche Einschränkung hätte jedoch nahe gelegen, wenn der Gesetzgeber diesen Fall ausschließen wollte.[668] Die Gesetzesbegründung setzt sich mit der Verringerung der Arbeitszeit auseinander, ohne eine Beschränkung auf Beschäftigungen bei mehreren Arbeitgebern zu nennen.[669] Dies indiziert, dass der Gesetzgeber die Möglichkeit des Bestehens mehrerer Beschäftigungsverhältnisse bei demselben Arbeitgeber zumindest gedanklich vorausgesetzt hat.[670] Eine Reduzierung der Arbeitszeit wäre stets die Folge, wenn zwei Beschäftigungsverhältnisse bei einem Arbeitgeber als eines aufzufassen wären und eines von ihnen wegfiele. Dieser Fall hätte einer ausdrücklichen Klarstellung bedurft, die jedoch nicht vorgenommen wurde. Es ist daher im Ergebnis für den Anspruch auf Teilarbeitslosengeld in Abweichung von allgemeinen Grundsätzen denkbar, dass bei demselben Arbeitgeber zwei eigenständige Beschäftigungsverhältnisse bestehen. Diese Auffassung wird auch von der Instanzrechtsprechung geteilt.[671]

Fraglich bleibt, nach welchen Maßstäben Beschäftigungsverhältnisse bei demselben Arbeitgeber getrennt werden können. Abweichungen von dem Grundsatz der Einheitlichkeit des Beschäftigungsverhältnisses sind aufgrund ihres Ausnahmecharakters auf Einzelfälle zu beschränken. Vor dem Hintergrund, dass die

---

[667] Vgl. hierzu bereits oben *§ 3 III. 1. a) cc).*

[668] So auch BSG v. 21.6.2001 - B 7 AL 54/00 R, SozR 3-4300 § 150 Nr. 1. Im konkreten Fall bestanden zwei versicherungspflichtige Tätigkeiten bei einer Universität. Das Gericht bejahte die grundsätzliche Möglichkeit zweier Beschäftigungsverhältnisse bei einem Arbeitgeber im Rahmen des Anspruchs auf Teilarbeitslosengeld.

[669] Vgl. Begr. zum RegE, BT-Drucks. 13/4941, S. 181: „Die Vorschrift definiert den Versicherungsfall der Teilarbeitslosigkeit. Er liegt vor, wenn der Arbeitnehmer eine von mehreren versicherungspflichtigen Teilzeitbeschäftigungen verloren hat. Die bloße Verminderung der Arbeitszeit eines bestehenden Beschäftigungsverhältnisses ist nicht als Verlust in diesem Sinne anzusehen".

[670] BSG v. 21.6.2001 - B 7 AL 54/00 R, SozR 3-4300 § 150 Nr. 1.

[671] LSG Hessen v. 21.3.2001 - L 6 AL 765/00, E-LSG/AL-227; LSG Rheinland-Pfalz v. 15.12.2000 - L 1 AL 51/00, NZS 2001, 274 f.; a.A. LSG Baden-Württemberg v. 19.4.2000 - L 5 AL 4923/99 (bisher unveröffentlicht) als Vorinstanz zu BSG v. 21.6.2001 - B 7 AL 54/00 R, SozR 3-4300 § 150 Nr. 1.

Verminderung der Arbeitszeit nicht als Verlust der Beschäftigung anzusehen ist, kommt dieser Abgrenzung erhebliche Bedeutung zu.[672]

Die bisherige Rechtsprechung hat folgende Abgrenzungskriterien formuliert:

- die konkrete arbeitsvertragliche Ausgestaltung beider Tätigkeiten[673]
- die Eingliederung der konkreten Tätigkeiten innerhalb desselben Betriebs des Arbeitgebers[674]
- innerhalb der Einordnung in denselben Betrieb die identische Inhaberschaft des Direktionsrechts, die Finanzierung aus unterschiedlichen Quellen oder die unterschiedliche Aufgabenstellung in beiden Tätigkeiten[675].

Eine vertragliche Verknüpfung der beiden Tätigkeiten, etwa durch einen einheitlichen Arbeitsvertrag, kann zutreffend die Einheitlichkeit des Beschäftigungsverhältnisses begründen. Anderenfalls läge eine Umgehung der Anspruchsvoraussetzungen für das Teilarbeitslosengeld nahe, die zu Lasten der Versichertengemeinschaft ausfiele.
Auf eine Trennbarkeit deutet es im Einklang mit der Rechtsprechung des Bundessozialgerichts hin, wenn die Tätigkeiten auf mehreren Arbeitsverträgen beruhen und zugleich keine einheitliche Einordnung innerhalb desselben Betriebs, also dieselbe gewerbliche Arbeitsorganisation des Arbeitgebers[676], vorliegt. Diese Betrachtungsweise lässt sich auch auf § 7 Abs. 1 S. 2 SGB IV stützen, der als Anhaltspunkt für die Beschäftigung eine Eingliederung in die Arbeitsorganisation des Arbeitgebers nennt.
Entsprechend kann innerhalb eines Betriebs die Inhaberschaft des Direktionsrechts als Abgrenzungskriterium dienen. Die Tätigkeit nach Weisungen ist gemäß § 7 Abs. 1 S. 2 SGB IV ebenfalls ein maßgeblicher Gesichtspunkt für das Vorliegen einer Beschäftigung innerhalb des Sozialversicherungsrechts. Wird das Weisungsrecht von verschiedenen Personen ausgeübt, so ist dies geeignet, innerhalb des Anspruchs auf Teilarbeitslosengeld eine getrennte Betrachtung der Beschäftigungen zu rechtfertigen.
Die genannten Abgrenzungskriterien können jedoch nicht per se zur Qualifizierung als einheitliches Beschäftigungsverhältnisse bzw. zur Trennbarkeit führen, sondern nur Anhaltspunkte bieten. Eine wertende Betrachtung des Einzelfalls wird auch hier den Ausschlag für eine Beurteilung geben müssen.

---

672 So auch bereits *Ricken*, NZS 1997, 558, 564.

673 BSG v. 21.6.2001 - B 7 AL 54/00 R, SozR 3-4300 § 150 Nr. 1; LSG Hessen v. 21.3.2001 - L 6 AL 765/00, E-LSG/AL-227.

674 BSG v. 21.6.2001 - B 7 AL 54/00 R, SozR 3-4300 § 150 Nr. 1; LSG Rheinland-Pfalz v. 15.12.2000 - L 1 AL 51/00, E-LSG/AL-227.

675 BSG v. 21.6.2001 - B 7 AL 54/00 R, SozR 3-4300 § 150 Nr. 1, freilich in der Sache auf den Einzelfall abstellend, eine abschließende Bewertung wurde offen gelassen.

676 Zur betrieblichen Einordnung des Arbeitnehmers vgl. Hauck/Noftz-*Sehnert*, SGB IV, K § 7 Rn. 13.

ee) Beschäftigungssuche

Weitere Voraussetzung für das Vorliegen von Teilarbeitslosigkeit ist die Beschäftigungssuche des Arbeitsuchenden.[677] Hierzu ist insbesondere erforderlich, dass der Antragsteller alle Möglichkeiten nutzt oder nutzen will, um seine Beschäftigungslosigkeit zu beenden (§ 119 Abs. 1 Nr. 1 SGB III).

Aufgrund der Besonderheiten des Teilarbeitslosengelds kann der Arbeitsuchende seine Bereitschaft hinsichtlich der Lage und Verteilung der Arbeitszeit in Abstimmung mit seiner weiterhin ausgeübten Tätigkeit beschränken.[678] Er liefe anderenfalls Gefahr, seine weitere versicherungspflichtige Beschäftigung im Falle der Vermittlung aufgeben zu müssen. Hierdurch könnte unter Umständen erneut Teilarbeitslosigkeit entstehen, in diesem Fall in dem bisher fortgeführten Beschäftigungsverhältnis.

b) Teilarbeitslosmeldung

Die Teilarbeitslosmeldung hat persönlich zu erfolgen.[679] Aufgrund der Fiktion des § 150 Abs. 2 iVm § 323 Abs. 1 S. 2 SGB III gilt Teilarbeitslosengeld als mit der persönlichen Teilarbeitslosmeldung beantragt, wenn der Teilarbeitslose keine andere Erklärung abgibt.[680]

c) Erfüllung der Anwartschaftszeit

Zur Erfüllung der Anwartschaftszeit ist es erforderlich, dass der Antragsteller in der Teilarbeitslosengeld-Rahmenfrist von zwei Jahren neben der weiterhin ausgeübten versicherungspflichtigen Beschäftigung mindestens zwölf Monate eine weitere versicherungspflichtige Beschäftigung ausgeübt hat.[681]
Hieraus ergibt sich zunächst eine Verkürzung der allgemeinen Rahmenfrist für Arbeitslosengeld, die drei Jahre beträgt.[682] Die Anwartschaftszeit trägt dem Umstand Rechnung, dass das Teilarbeitslosengeld einen Entgeltersatz für verlorene Beschäftigung bieten soll.[683] Demzufolge bedarf es zur Erfüllung der An-

---

[677] Vgl. § 150 Abs. 2 iVm § 119 SGB III.
[678] *Ruhm*, Rn. 475; *Peters-Lange* in Gagel, SGB III, § 150 Rn. 18.
[679] Vgl. § 150 Abs. 2 iVm § 122 Abs. 1 SGB III.
[680] BSG v. 21.6.2001 - B 7 AL 54/00 R, SozR 3-4300 § 150 Nr. 1.
[681] Vgl. § 150 Abs. 2 S. 2 SGB III.
[682] Vgl. § 124 Abs. 1 SGB III; kritisch zu dieser Verkürzung *Marschner* in GK-SGB III, § 150 Rn. 16; Hauck/Noftz-*Valgolio*, SGB III, K § 150 Rn. 31.
[683] Vgl. zum Arbeitslosengeld *Radüge* in Gagel, SGB III, § 123 Rn. 15.

spruchsvoraussetzungen stets eines hinreichenden zeitlichen Bezugs zur verlorenen Beschäftigung.

Nach § 150 Abs. 2 Nr. 2 SGB III muss der Arbeitnehmer in der Rahmenfrist *neben der weiterhin ausgeübten versicherungspflichtigen Beschäftigung* das verlorene Beschäftigungsverhältnis mindestens zwölf Monate ausgeübt haben.

Aus dem Wortlaut dieser Vorschrift ergibt sich nicht hinreichend deutlich, ob es sich bei der weiterhin ausgeübten Beschäftigung durchgängig um dieselbe gehandelt haben muss. Eine solche Auslegung bedeutete jedoch zugleich, dass mit jedem Wechsel in der Zweitbeschäftigung eine neue Anwartschaftszeit für das andere Beschäftigungsverhältnis beginnt. Hierfür finden sich auch in der Gesetzesbegründung keine Anhaltspunkte. Eine Auslegung, die eine Durchgängigkeit der weiteren Beschäftigung voraussetzt, ist daher abzulehnen. Entscheidend ist, dass während der Rahmenfrist irgendeine versicherungspflichtige Beschäftigung bestanden hat und auch nach Verlust des zum Teilarbeitslosengeld führenden Arbeitsverhältnisses weiterhin eine versicherungspflichtige Beschäftigung vorliegt.[684]

Die Rahmenfrist beginnt mit dem Tag vor Erfüllung aller sonstigen Voraussetzungen für den Anspruch auf Teilarbeitslosengeld.[685] Sie reicht gemäß § 124 Abs. 2 SGB III nicht in eine vorangegangene Rahmenfrist hinein, in welcher der Arbeitslose eine Anwartschaftszeit erfüllt hatte.
Das hat zur Folge, dass ein Arbeitnehmer, der sich nach dem Verlust einer versicherungspflichtigen Beschäftigung berechtigterweise teilarbeitslos meldet und in der Folge eine neue versicherungspflichtige Beschäftigung aufnimmt, für dieses neue Beschäftigungsverhältnis kein Teilarbeitslosengeld erhält, wenn er es schon nach kurzer Zeit wieder verliert. War in dem zuerst verlorenen Beschäftigungsverhältnis die Anwartschaftszeit erfüllt, so können diese Zeiten nicht in die Anwartschaftszeit für einen erneuten Anspruch wegen des darauf folgenden Beschäftigungsverhältnisses einbezogen werden. Vielmehr endet die erforderliche Rahmenfrist mit Bewilligung des zuerst beantragten Teilarbeitslosengelds. Verliert der Betroffene das neu begründete Beschäftigungsverhältnis also, ohne eine erneute Anwartschaftszeit zu erfüllen, so besteht kein Anspruch auf Teilarbeitslosengeld.[686]

---

[684] *Ricken*, NZS 1997, 558, 562.

[685] Vgl. § 150 Abs. 2 iVm § 124 Abs. 1 SGB III.

[686] BSG v. 21.6.2001 - B 7 AL 54/00 R, SozR 3-4300 § 150 Nr. 1. Im Fall schloss sich an eine erste Teilarbeitslosmeldung ein auf zwei Monate befristetes versicherungspflichtiges Beschäftigungsverhältnis an. Anschließend erfolgte eine erneute Teilarbeitslosmeldung. Das Gericht verneinte aufgrund dieser Fallgestaltung die Erfüllung einer erneuten Anwartschaftszeit für das befristete Arbeitsverhältnis.

2. Erlöschen bei Aufnahme bestimmter Zweitarbeitsverhältnisse

Auf das Teilarbeitslosengeld sind zunächst die für das Arbeitslosengeld geltenden Erlöschenstatbestände anzuwenden.[687] Darüber hinaus enthält § 150 Abs. 2 Nr. 5 SGB III spezielle Erlöschenstatbestände für das Teilarbeitslosengeld.

Der Erlöschenstatbestand des § 150 Abs. 2 Nr. 5 a) SGB III erlangt für die Ausübung von Zweitarbeitsverhältnissen besondere Bedeutung.
Der Anspruch auf Teilarbeitslosengeld erlischt, wenn nach Anspruchsentstehung eine weitere Beschäftigung aufgenommen wird, die bestimmte zeitliche Grenzen überschreitet.[688] Dies betrifft auch entsprechende Zweitarbeitsverhältnisse. Der Anspruch erlischt, wenn der Arbeitnehmer das Zweitarbeitsverhältnis für mehr als zwei Wochen oder mit einer Arbeitszeit von mehr als fünf Stunden wöchentlich aufnimmt. Dabei ist unerheblich, ob das Zweitarbeitsverhältnis sozialversicherungsfrei ist.[689] Die strikte Begrenzung neuer Beschäftigungen soll verhindern, dass die Motivation des Teilarbeitslosen, den Versicherungsfall möglichst schnell zu beenden, durch Einnahmen aus einer Nebenbeschäftigung sinkt.[690]

Der Tatbestand des § 150 Abs. 2 Nr. 5 a) SGB III wird im Schrifttum vereinzelt kritisiert.[691] In Fällen, in denen sich der Teilarbeitslose bewusst für die Aufnahme einer geringfügigen Tätigkeit entscheide, um dadurch den Anspruch auf Teilarbeitslosengeld aufrechtzuerhalten, fehle es ohnehin bereits am anspruchsbegründenden Merkmal der Bereitschaft, eine versicherungspflichtige Teilzeitbeschäftigung aufzunehmen und auszuüben (§ 150 Abs. 2 iVm § 119 Abs. 4 S. 1 Nr. 3 SGB III). Ein darüber hinausgehendes Bedürfnis für diese Regelung sei fraglich.

Dieser Einschätzung kann nicht gefolgt werden.

Für den Fall des Versicherungsmissbrauchs wird es zutreffend bereits an der erforderlichen Arbeitsbereitschaft fehlen und aus diesem Grunde ein An-

---

[687] Dies ergibt sich aus der Generalverweisungsnorm des § 150 Abs. 2 SGB III; vgl. auch *Ruhm*, Rn. 482. Allgemeine Erlöschenstatbestände sind in §§ 147, 117 Abs. 2 SGB III enthalten.

[688] Die Aufnahme einer selbständigen Tätigkeit oder einer Tätigkeit als mithelfender Familienangehöriger soll hier außer Betracht bleiben.

[689] Die Vorschrift betrifft nach ihrem eindeutigen Wortlaut nur die *Aufnahme* einer Tätigkeit nach Anspruchsentstehung, nicht die *Fortführung* einer solchen. Unklar insofern *Marschner* in GK-SGB III, § 150 Rn. 22: der Anspruch erlösche, wenn die betreffenden Tätigkeiten nach Anspruchsentstehung ausgeübt werden. Gegen ihn daher *Peters-Lange* in Gagel, SGB III, § 150 Rn. 36. Wie hier auch Hauck/Noftz-*Valgolio* , SGB III, K § 150 Rn. 42.

[690] Begr. zum RegE, BT-Drucks. 13/4941, S. 181; vgl. auch Hauck/Noftz-*Valgolio*, SGB III, K § 150 Rn. 42.

[691] *Ricken*, NZS 1997, 558, 563.

spruchsausschluss begründet werden können. Darüber hinaus werden jedoch solche Fälle nicht abgedeckt, in denen der Teilarbeitslose ohne Missbrauchsabsicht eine weitere Beschäftigung aufnimmt oder eine Missbrauchsabsicht nicht nachweisbar ist. Es erscheint verfehlt, allein aus der Aufnahme einer solchen Beschäftigung bereits auf eine fehlende Arbeitsbereitschaft zu schließen. Für die getroffene Regelung spricht ferner, dass der Teilarbeitslose mit der Aufnahme eines entsprechenden Zweitarbeitsverhältnisses unter Umständen dazu verleitet wird, seine Bemühungen um eine Beendigung der Teilarbeitslosigkeit nicht mehr mit dem gebotenen Engagement fortzuführen. Ein Teil des Entgeltausfallrisikos wird nämlich bereits mit den aus dem Zweitarbeitsverhältnis erzielten Einnahmen aufgefangen. Darüber hinaus wird durch eine weitere Beschäftigung unter Umständen die Verfügbarkeit des Teilarbeitslosen in einem Maße eingeschränkt, dass er für die Aufnahme einer weiteren versicherungspflichtigen Beschäftigung nicht mehr in Betracht kommt.[692] Die gesetzliche Regelung führt daher im Ergebnis zu einer notwendigen Begrenzung von Zweitarbeitsverhältnissen, die nach Anspruchsentstehung aufgenommen werden.[693]

Im Zuge seiner Entscheidung vom 21.6.2001[694] hat das Bundessozialgericht zur Auslegung des Merkmals „nach der Entstehung des Anspruchs“ in § 150 Abs. 2 Nr. 5 a) SGB III Stellung bezogen. Es vertritt den Standpunkt, unter Anspruch in diesem Sinne sei nicht bereits das Stammrecht auf Teilarbeitslosengeld zu verstehen, sondern der tatsächliche Zahlungsanspruch.[695]

Dieser Auffassung ist zuzustimmen.

Das Stammrecht entsteht mit der Erfüllung der Regelvoraussetzungen für den Anspruch auf Teilarbeitslosengeld nach § 150 Abs. 1 SGB III.[696] Der Zahlungsanspruch erfordert hingegen zusätzlich den Antrag auf Zahlung des Teilarbeitslosengelds. Wäre bereits das Stammrecht ausreichend, so käme es zu einer wesentlichen Erweiterung des Erlöschenstatbestands in § 150 Abs. 2 Nr. 5 a) SGB III. Immer dann, wenn die Teilarbeitslosmeldung erfolgt ist, liefe der Arbeitnehmer Gefahr, seinen Anspruch auf Teilarbeitslosengeld endgültig zu verlieren, sobald ein anspruchsschädliches Zweitarbeitsverhältnis aufgenommen wird. Der Anspruch wäre in diesem Fall endgültig verbraucht. Schließlich deuten auch die

---

692 *Stevens-Bartol* in Lohre/Mayer/Stevens-Bartol, SGB III, § 150 Rn. 8.

693 Im Ergebnis ebenso *Marschner* in GK-SGB III, § 150 Rn. 22; Hauck/Noftz-*Valgolio*, SGB III, K § 150 Rn. 40.

694 BSG v. 21.6.2001 - B 7 AL 54/00 R, SozR 3-4300 § 150 Nr. 1.

695 Die Vorinstanz hingegen hatte den Anspruchsbegriff als Bestehen des Stammrechts ausgelegt, vgl. LSG Baden-Württemberg v. 19.4.2000 - L 5 AL 4923/99, bisher unveröffentlicht.

696 Also mit Eintritt der Teilarbeitslosigkeit, Teilarbeitslosmeldung und Erfüllung der Anwartschaftszeit. Zum Begriff des Stammrechts näher Hauck/Noftz-*Valgolio*, SGB III, K § 150 Rn. 7; vgl. für das Arbeitslosengeld auch *Ruhm*, Rn. 240.

Gesetzesmaterialien darauf hin, dass mit der Entstehung des Anspruchs der Zahlungsanspruch gemeint ist.[697]

3. Ergebnis

Ein Arbeitnehmer ist auch dann teilarbeitslos, wenn er neben der verlorenen versicherungspflichtigen Beschäftigung mehr als eine weitere versicherungspflichtige Beschäftigung ausübt.
Von der Teilarbeitslosigkeit wird auch der Verlust einer Vollzeittätigkeit neben einer versicherungspflichtigen Teilzeittätigkeit erfasst. Ferner kann der gleichzeitige Verlust mehrerer geringfügiger Beschäftigungen, die infolge Zusammenrechnung die Versicherungspflicht begründen, zur Teilarbeitslosigkeit führen, wenn daneben noch eine versicherungspflichtige Beschäftigung ausgeübt wird. Teilarbeitslosigkeit liegt hingegen nicht vor, wenn lediglich die Arbeitszeit in einem von mehreren versicherungspflichtigen Beschäftigungsverhältnissen reduziert wird. Dies gilt auch, wenn hierdurch die Versicherungspflicht für die konkrete Beschäftigung entfällt.

In Abweichung vom Grundsatz der Einheitlichkeit des Beschäftigungsverhältnisses ist im Rahmen des Anspruchs auf Teilarbeitslosengeld das Bestehen mehrerer Beschäftigungsverhältnisse bei demselben Arbeitgeber nicht notwendig ausgeschlossen. Die Trennbarkeit solcher Beschäftigungen richtet sich stets nach dem konkreten Einzelfall. Als Abgrenzungskriterium kann grundsätzlich die konkrete arbeitsvertragliche Ausgestaltung der Beschäftigungen dienen. Weiteres Indiz kann die Eingliederung der jeweiligen Tätigkeiten innerhalb desselben Betriebs sein.

Der Anspruch auf Teilarbeitslosengeld erlischt insbesondere, wenn der Arbeitnehmer nach Entstehung des Anspruchs Zweitarbeitsverhältnisse aufnimmt, die über die Dauer von zwei Wochen hinausgehen oder in einem Umfang von mehr als fünf Wochenstunden ausgeübt werden. Diese strikte Begrenzung neuer Beschäftigungen ist notwendig, um den Teilarbeitslosen zur zügigen Beendigung des Versicherungsfalls anzuhalten. Unter Anspruchsentstehung ist im Einklang mit der Rechtsprechung des Bundessozialgerichts nicht bereits die Entstehung des Stammrechts auf Teilarbeitslosengeld zu verstehen, sondern die Entstehung des Zahlungsanspruchs.

---

[697] Vgl. Begr. zum RegE, BT-Drucks.13/4941, 146: „Ohne diese Einschränkungen [d.h. Erlöschen des Anspruchs durch die Aufnahme bestimmter Beschäftigungen] wäre das Risiko zu hoch, dass Teilarbeitslosengeld trotz praktisch nicht bestehender Verfügbarkeit geleistet werden müsste". Die Wortwahl „geleistet" spricht dafür, dass der Erlöschenstatbestand auf den entstandenen Zahlungsanspruch einwirken soll, nicht bereits auf das Stammrecht. Vgl. auch BSG v. 21.6.2001 - B 7 AL 54/00 R, SozR 3-4300 § 150 Nr. 1.

IV. Anhang: Änderungen des Rechts der geringfügigen Beschäftigungsverhältnisse zum 1.4.2003

Zur Umsetzung der Vorschläge der so genannten „Hartz-Kommission" hat der Bundestag am 19./20.12.2002 zwei Gesetze für moderne Dienstleistungen am Arbeitsmarkt beschlossen.[698] Die im Zweiten Gesetz für moderne Dienstleistungen am Arbeitsmarkt enthaltenen Regelungen greifen zugleich auf das Recht der geringfügigen Beschäftigungsverhältnisse ein und reformieren diese zum Teil grundlegend. Die die Geringfügigkeit betreffenden Regelungen treten am 1.4.2003 in Kraft. Sie sollen nachfolgend skizziert und auf ihren Bedeutungsgehalt für die vorliegende Arbeit untersucht werden.

1. Skizzierung der wesentlichen Änderungen zum 1.4.2003

Vom 1.4.2003 an ist sozialversicherungsrechtlich zwischen zwei verschiedenen Arten von geringfügigen Beschäftigungen zu unterscheiden. Neben der allgemeinen geringfügigen Beschäftigung wird zusätzlich versicherungsrechtlich eine entgeltgeringfügige Beschäftigung im Privathaushalt eingeführt (§ 8 a SGB IV n. F.).
Die allgemeine Entgeltgrenze für geringfügige Beschäftigungen wird von 325 € auf 400 € angehoben. Entgeltgeringfügigkeit liegt künftig vor, wenn das Arbeitsentgelt aus der Beschäftigung regelmäßig im Monat 400 € nicht übersteigt. Das zusätzliche Merkmal von regelmäßig weniger als fünfzehn Wochenstunden entfällt (§ 8 Abs. 1 Nr. 1 SGB IV n. F.).
Zeitgeringfügigkeit bestimmt sich künftig danach, ob die Beschäftigung innerhalb eines *Kalenderjahres* auf längstens zwei Monate oder auf 50 Arbeitstage nach ihrer Eigenart begrenzt zu sein pflegt oder im Voraus vertraglich begrenzt ist (§ 8 Abs.1 Nr. 2 SGB IV n. F.). Auch hier gilt die erhöhte Entgeltgrenze von 400 €.

Für geringfügige Beschäftigungen hat der Arbeitgeber künftig allgemein Pauschalbeiträge in Höhe von 25 % des Arbeitsentgelts zu entrichten. Hiervon entfallen 12 % auf die gesetzliche Rentenversicherung, 11 % auf die gesetzliche Krankenversicherung , 2 % werden als Pauschalsteuer abgeführt.[699] Für die in Privathaushalten Beschäftigten beträgt der Beitragssatz lediglich 12 % (jeweils 5 % für Renten- und Krankenversicherung, 2 % Pauschalsteuer).[700] Für geringfügige Beschäftigungen allgemein und in Privathaushalten ist zuständige Einzugsstelle

---

698 Erstes und Zweites Gesetz für moderne Dienstleistungen am Arbeitsmarkt vom 23.12.2002 (BGBl. I, S. 4607 ff. bzw. S. 4621 ff.).

699 Vgl. §§ 172 Abs. 3 SGB VI, 249 b S. 1 SGB V n. F., 40 a Abs. 2 EStG n. F.

700 Vgl. §§ 172 Abs. 3 a SGB VI n. F., 249 b S. 2 SGB V n. F.

künftig zentral die Bundesknappschaft, Verwaltungsstelle Cottbus (§ 28 i S. 5 SGB IV n. F.)

Die Zusammenrechnung mehrerer Beschäftigungsverhältnisse eines Arbeitnehmers wird nunmehr wie folgt geregelt:
Die Arbeitsentgelte mehrerer entgeltgeringfügiger Beschäftigungen eines Arbeitnehmers, sowohl allgemein als auch im Privathaushalt, werden wie bisher für die sozialversicherungsrechtliche Beurteilung zusammengerechnet. Kommt es aufgrund dieser Zusammenrechnung zu einer Überschreitung der neuen Entgeltgrenze von 400 €, so sind die Beschäftigungen in vollem Umfang sozialversicherungspflichtig. Auch nach der Reform findet keine Zusammenrechnung einer entgeltgeringfügigen mit einer zeitgeringfügigen Beschäftigung statt.
Die Zusammenrechnung entgeltgeringfügiger Beschäftigung mit einer versicherungspflichtigen Hauptbeschäftigung des Arbeitnehmers wird grundlegend reformiert. Wird neben einer sozialversicherungspflichtigen Beschäftigung noch eine entgeltgeringfügige Beschäftigung ausgeübt, so bleibt diese Beschäftigung künftig wieder sozialversicherungsfrei (§ 8 Abs. 1 S. 1 SGB IV n. F.). Allerdings gilt dies lediglich, wenn neben der Hauptbeschäftigung nicht mehr als eine entgeltgeringfügige Beschäftigung ausgeübt wird. Zwei oder mehr weitere Beschäftigungen führen zur Zusammenrechnung.

Kommt es aufgrund der Zusammenrechnung zum Entfallen der Voraussetzungen einer geringfügigen Beschäftigung, so tritt abweichend von der bisherigen Rechtslage künftig keine Versicherungspflicht ab Überschreitung ein, sondern erst mit dem Tage der Bekanntgabe der Feststellung durch die Einzugsstelle (§ 8 Abs. 2 S. 3 SGB IV n. F.). Auf diese Weise werden Arbeitgeber künftig nicht mehr rückwirkend mit Sozialversicherungsbeiträgen belastet, wenn der Beschäftigte ohne Kenntnis des Arbeitgebers weitere Beschäftigungen aufnimmt. Für die Vergangenheit bleibt es dann bei dem Pauschalbeitrag.

Beschäftigte, die am 1.4.2003 in einer versicherungspflichtigen Beschäftigung stehen, die nunmehr die Merkmale einer versicherungsfreien Beschäftigung erfüllt, bleiben versicherungspflichtig. Sie werden jedoch auf Antrag von der Versicherungspflicht befreit.[701]

Ferner schließt sich künftig an die geringfügige Beschäftigung bis 400 € monatlich ein „Gleitzonenjob" an, wenn das aus der Beschäftigung erzielte Entgelt zwischen 400,01 und 800 € monatlich liegt und diese Grenze regelmäßig nicht überschritten wird (§ 20 Abs. 2 SGB IV n. F.). Bei mehreren Beschäftigungsverhältnissen ist das insgesamt erzielte Entgelt maßgebend. Innerhalb der Gleitzone werden die beitragspflichtigen Einnahmen vom Arbeitgeber in Höhe der Hälfte des Beitrags getragen, der sich ergibt, wenn die jeweiligen Beitragssätze

---

[701] Vgl. §§ 434 i SGB III n. F., 7 Abs. 2 SGB V n.F., 229 Abs. 6 SGB VI n.F.

der Versicherungszweige auf das der Beschäftigung zugrunde liegende Arbeitsentgelt angewendet wird, im Übrigen vom Versicherten.[702] Damit leistet der Arbeitgeber seinen Beitragsanteil wie bei einer versicherungspflichtigen Beschäftigung, der Arbeitnehmer hingegen wird in Abhängigkeit von der erzielten Entgelthöhe geringer belastet.

2. Bewertung der Änderungen für die vorliegende Arbeit

Für die vorliegende Arbeit ergeben sich hinsichtlich der modifizierten Zusammenrechnung einer entgeltgeringfügigen Beschäftigung mit einer versicherungspflichtigen Hauptbeschäftigung Verschiebungen lediglich im Hinblick auf die Argumentationsstruktur. Im Rahmen der Anzeigepflicht geringfügig beschäftigter Arbeitnehmer wird der geringfügig Beschäftigte auch künftig von sich aus verpflichtet sein, dem Arbeitgeber die Aufnahme von Zweitarbeitsverhältnissen mitzuteilen.[703] Hierdurch wird der Arbeitgeber in die Lage versetzt, die etwaig erforderlichen Meldungen an die Bundesknappschaft und bei Versicherungspflicht an die gewählte Krankenkasse zu erstatten. Die Einführung einer Nachforderungssperre für entgangene Sozialversicherungsbeiträge (§ 8 Abs. 2 S. 3 SGB IV n. F.) vermag an dieser Interessenlage nichts zu verändern.

Die Frage der arbeitsvertraglichen Gestaltbarkeit zeitgeringfügiger Beschäftigungsverhältnisse zur Vermeidung der Zusammenrechnung mit einer versicherungspflichtigen Beschäftigung bleibt auch nach der Gesetzesänderung relevant, wenngleich sie aufgrund der Neuausrichtung der Zusammenrechnung von entgeltgeringfügigen Beschäftigungen mit versicherungspflichtigen Beschäftigungen nicht mehr dieselbe praktische Bedeutung erlangen dürfte.

Insgesamt dürfte die Gesetzesreform den wirtschaftlichen Anreiz für Arbeitnehmer, neben einer versicherungspflichtigen Hauptbeschäftigung ein Zweitarbeitsverhältnis im Umfang von bis zu 400 € monatlich aufzunehmen, erhöhen. Die getroffene Regelung bewirkt eine Annäherung an den bis zum 31.3.1999 bestehenden Rechtszustand. Die Zahl der Zweitarbeitsverhältnisse dürfte im Zuge der Neuregelung weiter ansteigen.

---

[702] Vgl. §§ 346 Abs. 1 a SGB III n. F., 249 Abs. 4 SGB V n. F. , 168 Abs. 1 Nr. 1 d SGB VI n. F.

[703] Vgl. hierzu in einer ersten Einschätzung auch *Figge*, DB 2003, 150, 151.

§ 4 Zusammenfassung der Ergebnisse

I. Zweitarbeitsverhältnisse und Arbeitsrecht

1. Eine vertragsimmanente Pflicht zur Anzeige von Zweitarbeitsverhältnissen ist nur bei Vorliegen eines berechtigten Arbeitgeberinteresses anzuerkennen. Ein solches Interesse kann vor allem in der Vermeidung von Ordnungswidrigkeiten nach dem Arbeitszeitgesetz, der Gefahr einer Verletzung der arbeitsvertraglichen Leistungspflichten sowie in Wettbewerbsinteressen des Arbeitgebers begründet sein.
Ausdrückliche Anzeigeklauseln sind im Rahmen der Vertragsfreiheit zulässig, sofern ein berechtigtes Interesse des Arbeitgebers nicht offensichtlich ausgeschlossen ist.

2. Ein vertragsimmanentes Verbot von Zweitarbeitsverhältnissen ist im Hinblick auf die Berufsfreiheit des Arbeitnehmers nur in engen Grenzen zulässig. Praktisch ist der Arbeitnehmer nur dann zur Unterlassung des Zweitarbeitsverhältnisses verpflichtet, wenn seine Arbeitskraft erheblich beeinträchtigt wird, eine konkrete Gefährdung seiner Gesundheit zu befürchten ist oder eine unerlaubte Konkurrenztätigkeit vorliegt.
Vertragliche Klauseln, die ein konstitutives Verbot von Zweitarbeitsverhältnissen oder eine Zustimmungspflicht hierfür beinhalten, sind verfassungskonform auf solche Fälle zu reduzieren, in denen der Arbeitgeber ein berechtigtes Interesse an der Unterlassung der entsprechenden Tätigkeiten hat. Je geringer der zeitliche Umfang des Arbeitsverhältnisses ist, desto höhere Anforderungen sind an das berechtigte Interesse zu stellen.
Formularmäßige konstitutive Verbotsklauseln innerhalb von Individualarbeitsverträgen unterliegen nach der Neuregelung des AGB-Rechts einer Inhaltskontrolle, die ein grundsätzliches Verbot der geltungserhaltenden Reduktion beinhaltet. Die so entstehende Vertragslücke kann aufgrund einer ergänzenden Vertragsauslegung geschlossen werden, die in der Regel zu inhaltsgleichen Ergebnissen führt.

3. Der Umstand, dass ein Arbeitnehmer neben seinem Arbeitsverhältnis Zweitarbeitsverhältnisse ausübt, bildet keinen sachlichen Grund für eine Befristung. Im Rahmen der Befristungskontrolle bleibt die Existenz weiterer Arbeitsverhältnisse außer Betracht.

4. Arbeitnehmer können mit Hilfe des allgemeinen Teilzeitanspruchs eine Verringerung ihrer Arbeitszeit auch zur Aufnahme von Zweitarbeitsverhältnissen nutzen. Die Motivationslage für den Teilzeitanspruch ist grundsätzlich ohne Bedeutung. Der Arbeitgeber ist jedoch berechtigt, den Teilzeitwunsch abzulehnen, wenn die gewonnene Freizeit zur Aufnahme unerlaubter Konkurrenztätigkeiten genutzt werden soll. Die Konkurrenztätigkeit bildet einen betrieblichen Grund zur Ablehnung.

5. Das Wettbewerbsverbot des § 60 HGB ist inhaltlich auf andere Arbeitnehmer als kaufmännische Angestellte übertragbar. Arbeitnehmern ist die Ausübung eines Zweitarbeitsverhältnisses im Geschäftsbereich des Arbeitgebers nur dann verwehrt, wenn es zu diesem einen hinreichenden wettbewerblichen Bezug aufweist.
Das Wettbewerbsverbot gilt während des rechtlichen Bestands des betreffenden Arbeitsverhältnisses. Es ist im Hinblick auf das jeweilige Arbeitszeitdeputat einzuschränken.

6. Arbeitnehmer in Zweitarbeitsverhältnissen dürfen insgesamt nicht über die Höchstarbeitszeiten des Arbeitszeitgesetzes hinaus beschäftigt werden. Kommt es zur Überschreitung, so tritt das Beschäftigungsverbot grundsätzlich in dem für den Arbeitnehmer im Hinblick auf seine Existenzgrundlage weniger bedeutsamen Arbeitsverhältnis auf.
Der Arbeitsvertrag des Zweitarbeitsverhältnisses ist nicht als nichtig zu bewerten, wenn erst durch Zusammenrechnung der jeweiligen Arbeitszeiten die Höchstgrenzen überschritten werden.

7. Zweitarbeitsverhältnisse, die bereits vor dem Urlaub in einem anderen Arbeitsverhältnis ausgeübt wurden, sind grundsätzlich auch während des Urlaubs nicht als urlaubszweckwidrig einzustufen. Auf eine Zweckwidrigkeit deutet jedoch der Umstand hin, dass es in dieser Zeit zu einer erheblichen Ausweitung der Arbeitszeit innerhalb des Zweitarbeitsverhältnisses kommt.
Die Neuaufnahme eines Zweitarbeitsverhältnisses während des Urlaubs widerspricht für sich genommen noch nicht dem Urlaubszweck. Ist das Zweitarbeitsverhältnis auf die Dauer des Urlaubs begrenzt, so kann dies jedoch für eine Zweckwidrigkeit sprechen. Unbefristete Zweitarbeitsverhältnisse sind danach zu beurteilen, ob sie nach Beendigung des Urlaubs weiterhin mit dem übrigen Arbeitsverhältnis vereinbar sind.

8. Der Entgeltfortzahlungsanspruch im Krankheitsfall entsteht in jedem Arbeitsverhältnis jeweils unabhängig. Tritt die Arbeitsunfähigkeit im Rahmen eines Zweitarbeitsverhältnisses auf, so sind grundsätzlich auch alle anderen Arbeitgeber zur Entgeltfortzahlung verpflichtet. Handelt es sich um ein unzulässiges Zweitarbeitsverhältnis, so ist danach zu differenzieren, ob der konkrete Pflichtverstoß für die eingetretene Arbeitsunfähigkeit kausal geworden ist und mit ihr in einem unmittelbaren Zusammenhang steht. Ein Verschulden kommt in Betracht, wenn die Ausübung des Zweitarbeitsverhältnisses die Kräfte des Arbeitnehmers übersteigt, besonders gefährliche Tätigkeiten beinhaltet oder besondere Arbeitsschutzvorschriften missachtet wurden. Für die Annahme einer rechts-

missbräuchlichen Geltendmachung des Entgeltfortzahlungsanspruchs besteht daneben regelmäßig kein praktisches Bedürfnis.
Während der Entgeltfortzahlung ist dem Arbeitnehmer nicht jedes Zweitarbeitsverhältnis verboten. Sofern das Zweitarbeitsverhältnis die Genesung des Arbeitnehmers nicht gefährdet, kann eine weitere Tätigkeit auch während der Arbeitsunfähigkeit ausgeübt werden. Der Arbeitgeber ist in diesem Fall nicht berechtigt, den Entgeltfortzahlungsanspruch anteilig zu kürzen.

9. Im Rahmen der Elternzeit darf der Arbeitnehmer ein bestehendes Arbeitsverhältnis unverändert fortsetzen. Die Neuaufnahme einer Teilzeittätigkeit in einem Zeitarbeitsverhältnis während der Elternzeit bedarf hingegen der Zustimmung des Arbeitgebers. Er darf die Zustimmung verweigern, wenn das Zweitarbeitsverhältnis zu einer Konkurrenzsituation führen würde oder die konkrete Gefahr einer Verletzung von Betriebs- oder Geschäftsgeheimnissen besteht.

10. Im Rahmen der Altersteilzeit kann der Arbeitgeber die Zahlung seiner Aufstockungsbeträge an die Bedingung knüpfen, dass der Arbeitnehmer keine Zweitarbeitsverhältnisse aufnimmt, welche die öffentliche Förderung gefährden. Für diesen Fall ist auch ein vertragliches Verbot von Zweitarbeitsverhältnissen zulässig.

11. Im Fall der betriebsbedingten Kündigung darf ein Zweitarbeitsverhältnis des Arbeitnehmers nur dann in die soziale Auswahl einfließen, wenn es sich bei diesem um das Hauptarbeitsverhältnis handelt und es in seinem Bestand gesichert ist. Ein für den Arbeitnehmer im Hinblick auf seine Existenzsicherung weniger oder gleich bedeutsames Zweitarbeitsverhältnis darf nicht berücksichtigt werden.
Eine verhaltensbedingte Kündigung kommt in Betracht, wenn die Ausübung des Zweitarbeitsverhältnisses zu einer erheblichen Beeinträchtigung der arbeitsvertraglichen Pflichten führt.
Die Ausübung von Zweitarbeitsverhältnissen ist demgegenüber grundsätzlich nicht geeignet, einen personenbedingten Kündigungsgrund zu bilden.

II. Zweitarbeitsverhältnisse und Sozialrecht

1. Eine zeitgeringfügige Beschäftigung wird mit einem versicherungspflichtigen Zweitarbeitsverhältnis nicht zusammengerechnet. Übt der Arbeitnehmer bereits ein versicherungspflichtiges Zweitarbeitsverhältnis aus, so bedeutet die Anstellung innerhalb eines zeitgeringfügigen Beschäftigungsverhältnisses deshalb einen erheblichen wirtschaftlichen Vorteil für den Arbeitgeber. Das Beschäftigungsverhältnis kann unter Beachtung der gesetzlichen Voraussetzungen als zeitgeringfügige Beschäftigung ausgestaltet werden, um auf diese Weise die Versicherungspflicht zu vermeiden.
Die Befristung des Arbeitsvertrags auf bis zu ein Jahr erlaubt unproblematisch eine Beurteilung der Beschäftigung als zeitgeringfügig, wenn der Vertrag im Übrigen nicht mehr als 50 Arbeitstage innerhalb eines Jahres vorsieht und diese Grenze strikt eingehalten wird.
Die erneute zeitgeringfügige Beschäftigung bei demselben Arbeitgeber ist sozialversicherungsrechtlich ab einer Unterbrechung von zwei Monaten möglich. Eine erneute befristete Anstellung verstößt jedoch arbeitsrechtlich gegen das Anschlussverbot des § 14 Abs. 2 S. 2 TzBfG. Diese arbeitsrechtliche Konsequenz ist auch für die sozialversicherungsrechtliche Beurteilung maßgebend. Sie wirkt sich jedoch in aller Regel nicht aus, da der Arbeitnehmer die unwirksame Befristung gegen sich gelten lassen wird, um so die Zusammenrechung dieser Beschäftigung mit dem versicherungspflichtigen Zweitarbeitsverhältnis zu vermeiden.
Das Anschlussverbot ist teleologisch auf solche Arbeitsverhältnisse zu reduzieren, die zu einem vorhergehenden Arbeitsverhältnis bei demselben Arbeitgeber in einem nach dem Gesetzeszweck relevanten Zusammenhang stehen. Ein solcher Zusammenhang fehlt in zeitlicher Hinsicht, wenn zwischen den Arbeitsverträgen ein Zeitraum von mindestens zwei Jahren liegt. In sachlicher Hinsicht fehlt er, wenn nach der Beschäftigungsart kein Bezug zum vorhergehenden Arbeitsverhältnis besteht.

2. Studentische Erwerbstätigkeiten bleiben als geringfügige Beschäftigungsverhältnisse sozialversicherungsfrei. Für entgeltgeringfügige Beschäftigungen fallen jedoch grundsätzlich die Pauschalbeiträge des Arbeitgebers zur Renten- und Krankenversicherung an. Studenten unterliegen bei Immatrikulation grundsätzlich der Versicherungspflicht in der gesetzlichen Krankenversicherung. Sie können sich jedoch unter Umständen von der Versicherungspflicht in der Krankenversicherung befreien lassen und so den hierfür anfallenden Pauschalbeitrag des Arbeitgebers vermeiden.
Studenten bleiben darüber hinaus auch als Werkstudenten sozialversicherungsfrei. Diese Privilegierung gilt nicht innerhalb der gesetzlichen Rentenversicherung. Werkstudenten dürfen nach ihrem Erscheinungsbild keine Arbeitnehmer sein. Bei neu aufgenommen Beschäftigungen nach der Immatrikulation kann danach abgegrenzt werden, ob die Grenze von 20 Wochenstunden während der

Vorlesungszeit eingehalten wird. Bei nach der Immatrikulation fortgeführten Beschäftigungsverhältnissen kann sich hingegen bereits aus ihrem Fortbestand die Versicherungspflicht ergeben, ohne dass die 20-Stunden-Grenze ausschlaggebend ist.
Bei Zweitarbeitsverhältnissen von Studenten ist das Werkstudentenprivileg einheitlich zu beurteilen. Die 20-Stunden-Grenze darf durch die Ausübung der Zweitarbeitsverhältnisse insgesamt nicht überschritten werden.

3. Im Rahmen des Anspruchs auf Teilarbeitslosengeld ist die Reduzierung der Arbeitzeit einem Verlust der Beschäftigung nicht gleichzusetzen. Teilarbeitslosigkeit liegt auch vor, wenn der Arbeitnehmer neben der verlorenen Beschäftigung mehr als eine weitere versicherungspflichtige Beschäftigung ausgeübt hat. Im Einzelfall ist Teilarbeitslosigkeit auch bei Verlust eines von mehreren Beschäftigungsverhältnissen bei demselben Arbeitgeber denkbar. Die Trennbarkeit solcher Beschäftigungen richtet sich nach dem Einzelfall. Hierbei kann die konkrete arbeitsvertragliche Ausgestaltung der Beschäftigungen ausschlaggebend sein. Der Anspruch auf Teilarbeitslosengeld erlischt, wenn der Arbeitnehmer während der Teilarbeitslosigkeit bestimmte Zweitarbeitsverhältnisse aufnimmt, die geeignet sind, zu einer Verlängerung des Versicherungsfalls zu führen.

Literaturverzeichnis

Adomeit, Klaus: „Anmerkung zu BAG v. 13.3.1987 - 7 AZR 724/85“, SAE 1988, 74 f.

Albrecht, Georg: „Die Versicherungsfreiheit geringfügiger Beschäftigungen in der Kranken- und Rentenversicherung nach dem SGB IV“, SozVers 1977, 149 ff.

Andresen, Boy-Jürgen (Hrsg.): „Frühpensionierung und Altersteilzeit, ein Praxishandbuch zum vorzeitigen Ausscheiden älterer Mitarbeiter“, bearbeitet von *Jürgen Brennenstuhl*, *Eckhard Kreßel*, *Peer Gralka* u.a., München 1998

Annuß, Georg: „AGB-Kontrolle im Arbeitsrecht: Wo geht die Reise hin?“, BB 2002, 458 ff.

ders./Thüsing: „Teilzeit- und Befristungsgesetz“, herausgegeben von *Georg Annuß* und *Gregor Thüsing*, bearbeitet von *Georg Annuß*, *Matthias Jacobs*, *Thomas Lambrich* u.a., Heidelberg 2002

APS: „Großkommentar zum Kündigungsrecht“, herausgegeben von *Rainer Ascheid*, *Ulrich Preis*, *Ingrid Schmidt*, bearbeitet von *Rainer Ascheid*, *Ludger Backhaus*, *Josef Biebl* u.a., München 2000
Nachtrag: „Das neue Befristungsrecht“, bearbeitet von *Ludger Backhaus*, München 2001

ArbR BGB: „Das Arbeitsrecht im BGB, Kommentar“, herausgegeben von *Harald Schliemann*, bearbeitet von *Reiner Ascheid*, *Jochen Corts*, *Hans-Jürgen Dörner* u.a., 2. Auflage, Berlin, New York 2002

Baeck, Ulrich/Deutsch, Markus: „Arbeitszeitgesetz“, München 1999

Barwasser, Franz H.: „Verbot der Sonntagsarbeit im Nebenarbeitsverhältnis?“, DB 1978, 1884 f.

Bauer, Jobst-Hubertus: „Neue Spielregeln für Teilzeitarbeit und befristete Arbeitsverträge“, NZA 2000, 1039 ff.

ders./Klein, Olaf: „Sozialauswahl bei der Teilzeitbeschäftigung - Zur Lehre von Äpfeln und Birnen“, BB 1999, 1162 ff.

ders./Schuster, Doris-Maria: „Kassenschlager ’Geringfügige Beschäftigung’?“, DB 1999, 689 ff.

Baumbach, Adolf/Hopt, Klaus J.: „Handelsgesetzbuch mit GmbH & Co., Handelsklauseln, Bank- und Börsenrecht, Transportrecht (ohne Seerecht)“, 30. Auflage, München 2000

Becker-Schaffner, R.: „Die betriebsbedingte Kündigung in Rechtsprechung und Literatur“, BlStSozArbR 1975, 97 ff.

ders.: „Die Nebenbeschäftigung in der Rechtsprechung“, BlStSozArbR 1980, 321 ff.

Beckschulze, Martin: „Die Durchsetzbarkeit des Teilzeitanspruchs in der betrieblichen Praxis“, DB 2000, 2598 ff.

Berning, Harald: „Anmerkung zu BAG vom 26.8.1993 - 2 AZR 154/93“, AP Nr. 112 zu § 626 BGB

Besprechungsergebnis der Spitzenverbände und der Bundesanstalt für Arbeit: „Besprechung der Spitzenverbände und der Bundesanstalt für Arbeit über Fragen des gemeinsamen Beitragseinzugs zur Kranken-, Pflege-, Renten- und Arbeitslosenversicherung am 30./31. Mai 2000“, SozVers 2000, 225 ff.

Bock, Annette: „Das Doppelarbeitsverhältnis“, 1. Auflage, Sinzheim 1998

Boecken, Winfried: „Entgeltfortzahlung bei nebentätigkeitsbedingtem Arbeitsunfall bzw. Unfall“, NZA 2001, 233 ff.

ders.: „Das Altersteilzeitgesetz 1996“, NJW 1996, 3386 ff.

Boldt, Gerhard/Röhsler, Waldemar: „Mindesturlaubsgesetz für Arbeitnehmer (Bundesurlaubsgesetz)“, 2. Auflage, Köln, Berlin, Bonn, München 1968

Brackmann, Kurt: „Handbuch der Sozialversicherung einschl. des Sozialgesetzbuchs und angrenzender Gebiete“
Band III, 10. Auflage, Sankt Augustin 1987, 69. Nachtrag März 1988

Brändli, Thomas: „Arbeitsvertrag und Nebenbeschäftigung, unter besonderer Berücksichtigung von Nebenbeschäftigungsverboten im Individualarbeitsrecht“, Zürich 2000

Braun, Stefan: „Probleme des Teilzeit- und Befristungsgesetzes“, RiA 2001, 71 ff.

Brecht, Hans-Theo: „Entgeltfortzahlung an Feiertagen und im Krankheitsfall“, 2. Auflage, München 2000

Breiken, Claudia: “Die geringfügige Beschäftigung unter besonderer Berücksichtigung der Mehrfachbeschäftigung“, Frankfurt/Main, Berlin, Bern, New York, Paris, Wien 1999

Brockhaus: „Die Enzyklopädie in 24 Bänden“, 15. Band, 20. Auflage, Leipzig, Mannheim 1998

Buchner, Herbert: „Wettbewerbsverbote während und nach Beendigung des Arbeitsverhältnisses“, Heidelberg 1995

ders./Becker, Ulrich: „Mutterschutzgesetz und Bundeserziehungsgeldgesetz“, 6. Auflage, München 1998

Buschmann, Rudolf/Dieball, Heike/Stevens-Bartol, Eckart: „TZA, Das Recht der Teilzeitarbeit“, 2. Auflage, Frankfurt/Main 2001

ders./Ulber, Jürgen: „Arbeitszeitgesetz“, 3. Auflage, Frankfurt/Main 2000

Callam, Peter: „Arbeitsrechtliche Probleme mehrfacher Erwerbstätigkeit von Arbeitnehmern“, Bonn 1969

Däubler, Wolfgang: „Das Arbeitsrecht 2, Leitfaden für Arbeitnehmer“, 11. Auflage, Reinbek bei Hamburg 1998

ders.: „Das neue Teilzeit- und Befristungsgesetz“, ZIP 2001, 217 ff.

Dersch, Herrmann/Neumann, Dirk: „Bundesurlaubsgesetz: nebst allen anderen Urlaubsbestimmungen des Bundes und der Länder“, 8. Auflage, München 1997

Deutsches Rechts-Lexikon: „Deutsches Rechts-Lexikon in drei Bänden“, herausgegeben von *Horst Tilch*, *Frank Arloth*
Band 2, bearbeitet von *Frank Arloth*, *Peter Bach*, *Ulrich Battis* u.a., 3. Auflage, München 2001

Diller, Martin: „Das neue Altersteilzeitgesetz sowie die begleitenden Änderungen im Rentenrecht“, NZA 1996, 847 ff.

Erfurter Kommentar zum Arbeitsrecht: herausgegeben von *Thomas Dieterich*, *Peter Hanau*, *Günter Schaub*, bearbeitet von *Reiner Ascheid*, *Thomas Dieterich*, *Hans-Jürgen Dörner* u.a., 3. Auflage, München 2003

Erlenkämper, Arnold/Fichte, Wolfgang: „Sozialrecht: Allgemeine Rechtsgrundlagen, Sozialbücher und sonstige Sozialgesetze, Verfahrensrecht“, 4. Auflage, Köln, Berlin, Bonn, München 1999

Felix, Dagmar: „Studenten und Krankenversicherung“, NZS 2000, 477 ff.

Figge, Gustav: „Zusätzliche Änderungen in der Sozialversicherung zum Jahreswechsel 2002/2003“, DB 2003, 150 ff.

Flatten, Jörg/Coeppicus, Nina: „'Betriebliche Gründe' im Sinne des Teilzeit- und Befristungsgesetzes“, ZIP 2001, 1477 ff.

Gagel, Alexander: „Sozialgesetzbuch III/1 - Arbeitsförderung -“, gebundene Loseblattausgabe, bearbeitet von *Alexander Gagel*, *Klaus Bepler*, *Karl-Jürgen Bieback* u.a., Stand: März 2000, München

Geringfügigkeits-Richtlinien: „Richtlinien für die versicherungsrechtliche Beurteilung von geringfügigen Beschäftigungen“, herausgegeben vom AOK-Bundesverband, Bundesverband der Betriebskrankenkassen, IKK-Bundesverband u.a., 21.11.2001

Geyer, Heinrich/Knorr, Gerhard/Krasney, Ernst: „Entgeltfortzahlung - Krankengeld - Mutterschaftsgeld“, 7. Auflage, Berlin 1996

Gift, Emil: „Zur Zulässigkeit einer Nebenbeschäftigung im Arbeitsrecht“, BB 1959, 43 ff.

Gitter, Wolfgang: „Anmerkung zu BAG vom 21.4.1982 - 5 AZR 1019/79“, AP Nr. 49 zu § 1 LohnFG

ders.: „Anmerkung zu BAG v. 18.11.1988 - 8 AZR 12/86“, AP Nr. 3 zu § 611 Doppelarbeitsverhältnis

GK-BUrlG: „Gemeinschaftskommentar zum Bundesurlaubsgesetz (GK-BUrlG)“, bearbeitet von *Eugen Stahlhacke*, *Bernward Bachmann*, *Franzjosef Bleistein* u.a., 5. Auflage, Neuwied, Berlin, Kriftel 1992

GK-SGB III: „Gemeinschaftskommentar zum Arbeitsförderungsrecht (GK-SGB III)“, Loseblattausgabe, Neuwied, Kriftel, Berlin
Band 2, §§ 1-147, Band 3, §§ 147 a - 279 a, bearbeitet von *Friedrich Ambs*, *Klaus Feckler*, *Bernd Götze* u.a., Stand: Januar 2003

GK-TzA: „Gemeinschaftskommentar zum Teilzeitarbeitsrecht (GK-TzA)“, bearbeitet von *Friedrich Becker*, *Harald Danne*, *Walter Lang* u.a., Neuwied, Darmstadt 1987

Glöckner, Martin: „Nebentätigkeitsverbote im Individualarbeitsrecht“, 1. Auflage, Baden-Baden 1993

Gotthardt, Michael: „Der Arbeitsvertrag auf dem AGB-rechtlichen Prüfstand“, ZIP 2002, 277 ff.

Grunewald, Benno: „Inhalt und Grenzen des arbeitsvertraglichen Wettbewerbsverbots“, NZA 1994, 971 ff.

Grunsky, Wolfgang: „Wettbewerbsverbote für Arbeitnehmer", Köln 1981
Gussone, Max/Voelzke, Thomas: „Altersteilzeitrecht", Frankfurt/Main 2000
Hanau, Peter: „Scheinselbständigkeit und geringfügige Beschäftigungen", Forschung & Lehre 1999, 526 ff.
ders./Adomeit, Klaus: „Arbeitsrecht", 12. Auflage, Neuwied, Kriftel 2000
Hauck, Karl/Noftz, Wolfgang: „Sozialgesetzbuch Gesamtkommentar", Loseblattausgabe, Berlin
SGB III - Arbeitsförderung, 2. Band, bearbeitet von *Wolfgang Noftz*, *Ruprecht Großmann*, *Dietrich Hengelhaupt*, u.a., Stand: Dezember 2002
SGB IV - Gemeinsame Vorschriften für die Sozialversicherung, bearbeitet von *Peter Udsching*, *Gero-Falk Borrmann*, *Renate Freund* u.a., Stand: Februar 2002
SGB V - Gesetzliche Krankenversicherung, 1. Band, 3. Band, bearbeitet von *Wolfgang Noftz*, *Wolfgang Engelhard*, *Werner Gerlach* u.a., Stand: Januar 2003
SGB VI - Gesetzliche Rentenversicherung einschließlich Übergangsrecht für das Beitrittsgebiet, bearbeitet von *Franz Terdenge*, *Udo Diel*, *Hugo Finke* u.a., 1. Band, Stand: Juli 2002
Hergenröder, Curt Wolfgang: „Anmerkung zu EuGH v. 3.10.2000 - Rs. C-303/98", RdA 2001, 346 ff.
Herschel, Wilhelm: „Die rechtliche Bedeutung schutzgesetzlicher Vorschriften im Arbeitsrecht", RdA 1964, 44 ff.
ders.: „Anmerkung zu BAG v. 13.11.1979 - 6 AZR 934/77", AP Nr. 5 zu § 1 KSchG 1969 Krankheit
Hönsch, Ronald: „Elternzeit und Erziehungsgeld: das neue Bundeserziehungsgeldgesetz in der Personalpraxis", Neuwied, Kriftel 2001
Hromadka, Wolfgang: „Das neue Teilzeit- und Befristungsgesetz", NJW 2001, 400 ff.
Hueck, Alfred/Hueck, Götz/v.Hoyningen-Huene, Gerrick/Linck, Rüdiger: „Kündigungsschutzgesetz", 13. Auflage, München 2002
Hunold, Wolf: „Rechtsprechung zur Nebentätigkeit des Arbeitnehmers", NZA-RR 2002, 505 ff.
ders.: „Nebentätigkeit und Arbeitszeitgesetz", NZA 1995, 538 ff.
Husmann, Manfred: „Teilzeitarbeit in Deutschland aus sozialrechtlicher Sicht", SGb 2002, 22 ff.
IAB Kurzbericht: Aktuelle Analysen des Instituts für Arbeitsmarkt- und Berufsforschung (IAB) der Bundesanstalt für Arbeit, Nürnberg
Junker, Abbo: „Brennpunkte des Arbeitszeitgesetzes", ZfA 1998, 105 ff.
Kaiser, Heinrich/Dunkl, Hans/Hold, Dieter/Kleinsorge, Georg: „Entgeltfortzahlungsgesetz", 5. Auflage, Köln 2000
Kasseler Handbuch: „Kasseler Handbuch zum Arbeitsrecht", herausgegeben von *Wolfgang Leinemann*
Band 2, bearbeitet von *Petra Senne*, *Rüdiger Linck*, *Maximilian Zimmer* u.a., 2. Auflage, Neuwied, Kriftel 2000

Kasseler Kommentar: „Sozialversicherungsrecht", Loseblattausgabe, München Band 1, bearbeitet von *Winfried Funk*, *Klaus Gürtner*, *Rainer Hess* u.a., Stand: Dezember 2002

Kempen, Otto Ernst/Kreuder, Thomas: „Nebentätigkeit und arbeitsrechtliches Wettbewerbsverbot bei verkürzter Arbeitszeit", AuR 1994, 214 ff.

Kittner, Michael/Däubler, Wolfgang/Zwanziger, Bertram: „KSchR - Kündigungsschutzrecht, Kommentar für die Praxis zu Kündigungen und anderen Formen der Beendigung des Arbeitsverhältnisses", 5. Auflage, Frankfurt/Main 2001

ders./Zwanziger, Bertram (Hrsg.): „Arbeitsrecht, Handbuch für die Praxis", bearbeitet von *Helga Appel*, *Michael Bachner*, *Frank Bantle* u.a., Frankfurt/Main 2001

Kliemt, Michael: „Der neue Teilzeitanspruch - Die gesetzlichen Neuregelungen der Teilzeit ab dem 1.1.2001", NZA 2001, 63 ff.

ders.: „Das neue Befristungsrecht", NZA 2001, 296 ff.

Knevels, Peter: „Verbot einer Nebentätigkeit und Ansprüche auf Gehalt oder Krankengeldzuschuss bei Unfall", DB 1961, 168 f.

Kort, Michael: „Anmerkung zu BAG v. 3.12.1998 - 2 AZR 341/98", SAE 1999, 278 ff.

KR: „Gemeinschaftskommentar zum Kündigungsschutzgesetz und zu sonstigen kündigungsschutzrechtlichen Vorschriften", bearbeitet von *Peter Bader*, *Gerhard Etzel*, *Ernst Fischermeier* u.a., 6.Auflage, Neuwied, Kriftel 2002

Kraegeloh, Wolfgang: „Arbeitszeitgesetz", Köln, Berlin, Bonn, München 1995

Kreikebohm, Ralf (Hrsg.): „Sozialgesetzbuch, Gesetzliche Rentenversicherung: SGB VI", bearbeitet von *Ulrich Grintsch*, *Michael Jörg*, *Ralf Kreikebohm* u.a., München 1997

Küttner, Wolfdieter (Hrsg.): „Personalbuch 2001, Arbeitsrecht, Lohnsteuerrecht, Sozialversicherungsrecht", bearbeitet von *Dietmar Bauer*, *Hans Eisemann*, *Thomas Griese* u.a., 8. Auflage, München 2001

Kuhn, Diether: „Probleme der Nebentätigkeit im Individualarbeitsrecht", Bern 1985

Kunz, Olaf/Wedde, Peter: „Entgeltfortzahlungsrecht: EFZR", Frankfurt/Main 2000

Lechner, Wolfgang: „630-DM-Verträge: Kein Fluchtweg in die Kurzfristigkeit! Zugleich Erwiderung zu Löwisch, BB 1999, 739 ff.", BB 1999, 2242 f.

Leinemannn, Wolfgang/Linck, Rüdiger: „Urlaubsrecht", 2. Auflage, München 2001

Leisbrock, Thorsten: „Altersteilzeitarbeit", Köln 2001

Leßmann, Jochen: „Der Anspruch auf Verringerung der Arbeitszeit im neuen Bundeserziehungsgeldgesetz", DB 2001, 94 ff.

Linck, Rüdiger: „Die soziale Auswahl bei betriebsbedingter Kündigung", Köln, Berlin, Bonn, München 1990

Lindemann, Achim/Simon, Oliver: „Neue Regelungen zur Teilzeitarbeit im Gesetz über Teilzeitarbeit und befristete Arbeitsverträge", BB 2001, 146 ff.

ders./Simon, Oliver: „Die neue Elternzeit", NJW 2001, 258 ff.

Lohre, Werner/Mayer, Udo/Stevens-Bartol, Eckart (Hrsg.): „Arbeitsförderungsrecht", bearbeitet von *Kaul, Lohre, Mayer*, 3. Auflage, Frankfurt/Main 2000

Lörcher, Klaus: „Die Arbeitszeitrichtlinie der EU", AuR 1994, 49 ff.

Löwisch, Manfred: „Kommentar zum Kündigungsschutzgesetz", 8. Auflage, Heidelberg 2000

ders.: „'Zuvor' bedeutet nicht: 'In aller Vergangenheit'. Zur Auslegung von § 14 Abs. 2 Satz 2 Teilzeit- und Befristungsgesetz", BB 2001, 254 f.

ders.: „Spielraum für kurzfristige Beschäftigung", BB 2000, 260

ders.: „Kurzfristigkeit ist eine Alternative!", BB 1999, 2243

ders.: „Die Neuregelung der 630-Mark-Verträge: Gesetzesinhalt und Handlungsalternativen", BB 1999, 739 ff.

ders./Röder, Gerhard: „Anmerkung zu BAG v. 26.8.1976 - 2 AZR 377/75", AP Nr. 68 zu § 626 BGB

Lück, Peter: „Probleme der Sozialauswahl nach § 1 Abs. 3 KSchG: Umfang der Sozialauswahl, Bestimmung und Gewichtung der bei der Sozialauswahl zu berücksichtigenden Sozialdaten und die Berücksichtigung betrieblicher Belange", Frankfurt/Main, Berlin, Bern, New York, Paris, Wien 1993

Marburger, Horst: „Entgeltfortzahlung im Krankheitsfall", 8. Auflage, Stuttgart, München, Hannover, Berlin, Weimar, Dresden 2001

Marienhagen, Rolf: „Entgeltfortzahlungsgesetz", Neuwied, Kriftel, Berlin 1995

Mayer-Maly, Theo: „Arbeitsverhältnis und Privatsphäre", AuR 1968, 1 ff.

Meinel, Gernod/Heyn, Judith/Herms, Sascha: „Teilzeit- und Befristungsgesetz", München 2002

Meisel, Peter G./Sowka, Hans-Harald: Mutterschutz und Erziehungsurlaub - Kommentar zum Mutterschutzgesetz, zu den Leistungen bei Schwangerschaft und Mutterschaft nach der RVO und zum Bundeserziehungsgeldgesetz", 5. Auflage, München 1999

ders./Hiersemann, Walter: „Arbeitszeitordnung", 2. Auflage, München 1977

Mikrozensus: Amtliche Repräsentativstatistik, herausgegeben vom Statistischen Bundesamt, Bonn

Molitor, Erich/Volmer, Bernhard/Germelmann, Claas-Hinrich: „Jugendarbeitsschutzgesetz", 3. Auflage, München 1986

Münchener Handbuch zum Arbeitsrecht: herausgegeben von *Reinhard Richardi* und *Otfried Wlotzke*, München

Band 1, §§ 1-113, Individualarbeitsrecht I, bearbeitet von *Rolf Birk, Wolfgang Blomeyer, Winfried Boecken* u.a., 2. Auflage, 2000

Band 1, §§ 1-110, Individualarbeitsrecht I, bearbeitet von *Peter Ahrend, Rolf Birk, Wolfgang Blomeyer* u.a., 1. Auflage, 1992

Band 2, §§ 114-239, Individualarbeitsrecht II, bearbeitet von *Georg Annuß, Rudolf Anzinger, Wilfried Berkowsky* u.a., 2. Auflage, 2000

Band 2, §§ 111-232, Individualarbeitsrecht II, bearbeitet von *Rudolf Anzinger, Wilfried Berkowsky, Horst Cramer* u.a., 1. Auflage, 1993

Ergänzungsband Individualarbeitsrecht, bearbeitet von *Horst Cramer, Norbert Heenen, Reinhard Richardi* u.a., 2. Auflage, 2001

Münchener Kommentar zum Bürgerlichen Gesetzbuch: herausgegeben von *Kurt Rebmann, Franz Jürgen Säcker, Roland Rixecker* (ab 3. Auflage), München
Band 3, Schuldrecht Besonderer Teil, 1. Halbband, §§ 433-651k, bearbeitet von *Helmut Kollhosser, Martin Lorenz, Günter Schaub* u.a., 2. Auflage, 1988
Band 4, Schuldrecht Besonderer Teil II, §§ 607-704, bearbeitet von *Uwe Hüffer, Martin Lorenz, Rudi Müller-Glöge* u.a., 3. Auflage, 1997

Münchener Kommentar zum Handelsgesetzbuch: herausgegeben von *Karsten Schmidt*, München
Band 1, Erstes Buch, Handelsstand, §§ 1-104, bearbeitet von *Gunther Bokelmann, Gerrick v.Hoyningen-Huene, Peter Krebs* u.a., 1996

Natzel, Benno: „Bundesurlaubsrecht, Handkommentar des gesamten Urlaubsrechts des Bundes für die betriebliche Praxis", 4. Auflage, Düsseldorf 1988

Neumann, Dirk/Biebl, Josef: „Arbeitszeitgesetz", 13. Auflage, München 2001

Niesel, Klaus (Hrsg.): „Sozialgesetzbuch, Arbeitsförderung - SGB III -", bearbeitet von *Jürgen Brand, Ricarda Brandts, Wolfgang Düe* u.a., München 1998

Nikisch, Arthur: „Arbeitsrecht"
I. Band, Allgemeine Lehren und Arbeitsvertragsrecht, 3. Auflage, Tübingen 1961

Oetker, Hartmut: „Anmerkung zu BAG v. 3.12.1998 - 2 AZR 341/98", RdA 1999, 267 f.

Ohnesorg, Norbert: „Anmerkung zu EuGH v. 3.10.2000 – Rs. C-303/98", AuR 2000, 467 f.

Oligmüller, Peter: „Nebentätigkeitsproblematik im Individualarbeitsrecht", Düsseldorf 1979

Ortbauer, Mathias: „Anmerkung zum Urteil des 12. Senats des BSG vom 21.5.1996 - 12 RK 77/94", SGb 1998, 83 f.

Palandt: „Bürgerliches Gesetzbuch", bearbeitet von *Peter Bassenge, Gerd Brudermüller, Uwe Diederichsen* u.a., 62. Auflage, München 2003

Palme, Antonie: „Nebentätigkeit im Arbeitsrecht", BlStSozArbR 1973, 137 ff.

Peters-Lange, Susanne/*Rolfs, Christian*: „Reformbedarf und Reformgesetzgebung im Mutterschutz- und Erziehungsgeldrecht", NZA 2000, 682 ff.

Pietrzyk, Rainer/Schulz, Lothar/Sieben, Stefan/Sprenger, Andreas: „Mutterschutz und Elternzeit: alle Neuregelungen zum Erziehungsurlaub mit Musterlösungen", Freiburg/Brsg., Berlin 2001

Preis, Ulrich: „Grundfragen der Vertragsgestaltung im Arbeitsrecht", Neuwied, Kriftel, Berlin 1993

ders./Gotthardt, Michael: „Neuregelung der Teilzeitarbeit und befristeten Arbeitsverhältnisse - Zum Gesetzentwurf der Bundesregierung -", DB 2000, 2065 ff.

ders./Gotthardt, Michael: „Das Teilzeit- und Befristungsgesetz", DB 2001, 145 ff.

Reichling, Robert/Wolf, Roland: „Mustervertrag zum Altersteilzeitgesetz", NZA 1997, 422 ff.

Reiserer, Kerstin/Penner, Andreas: „Teilzeitarbeit in der Elternzeit - Ablehnung aus dringenden betrieblichen Gründen", BB 2002, 1962 ff.

Rewolle, Hans-Dietrich: „Die Nebenbeschäftigung im Arbeitsrecht - Eine Erwiderung", BB 1959, 670 ff.

Rieble, Volker: „Anmerkung zu BAG v. 22.3.2000 - 7 AZR 581/98", SAE 2001, 36 ff.

Richardi, Reinhard: „Gestaltung der Arbeitsverträge durch Allgemeine Geschäftsbedingungen nach dem Schuldrechtsmodernisierungsgesetz", NZA 2002, 1057 ff.

ders./Annuß, Georg: „Gesetzliche Neuregelung von Teilzeitarbeit und Befristung", BB 2000, 2201 ff.

Ricken, Oliver: „Arbeitslosengeldansprüche Teilzeitbeschäftigter nach dem SGB III", NZS 1997, 558 ff.

Rittweger, Stephan/Petri, Ulrich/Schweikert, Franz-Josef: „Altersteilzeit", 2. Auflage, München 2002

Röhricht, Volker/Graf von Westphalen, Friedrich (Hrsg.): „Handelsgesetzbuch, Kommentar zu Handelsstand, Handelsgesellschaften, Handelsgeschäften und besonderen Handelsverträgen (ohne Bilanz-, Transport- und Seerecht)", bearbeitet von *Ludwig Ammon, Matthias Brandi-Dorn, Hartwin von Gerkan* u.a., 2. Auflage, Köln 2001

Röhsler, Waldemar/Borrmann, Helga: „Wettbewerbsbeschränkungen für Arbeitnehmer und Handelsvertreter", Berlin 1981

Rolfs, Christian: „Teilzeit- und Befristungsgesetz", München 2002

ders.: „Das neue Recht der Teilzeitarbeit", RdA 2001, 129 ff.

Ruhm, Ingo: „Arbeitsförderungsrecht, SGB III", München 2000

Säcker, Franz Jürgen/Oetker Hartmut: „Das Dienstordnungsrecht der Sozialversicherungsangestellten im Spannungsfeld zwischen Arbeits- und Beamtenrecht - dargestellt am Beispiel des Nebentätigkeitsrechts -", ZfA 1987, 95 ff.

Schaub, Günter: „Arbeitsrechtshandbuch", bearbeitet von *Günter Schaub, Ulrich Koch, Rüdiger Linck*, 10. Auflage, München 2002

Schiefer, Bernd: „Entwurf eines Gesetzes über Teilzeitarbeit und befristete Arbeitsverhältnisse und zur Änderung und Aufhebung arbeitsrechtlicher Bestimmungen", DB 2000, 2118 ff.

Schlegelberger: „Handelsgesetzbuch"
2. Band, §§ 48-104, bearbeitet von *Ernst Geßler, Wolfgang Hefermehl, Wolfgang Hildebrandt* u.a., 5. Auflage, München 1973

Schmidt, Karsten: „Handelsrecht", 5. Auflage, Köln, Berlin, Bonn, München 1999

Schmitt, Jochem: „Entgeltfortzahlungsgesetz", 4. Auflage, München 1999

Schoden, Michael: „Jugendarbeitsschutzgesetz: Basiskommentar", 4. Auflage, Frankfurt/Main 1998

Sieben, Stefan/Albert, Uwe/Dahlbender, Frank/Müller, Knut: „Geringfügige Beschäftigung und Scheinselbständigkeit: Sozialrecht, Steuerrecht, Arbeitsrecht", Köln 1999

Sieg, Rainer: „Nebenbeschäftigung", AuA 1996, 350

Sowka, Hans-Harald: „Der Erziehungsurlaub nach neuem Recht - Rechtslage ab 1.1.2001“, NZA 2000, 1185 ff.

Sozialerhebung des Deutschen Studentenwerks: „Die wirtschaftliche und soziale Lage der Studierenden in der Bundesrepublik Deutschland 2000“, 16. Sozialerhebung, herausgegeben vom Bundesministerium für Bildung und Forschung, Bonn 2001

Staub: „Handelsgesetzbuch, Großkommentar“, herausgegeben von *Claus-Wilhelm Canaris, Wolfgang Schilling, Peter Ulmer*
Erster Band, Einleitung, §§ 1-104, bearbeitet von *Dieter Brüggemann, Claus-Wilhelm Canaris, Mathias Habersack* u.a., 4. Auflage, Berlin, New York 1995

Staudinger: „J. von Staudingers Kommentar zum Bürgerlichen Gesetzbuch mit Einführungsgesetz und Nebengesetzen“, Berlin
Zweites Buch, Recht der Schuldverhältnisse, §§ 611-615, bearbeitet von *Reinhard Richardi*, 13. Auflage, 1999
Zweites Buch, Recht der Schuldverhältnisse, §§ 620-615k, bearbeitet von *Dirk Neumann, Frank Peters, Peter Schwerdtner*, 12. Auflage, 1991
Zweites Buch, Recht der Schuldverhältnisse, §§ 620-630, bearbeitet von *Dirk Neumann, Ulrich Preis*, 13. Auflage, 1995

v.Stebut, Dietrich: „Rechtsfolgen von Arbeitszeitüberschreitungen“, NZA 1987, 257 ff.

Sturn, Helmut: „Grenzen der Beschäftigung in mehreren Arbeitsverhältnissen“, BB 1968, 1252 ff.

Thüsing, Gregor: „Inhaltskontrolle von Formulararbeitsverträgen nach neuem Recht“, BB 2002, 2666 ff.

Treber, Jürgen: „Anmerkung zu BAG v. 29.10.1998 - 7 AZR 561/97“, SAE 1999, 312 ff.

Ulmer, Peter/ Brandner, Hans Erich/Hensen, Horst-Diether/Schmidt, Harry: „AGB-Gesetz; Kommentar zum Gesetz zur Neuregelung des Rechts der Allgemeinen Geschäftsbedingungen“, 9. Auflage, Köln 2001

Waas, Bernd: „Gesetzlicher Anspruch auf Teilzeitarbeit in den Niederlanden“, NZA 2000, 583 ff.

Waltermann, Raimund: „Sozialrecht“, 3. Auflage, Heidelberg 2002

Wannagat, Georg: „Sozialgesetzbuch, Kommentar zum Recht des Sozialgesetzbuchs“, Loseblattausgabe, Köln, Berlin, Bonn, München, herausgegeben von *Georg Wannagat* und *Eberhard Eichenhofer*
„Gesetzliche Krankenversicherung“, bearbeitet von *Ulrich Becker, Robert Francke, Eckhard Kreßel* u.a., Stand: August 2002

Wank, Rolf: „Nebentätigkeit“, Heidelberg 1995

ders.: „Teilzeitbeschäftigte im Kündigungsschutzgesetz“, ZIP 1986, 206 ff.

Weisemann, Ulrich/Schrader, Rolf: „Wettbewerbsverbote während der Dauer und nach Beendigung eines Arbeitsverhältnisses, Rechtsprechungsübersicht“, DB 1980, Beilage Nr. 4/80, S. 1 ff.

Wertheimer, Frank/Krug, Margarete: „Rechtsfragen der Nebentätigkeit von Arbeitnehmern“, BB 2000, 1462 ff.

Wiedemann, Herbert/Palenberg, Hubertus: „Die Zulässigkeit von Zeitarbeitsverträgen im öffentlichen Dienst, insbes. im Hochschulbereich“, RdA 1977, 85 ff.

Worzalla, Michael/Will, Patricia/Mailänder, Uwe/Worch, Andrea/Heise, Dietmar: „Teilzeitarbeit und befristete Arbeitsverträge“, 1. Auflage, Freiburg/Brsg. 2001

Zmarzlik, Johannes: „Arbeitszeitordnung“, Heidelberg 1967

ders./Zipperer, Manfred/Viethen, Hans Peter: „Mutterschutzgesetz, Mutterschutzleistungen, Bundeserziehungsgeldgesetz mit Mutterschutzverordnung“, 8. Auflage, Köln, Berlin, Bonn 1999

ders./Anzinger, Rudolf: „Kommentar zum Arbeitszeitgesetz“, unter Mitwirkung von *Wolfgang R. Thiel*, *Karl-Heinz Wolters*, *Werner Heidrich*, Heidelberg 1995

ders./Anzinger, Rudolf: „Jugendarbeitsschutzgesetz“, unter Mitwirkung von *Ralf Dembkowsky*, *Werner Heidrich*, *Peter Mozet* u.a., 5. Auflage, München 1998

FSC
www.fsc.org
MIX
Papier | Fördert gute Waldnutzung
FSC® C083411

Kolibri 360 GmbH
Ferdinand-Jühlke-Straße 7
99095 Erfurt, Deutschland
produktsicherheit@kolibri360.de

Druck:
CPI Druckdienstleistungen GmbH
im Auftrag der
Kolibri 360 GmbH
Ferdinand-Jühlke-Str. 7
99095 Erfurt